BİR SENARYO YAZMAK

Michel Chion

Türkçesi: Nedret Tanyolaç Öztokat

a

agorakitaplığı

Sinema 3

Bir Senaryo Yazmak
Michel Chion

Eserin özgün adı:
Ecrire un scénario
Cahiers du Cinema Livres, Paris, 1987

Fransızca'dan çeviren: Nedret Tanyolaç Öztokat
Kapak tasarım: Mithat Çınar
Dizgi: Sibel Yurt

Üçüncü Basım: Aralık 2003
1-2. Basım: 1987-1992 (Afa)
ISBN: 975 - 8829 - 14 - 9

Baskı ve Cilt: Kurtiş Matbaası

Tel: (0212) 613 68 94-95

AGORA KİTAPLIĞI
Gümüşsuyu Mahallesi Osmanlı Yokuşu,
Muhtar Kâmil Sokak No: 5/1 Taksim/İSTANBUL
Tel: (0212) 243 96 26-27 Fax: (0212) 243 96 28
www.agorakitapligi.com
e-posta: agora@agorakitapligi.com

Alain Zagaroli'ye...

İÇİNDEKİLER

ÖNSÖZ

1983 yılında INA'dan (*Institut National d'Audio-Visuel;* Ulusal Görsel-İşitsel Enstitüsü) Bénédicte Puppinck, bir senaryo yazma eğitimi oluşturmak amacıyla yaptığı çalışmalara bizim de katılmamızı önerdi. Hemen o yıl çalışmalara başladık. Elinizdeki bu kitap, Puppinck'in de onayıyla, bu çalışmalardaki kişisel katkılamızdan doğdu.

Fransa'da böyle bir eğitim göreceli olarak bir yenilik sayılır. Birçok kişi, senaryo yazmak öğretilemez, der ve haklıdır... ilkece. Çünkü *iyi senaryolar kendiliklerinden ortaya çıkmaz*, genellikle ya belli bir çalışmanın ürünüdür ya da bazı yasaların -bunlara uyulsun ya da uyulmasın- sezinlenmesinin ürünüdür. Bu çalışma, hatta bu sezgi, büyük ölçüde deneyimle, biraz da eğitimle kazanılır. Elinizdeki kitap, işte bu eğitime az da olsa katkıda bulunursa ne mutlu bize.

Başlangıçta amacımız, bazı Amerikan elkitaplarını, hani şu, bizim millette alayla karışık bir hayranlık uyandıran "Yirmi Derste Senaryo Nasıl Yazılır?" türünden pratik amaçlı elkitaplarını karıştırmaktı. Sayıları altıyla sınırlı bu kitapların listesini kitabın son bölümünde bulabilirsiniz. Yapıtımızda bu kitaplardan geniş ölçüde alıntılar yapılmış, genel kaynakçada da her biri incelenmiştir. Her ne kadar bu çalışma, sonradan, kişisel saptamaların, daha kapsamlı araştırmaların ve somut bir örnek oluşturmak amacıyla seçtiğimiz dört klasik film senaryosunun incelenmesiyle zenginleşmişse de, bu kitaplara elbette çok şey borçluyuz.

Senaryo yazma konusunda belli bir görüşümüz vardı ve baştan sona bu taraflılığımızı sürdürdük. Neden olmasın ki? Açıklayalım. Bize göre, *öyküler kesinlikle her zaman birbirinin aynıdır.* Böyle bir şey bazılarını üzer; oysa bizi keyiflendiriyor. Çünkü bu, zaman ve uzamda insan deneyiminin dayanışmasının bir göstergesidir. Tıpkı çocuklar gibi biz de öyküleri tekrarı içinde seviyor, hatta en yeni tekniklerle de olsa 'yeni öykü' üretme olasılığını yadsıyoruz (zaten böyle bir şey olsaydı yeni öyküleri çizgi filmler çoktan yaratırdı). Öykülerin hep aynı olmalarına karşılık, *öyküleme,* yani anlatı sanatı kesinlikle sınır tanımaz ve her zaman yenilenebilir. Senaryo yazarının sanatı da bunun sinema için düşünülmüş özel bir uygulamasıdır.

İşte bu nedenle kitabımızda, bugünün yetişmekte olan senaristleriyle bu işe gönül verenlere, sinemanın dört değişik dönemi ve dört ayrı ülkesinden (Fransa, ABD, Almanya ve Japonya) dört senaryo sunuyoruz: *Doktor Mabuse'ün Vasiyeti* (*Des Testament des Dr Mabuse,* 1933), *Son Macera* (*To Have and Have Not,* 1944), *Efendi Sanşo* (*Sanshô Dayû,* 1955) ve *Pauline Plajda* (*Pauline à la plage,* 1983). Bu filmlerin hatalarıyla, aksaklıklarıyla ve oluşumlarındaki rastlantılarıyla güncel ve canlı birer örnek oldukları kanısındayız. Filmler, hem ana temalarıyla hem de yan konularıyla geniş ve dar açılardan incelenmiştir.

Her anlatı, gerçekte düşüncelere değil, bazı hilelere, yani pratik işlemlere dayanmaktadır; bu da böyle bir kitabın bir anlamda bit pazarı görünümüne bürünmesine yol açıyor (müziğin bestelenişini işleyen bir kitap da tekniklerin ve yöntemlerin sergilendiği bir dükkân değil de nedir?). Ve ancak senaryo bir film içinde işlerlik kazandığında işlem de bir ifade, bir şiir olur. İsterse başlangıçta dramatik zorlamalardan ya da anlatı cambazlıklarından yola çıkılsın, hiç fark etmez. Şairlerin de en parlak buluşları, uyak bulma ya da ölçüyü yakalama zorunluluğundan doğmamış mıdır? İşte bu nedenle kitabımız, bazı sıradan hilelerle genel düşünceler arasında bir seçme yapmayı yadsıyarak hiyerarşik olmaktan kaçınıyor.

Kitabımız *kuralcı* olmaya da karşı; iyi örneklerin sağlamlığının yanı sıra *Son Macera*'nın gerilimden yoksun ağırlığı ya da *Doktor Mabuse'ün Vasiyeti*'nin dizi filmleri çağrıştıran hareketliliği gibi kötü örneklerin çekiciliğine de ayrıca dikkat çekmek istemektedir. Aslında bu çekiciliğe hiç şaşmamak gerekir, çünkü bu iki film 'aksaklıkları'na ve 'kusurları'na karşın oyuncu ve yönetmen seçimi açısından eşine rastlanmaz bir profesyonelliğin üstünlüğünü sergilemektedir.

Kitapta senaryonuzu satmanız için *öğütler* bulamazsanız şaşırmayın. Böyle bir şeye hiç inanmıyoruz çünkü; Fransa'da *filmin kurgusu için senaryo* mutlaka en önemli öge değil, ögelerden *yalnızca biridir*. O zaman böyle bir yapıta ne gerek var? Nedeni çok açık: *Daha iyi senaryoların* yazılmasına yardımcı olmak. Daha iyi senaryoların *kendiliklerinden* daha iyi satılır olmasına inanmak isterdik, üstelik bu, yerinde bir adalet örneği olurdu. Ancak gerçekler çok farklı. Büyük başarılar kazanmış filmlerin senaryolarının da mutlaka iyi olması gerekmez, hatta aralarında hantal, baştan savma olanlar bile vardır. Bir oyuncunun varlığı, konunun 'çarpıcılığı', filmin ritminin ve yönetiminin kalitesi, 'bakış'taki bir yenilik seyirciyi çekmeye yeterlidir. Bu filmler, daha iyi 'yazılmış' filmlere oranla ileride aynı zevkle izlenmeyecektir belki, ama şu anda piyasa onların. Bu nedenle Fransız sinemasında yapımcıların, hatta yönetmenlerin sözde iyi senaryo 'talep'lerini kuşkuyla karşılıyoruz. Yine de, bu alanda bir eksiklik duyuluyor ki, bu kitap ortaya çıktı.

Baştan belirtelim: Bu kitabın, 'senaryosu kabul edilmeyenlere paraları geri verilir' gibisinden bir garantisi yoktur. Yapımcı ya da belli bir kurul beğensin diye yazılmış bir senaryo olamaz. Belki bir bakıma böylesi daha iyi.

Şimdi iki ana bölümden oluşan bu kitabın *kullanımına* ilişkin bazı bilgiler verelim.

Yapıt, *klasik diye adlandırılan dört filmin incelenmesiyle* başlıyor. Bu filmler bizim düşündüğümüz anlamda alışılmış senaryo türlerinin birer örneğidir.

Eric Rohmer'in yazıp yönettiği *Pauline Plajda* (Pauline à la plage), yalın bir yapısı olan, duygusal, hafif bir oyun; tatile çıkmış üç kızla üç erkek ve bunların duygusal sorunlarını konu ediyor...

Howard Hawks'ın yönettiği, senaryosunu Ernest Hemingway'in bir romanından esinlenerek Jules Furthman ve William Faulkner'in kaleme aldığı *Son Macera* (To Have and Have Not) bir yandan roman kaynaklı Hollywood sinemasının alışılmış yüzlerini, diğer yandan da kitaptan sinemaya yapılan 'uyarlama'ların güçlüklerini gösteriyor.

Doktor Mabuse'ün Vasiyeti (Das Testament des Dr Mabuse) filmini Fritz Lang yönetmiş, senaryosunu da Thea von Harbou ile birlikte yazmıştır. Bu filmin sıçramalarla gelişen, kopuk kopuk sahneli, kişileri çok yüzeysel çizilmiş (daha çok kötülük, yasallık gibi değerleri temsil ederler), mantığı zorlama pahasına da olsa takipler, gizli odalar, işkence aletleri, ortadan yok olmalar gibi bir yığın beklenmedik olaya dayalı bir senaryosu vardır.

1955 yılı yapımı *Efendi Sanşo* (Sansho Dayu) ise bir Japon filmi olmasına karşın melodramın en katıksız özünü sunuyor bize. Yalnızca evrensel yanını değil, dram ustalığının da güzel bir örneğini görebilmemiz için filmin egzotizmini bir yana bırakmamız gerekiyor. Ogai Mori'nin bir öyküsünden yola çıkarak senaryosunu (yönetmenin de katılımıyla) Yoşikata Yoda'nın yazdığı filmi Kenyi Mizoguçi yönetmiş.

Kitapta bu dört filmle ilgili, önce öykünün kısa bir *özeti* (sinopsis), sonra senaryosunun oluşumunu da anlatarak (bu da çok ilginçtir, çünkü senaryoların çoğu özgül güçlüklerle sınırlanır ve yeniden elden geçirilmek zorundadırlar) senaryo eğitimindeki önemini vurgulayan evrimsel ve *çözümleyici inceleme* veriliyor. Bundan sonra da, senaryoları daha yakından incelemek isteyenler için, Amerikalıların deyimiyle bir tür *tretman* (geliştirim senaryosu), yani planlarıyla, kişileriyle... ayrıntılı bir özet sunuluyor. Hemen belirtelim ki bu özetler (sinopsis ve tretman) bizim kalemimizden çıkmıştır ve sorumluluğu da bize aittir. Bunları yazarken, ayrıntılı olsun olmasın, bir film *özetlemenin* getireceği tüm güçlüklerle karşılaştık. Bu öyle güç ve ilginç bir çalışma ki, senaryo yazma tekniğini geliştirmek isteyen herkese öneririz: Gördüğünüz filmin geniş bir özetini çıkarın, sonra bunu başkalarınınkiyle karşılaştırın. Çok yararlı bir deneyim olacaktır.

"Senaryo Yazarının da Kendi Yöntemleri Vardır" başlığını verdiğimiz ikinci bölüm, Amerikan elkitaplarının geleneksel biçimine daha uygun: Burada örnek olarak seçtiğimiz dört filmin dışında başka filmleri de kullanarak önemli kuralları, işlemleri, öğütleri ve örnekleri sıraladık. Ancak, bu işlemlerin, bu kuralların görece niteliğini bıkmadan yineliyoruz.

Son olarak, tek bir konudan oluşan üçüncü bölümde en yaygın senaryo biçimlerinin bir betimlemesi yer alıyor. Bunların dışında başka pek çok biçimin de varolduğunu söylememize sanırız gerek yok.

Bu yapıta katkıda bulunan tüm dostlara, özellikle de bu çalışmayı öneren ve destekleyen Bénédicte Puppinck'e ve lisansüstü tezi dolayısıyla derlediği kişisel belgelerden yararlanmamızı sağlayan Dantelle Jaeggi'ye burada teşekkür etmeyi borç biliyoruz.

10 Ekim 1985
Michel Chion

NOT: Yapıtın ikinci bölümünde Amerika'da çıkmış altı elkitabından alıntılar yapılmıştır, kaynakçada da bunların bir incelemesini bulacaksınız. Metni ağırlaştırmamak için bu kitapları yazarlarının adıyla andık. Vale, Eugene Vale'in *The Technique of Screenplaywriting;* Herman, Lewis Herman'ın *Practical Manual of Screenwriting;* Swain, Dwight V. Swain'in *Film Script;* Nash-Oakey, Constance Nash ve Virginia Oakey'in *The Screen Writer's Handbook;* Field, Sidney Held'in *Screenplay, The Foundations of Screenwriting* ve Stempel, Tom Stempel'ın *Screenwriting* adlı yapıtları için kullanılmıştır.

Başak '2006

BİR SENARYO YAZMAK

Birinci Bölüm

USTALAR DA SENARYOYLA ÇALIŞIR

I) Pauline Plajda, 1983

Yönetmen: Eric Rohmer
Özgün senaryo: Eric Rohmer
"Oyunlar ve Atasözleri" dizisinin üçüncü filmi
Özgün Adı:
Pauline à la plage.
Yapım: Les Films du Losange, Les Films Ariane, Paris, Fransa
Süre: 1 saat 34 dakika.

1) Normandiya'da Deniz Kıyısındayız. Yaz Bitmek Üzere... (Sinopsis)

Normandiya'da deniz kıyısındayız. Yaz bitmek üzere. MARION (Arielle Dombasle) sarışın, güzel bir stilist. Kuzeni PAULINE (Amanda Langlet) henüz lise öğrencisi, ufak tefek ve esmer bir kız. Yazlık evlerine gelip yerleşirler.

Marwn, plajda 'eski arkadaşı' PIERRE'e (Pascal Gregory) rastlar ve bir 'etnolog' olan HENRI'yle (Fédor Atkine) tanışır. Pierre, Marion'la Pauline'e sörf dersi vermeyi önerir; Henri hepsini evine yemeğe çağırır.

Yemek boyunca iki erkek ve iki kadın sırayla aşk anlayışlarından söz ederler. Boşanmış ve bir kız babası olan Henri'ye göre aşk, özgür ve bağlantısız olmalıdır. Marion boşanmak üzeredir ve gönüllerde tutuşturmak istediği 'ateş'lerden abartıyla söz eder, yıldırım aşkı gibi ansızın başlayan karşılıklı bir sevgi istemektedir. Yalnız yaşayan Pierre, dostluğa dayalı derin ve uzun ömürlü bir sevgi tanımlar. İyice genç olan Pauline ise mantıklı bir sevgiden yana olduğunu söyler.

Aynı gece gittikleri bir partide Marion, uzun süredir kendisine âşık olan Pierre'e yüz vermeyip Henri'yle dans eder; onunla eve döner ve geceyi birlikte geçirirler. Henri tarafından çılgınca sevildiğine inanan Marion, ona âşık olduğunu herkese açıklar. Pierre ise gizliden gizliye bir kıskançlığa kapılır.

Pauline bir süre sonra kendi yaşında bir gençle, SYLVAIN'le (Simon de la Brosse) tanışır ve flört etmeye başlarlar. Marion kuzininin bu seçimini eleştirmektedir.

Bir gün Pauline'le Marion gezintiye çıkarlar. Henri bundan yararlanarak bir şeker satıcısı olan LOUISETTE'le (Rosette) yüzmeye gider. Kız Henri'ye bir süredir pas vermektedir. Sylvain'i de aralarına alırlar. Denizden sonra hep birlikte Henri'nin evine giderler.

Beklenmedik bir anda Marion'un arabası gelir. Sylvain, birinci katta sevişen Henri'yle Louisette'e hemen haber verir. Marion içeri girince, Henri, Loutsette'in Sylvain'le seviştiği havasını verir. Delikanlı da Louisette gibi isteksiz, oyuna katılır.

Ancak, Marion'un gelmesinden önce, Henri'nin evinin önünden geçen Pierre, pencereden Louisette'in çıplak olarak bir adamla oynaştığını görmüş ve mantıksal olarak adamın Henri olduğunu sanmıştır. Bunu anlattığında Marion güler ve kendi bildiği gerçeği söyler: Louisette'le sevişen Henri değil, Sylvain'dir.

Pauline, Sylvain'i artık görememekten yakınmaktadır. Pierre, kızın bir vefasız için üzülmesini istemediğinden Sylvain'le Louisette'in aralarında geçeni anlatır. (Henri ve Marion bunu kızdan saklamışlardı.) Çok üzülen Pauline olayı Henri'yle Marion'a doğrulatır. Bu sonuncular da Pierre'e konuştuğu için kızarlar.

Öte yandan Pauline'in olayı 'bildiğini' öğrenen Sylvain, kendisinden yararlandığı için Henri'yle kavga eder. Ertesi gün gidip her şeyi anlatacaktır.

Ancak Pierre, Louisette'ten işin 'doğrusu'nu öğrenir. Yanılmamıştır: Louisette'le gördüğü Henri'dir. Hemen Pauline'i durumdan haberdar eder.

Marion'un bir günlüğüne oradan ayrılması gerekmektedir. Bundan yararlanan Henri, Pierre, Sylvain ve Pauline'i evinde toplar; olup biten hakkında konuşurlar. Pauline gerçeği öğrendiği halde Sylvain'e karşı soğuktur, ona, bu oyuna göz yumduğu için içerlemiştir. Sylvain ise Pierre'e çenesini tutmadığı için kızgındır; aralarında küçük bir kavga çıkar.

Akşam olur, yatışmışlardır, herkes evine dağılırken Pauline, ertesi gün dönecek olan Marion'u beklemek üzere Henri'de kalmayı yeğler.

Henri bir eğlence gemisine davet edilir ve bunu Marion'la karşılaşmadan ilişkiyi bitirmek için fırsat bilir. Bu arada Pauline'le şansını denemek istemiş, sonuç alamayınca da kıza Marion hakkında düşündüklerini açıklamıştır: Marion güzel, evet, fazlasıyla mükemmel bir kadındır ancak Henri'nin kollarına çok çabuk atılmıştır.

Marion'la Pauline bir odadadırlar. Paris'e kararlaştırdıkları tarihten önce dönmeye karar verirler. Belli ki, Marion'un Henri'yle ilgili kuşkuları vardır, çünkü Pauline'e, çelişkili de olsa herkesin dilediğine inanmasını önerir: Pauline, Satıcı Kızın Henri'yle olduğuna, Marion ise baştan beri inandığı gerçeğe, yani Sylvain'in Satıcı Kızla olduğuna inanacaktır. Pauline, Marion'a işin doğrusunu söylemez ve "Olur" der. İki kuzin yazlık evden ayrılırlar.

2) Yalın Bir Yapı...

Bu kitapta ele alınan ilk film, bir yazar ve yönetmen olan Eric Rohmer'in yapıtıdır. Hemen hemen tüm yapıtlarının senaryosu yazarın imzasını taşır. Ancak, Rohmer bu senaryoları perdeye yansıtma amacı gütmeden, her şeyden önce bir *öykü olarak* yazdığını, yani bunların bir filmde olduğu kadar bir romanda da kullanılabileceğini vurgular.

Bununla birlikte, *Pauline Plajda*'nın senaryosunun çok sağlam, iyi kurulmuş ve sinema senaryolarına özgü güçlüklerin başarıyla üstesinden gelen bir çalışma olduğunu ileride göreceğiz. Filmin akışı, sınırlı bir sürede ve başladığı noktaya dönecek bir biçimde aktarılan olayın yoğunluğu, kişilerin düşüncelerini doğrudan dile getirmelerindeki güçlüğün bilinci... tüm bu konularda Rohmer üstün bir senaryo yazarı olarak karşımıza çıkar!

Bu kitapta başvuracağımız dört senaryo arasında *Pauline*, tinsel ve duygusal temeli olan tek yapıttır. Senaryodaki 'Satıcı Kız' Louisette dışında tüm kişiler tatildedir; yine Satıcı Kız dışında hiçbiri çalışmamaktadır ve aşağı yukarı hepsi aynı sınıfın insanlarıdır, yani hiçbir geçim derdi çekmezler; maddesel, iklimsel, toplumsal ya da fiziksel (hastalık, kaza) hiçbir dış engel onların rahatını bozmaz, onları sarsmaz. Tüm bu genç ve az çok genç insanlar, yaşadıkları öykünün tözünü ve temelini kendi iç yapıları, karakterleri ve kişiliklerinden almaktadırlar.

Pauline'in yapısı çok yalındır. Gereksiz, ikincil nitelikli bir kişi bile yoktur. Üç kız (Marion, Pauline, Satıcı Kız Lousitte) ve üç erkek (Pierre, Henri, Sylvain) vardır, bunların altısı da duygusal, ailesel ve cinsel düzlemde 'özgür'dürler: Ya boşanmışlardır (Henri) ya boşanmak üzeredirler (Marion) ya da bekârdırlar (geri kalan dördü). Yani, pek çok birlikteliğin doğması mümkündür.

Kesinliği olan bir diğer seçim de yaş gruplarıyla ilgilidir: Henri'nin toplumsal ve ailesel kimliğini belirginleştirmek amacıyla senaryoda yer alan Marie'nin (Henri'nin kızı) şöyle bir değinilen kişiliği dışında kahramanlarımızın hepsi ya 'teenager' (Pauline ve Sylvain) ya da 'genç ergin'lerdir, henüz olgunlaşmamış da diyebiliriz onlara (Marion, Henri, Louisette, Pierre). Bu iki yaş grubu aynı dili konuşmaktadırlar; ensest durumuna düşmeden, gücül olarak çiftler oluşturabilirler. Durmuş oturmuş kırk yaş insanları ya da yaşlı kişiler yoktur aralarında; hepsi aynı bağımsız aşk ideolojisini paylaşmaktadır. Filmde yine de kuşak farkının bir rol oynadığını göreceğiz.

Pauline'in öyküsü ve yapısı belli bir tiyatro geleneği (Musset, Marivaux) içinde yer alır: Burada en önemli sorun, kimin sevilip kimin sevilmeyeceğine karar verilmesidir. Pauline/Sylvain çiftinin âdeta Henri/Marion çiftinin sonradan oluşmuş bir 'taklidi' olarak ortaya çıkması, dolayısıyla aralarındaki koşutluk; tarzı ve kullandığı 'halk' dili bakımından 'Molière'in hizmetçisi'yle kıyaslanabilecek (*Rohmer dixit**) 'halktan' bir insan tipinin varlığı, bu tiyatro havasını daha da güçlendirmektedir. Ancak, Rohmer'in, izleksel değil de senaryo tekniğine ilişkin özgünlüğü, en yaygın sinemasal kalıpları reddetmesinden ve filmlerde konuşma sahnelerini doldurmaya yarayan 'sahne oyunları'na yüz vermemesinden ileri gelir.

Sinemada kişiler çoğu kez az çok işlevsel hareketler eşliğinde konuşurlar. Pencereyi açmak, bir şey içmek, sigara yakmak, piyano çalmak, araba kullanmak gibi, sözü 'geçirmek' ve sahnelere sözde sinematografik bir hava vermek amacıyla senaryoda kullanılan hareketlerdir bunlar. Buna karşılık *Pauline*'de kişilerin konuşması başlı başına bir etkinliktir, aynı anda başka bir şey yapmazlar, en fazla birbirlerini okşarlar ya da öpüşürler!

Senaryonun bir diğer özgünlüğü de birinciyle ilişkilidir: Burada konuşma, örtük ve ağırlıksız değildir, anti-sinematografik diye kaçınılmamıştır konuşmadan; aksine kesin bir varlığı, hatta ağırlığı söz konusudur. Kişiler gerçek birer vaiz gibidir, çeşitli ilkeleri açıklarlar. Öte yandan kendi kendimize, senaryodaki bu söylemlerin ne denli 'geçerli' olduğu sorusunu sorarız. Söylemlerin mutlaka güvenilir olduğu, bu kişilerin birbirlerine yalan söyleyebilecekleri, düşüncelerinin -düşünüyorlarsa eğer- konuşma-

*) Rohmer dixit: lat. *Magister dixit*'ten öykünülerek, "Üstat dedi ki" anlamında. (ç.n.)

lara tümüyle yansıyıp yansımadığı konusunda kuşkuya kapılırız ister istemez.

Kişilerin birbirlerine söyledikleri şeyler ve bu bir şey söyleme edimi öykünün motorunu oluşturur; bunun, kişinin doğru ya da yalan söylemesiyle ilgisi yoktur. Diğer sinemalarda egemen olan, söz/eylem ikiliği ya da söz/eylem dönüşümü (konuşulur, sonra hareket edilir veya konuşulur, aynı zamanda hareket edilir) böyle bir sinemada yerini sözün eylem niteliği kazandığı bir biçime bırakır.

Pauline, Eric Rohmer'in "Oyunlar ve Atasözleri" *(Comédies et Proverbes)* adını verdiği dizinin bir filmidir. Bu filmde anlatılmak istenen atasözü Chrétein de Troyes'dan* alınmıştır: "Çok konuşan kendine zarar verir." "Oyunlar ve Atasözleri"nin önceki altı "Öğretici Öykü"sünde benimsenmiş bakış açısı erkek kahramana ayrıcalık tanırken, Rohmer'in de belirttiği gibi, bu bakış açısı bu filmde 'kırılmış', anlatıya ayrıcalıklı herhangi bir bakış açısı verilmemiştir. Başka bir deyişle, öyküyü kahramanlardan birinin aracılığıyla ve onunla beraber izlememiz diye bir şey söz konusu değildir.

Son bir nokta daha: Rohmer'in tasarladığı öykü, ancak bazı yanlış anlamalar sayesinde işlerlik kazanır. Yine, kahramanlar arasında geçen bu yanlış anlamalar, ancak bu kişilerin birbirlerini belli bir süre göremediklerinde olanaklıdır ve sürebilir. Öyküde gerektiği zaman birbirinden uzaklaştırmak için en basit ve en dolaysız nedenleri bulmakta Rohmer'in doğal ve dengeli ustalığı hayranlık uyandırıyor. Örneğin, postacı, Marion'u oradan en uygun zamanda uzaklaştıracak telgrafı getirir. (Böylece Marion'un işlerinin yoğunluğunu anlatmakla zaman kaybedilmez.) Yalnız, böyle bir beceri, dramatik göz boyamalara böylesine dudak bükme, hem herkesin harcı değil hem de sanıldığından güçtür.**

---

*) Chrétien de Troyes: XII. yüzyılda yaşamış, şövalye romanlarıyla ünlü Fransız ozan. (ç.n.)

**) Buradaki sinopsis ve geliştirim senaryosunu yazarken, Dominique Haas'ın *L'Avant-Scéne Cinéma*'nın 310. sayısında yaptığı bölümlemeden geniş ölçüde yararlandık.

3) Sahnelerine Göre Senaryo

1. MARION, PAULINE (dış, Marion'un evi, gündüz)

Normandiya'da bir köy evinin kapısı, mevsim yaz: Genç, güzel, sarışın bir kadının kullandığı araba evin önüne gelir. Abartılı konuşması ve yapmacıklı davranışları olan bu genç kadının yanında daha 'basit' ama iyi bir aileden olduğu belli ufak tefek, esmer bir genç kız vardır; daha sonra birincisinin adının MARION (Arielle Dombasle), ikincisinde PAULINE (Amanda Langlet) olduğunu öğreneceğiz. İki kızın davranışlarından oraya sık sık geldiklerini anlarız. Eve yerleşirler.

Daha sonra onları bahçede konuşurken görürüz. Konuşmalarından yazın bitmek üzere olduğunu, denizin uzakta olmadığını ve genç olanın, yani esmer kızın, ailesi tarafından tatil geçirmek üzere sarışın olana emanet edildiğini öğreniriz. Sarışın kadın daha sonra konuyu aşka getirir; anaç bir tavırla sorar: "Sen hiç âşık oldun mu?" Diğeri soruyu üstü kapalı yanıtlar. Konuşmalarından ikisinin de Paris'te oturduğunu ve büyük olanın başarısız bir evliliği bitirmek üzere olduğunu öğreniriz.

2) MARION, PAULINE, PIERRE, HENRI, MARIE (dış, plaj, gündüz)

İki kız yüzmektedir. Marion sörf yapan gençler arasında tanıdık bir yüze rastlar: "Pierre bu, eski bir arkadaş."

Yanlarına çağırır onu. PIERRE (Pascal Greggory) gelir; içe dönük bir havası olan, yakışıklı ve genç bir adamdır. Birbirleriyle tanışırlarken kızların adlarını öğreniriz; sarışın olan Marion, diğeriyse Pauline'dir ve kuzindirler. Marion stilistlik yapmaktadır, Pierre ise üniversitede öğrenimini sürdürmektedir.

Dördüncü bir kişi gelir yanlarına, onu önce Pierre'in arkadaşı sanırlar (gerçekte iki adam az önce tanışmışlardır). HENRI (Fédor Atkine), söylediğine göre sık yolculuk eden bir 'etnolog'dur. Üç-dört yaşlarında olan kızı gelir yanlarına, Henri kızın yanında 'yeni baba' gibi durmaktadır. Pierre, Marion'la Pauline'e sörf dersi vermeyi önerir. Henri de hepsini plaj yakınlarındaki evine, akşam yemeğine çağırır.

3) AYNI KİŞİLER (iç, Henri'nin evi, gece)

Akşam olmuştur. Henri'nin evinde oturma odasındadırlar, tabaklarda yemek artıkları vardır. Aşk üzerine konuşmaktadırlar. Henri sahiplenme duygusu taşımayan bir göçebe olarak tanımlar kendini. Birkaç günlüğüne yanına aldığı ve ertesi sabah gidecek olan kızı Marie'nin annesinin, yani eski karısının, çok sahiplenen ve evcimen bir kadın olduğunu söyler; boşanalı beri özgür ve bağlantısız yaşamayı yeğlemektedir. Marion da yalnız yaşamaktan söz eder ama aşk ateşiyle onu bir çırpıda yakacak yıldırımı beklemektedir. İyice abartılı bir laf kalabalığıyla ani ve karşılıklı bir aşkla 'yanmak' ve 'yakmak' istediğini anlatır.

Sıra Pierre'e gelmiştir. Sıkılgan ve yabanıl bir tavırla o da yalnız yaşadığını anlatır; ancak, yalnızlığına bir anlam kazandıracak ve gerçekleştirmeyi umduğu 'derin ve sürekli' bir aşktan söz eder. Sonunda o ana kadar hiçbir şey dememiş olan Pauline'e ne düşündüğünü sorarlar. Genç kız, "Böyle kendini anlatmaktan ancak yaşlılar hoşlanır," der ve yalnızca küçüklüğündeki aşklardan söz etmeye razı olur. Çiftlerin birbirini 'tanıması'nı esas alan, ciddi ve mantıklı bir aşk anlayışı vardır.

Henri, gecenin devamında dans edecekleri bir yere gitmeyi önerir. Pierre çekimserdir ama Marion gelmesi için ona üsteler.

4) MARION, PIERRE, HENRI, DANS EDENLER (iç, kulüp, gece)

Bir kulübün salonunda eğlence. Marion'la dans eden Pierre onu bir köşeye çekerek aşkının yeniden ve tutkulu bir şekilde canlandığını söyler. Marion da onu sevdiğini ama ona hiçbir zaman âşık olmadığını söyler; Pierre onu bu aşka inandırmak amacıyla içini dökerken Marion onu tersler ve Henri'yle dans eder.

5) MARION, HENRI, PAULINE (dış, kulüp çıkışı, gece; iç ve dış, Marion'un evi, gece, sonra gündüz)

Gecenin ilerlemiş bir saatinde Henri, Marion'la 'bir kadeh içki içmek' üzere kadının evine gelir. Pauline ise yatmaya, odasına çıkar.

Ertesi sabah ilk Pauline uyanır, Marion'un odasına bir göz atar: Henri kuzininin yanında yatmaktadır. Burada, ikinci gün başlar.

6) MARION, PAULINE, PIERRE, SYLVAIN (dış, plaj, gündüz)

Plajda Marion'la Pauline'e sörf dersi vermekte olan Pierre, Marion'a yakınlaşmak için bunu fırsat bilir. O sırada plaja iki genç gelir. SYLVAIN (Simon de la Brosse) Pauline'e Pierre'in sörf yapmayı bildiğine pek inanmadığını söyler. Pauline ise delikanlının Marion'dan hoşlandığını düşünür. Marion dersi yarıda bırakır, Pauline devam eder.

7) HENRI, MARION (iç, Henri'nin evi, gündüz)

Marion, Henri'nin evine gelir. Henri, "Eşsiz bir geceydi, bunu sürdürelim," der ve birlikte oturmalarını önerir, ama Marion Henri'nin evinde kalmaya yanaşmaz. Pauline'den sorumlu olduğunu ve bu ilişkiyi kızın bilmesini istemediğini söyler. Marion'un kendini naza çektiğini görürüz. Aynı şekilde Pierre'in kıskançlığından ve üstelemelerinden yakınır.

Bunu plajda kısa bir sahne izler: Marion ve Henri, birlikte plaja gelirler. Pierre onlarla karşılaşmamak için oradan uzaklaşır.

8) MARION, PAULINE, PIERRE (dış, Marion'un evi, gündüz)

Marion'la Pauline'in bahçesindeki kahvaltı masasından buradaki üçüncü günün başladığını anlarız. Kızları görmeye gelen Pierre, rastladığı her kıza asılmaktan başka bir şey bilmeyen bir züppeye tutulduğu için Marion'u eleştirerek bir kıskançlık gösterisi yapar. Marion, onun bu hastalıklı kıskançlığının yalnızca 'itici' olduğunu ve Pauline'le ilgilenmesini, hatta onun ilk erkeği olmasını öğütler. Ancak Pierre böyle bir şeyi kabul etmez.

9) HENRI, PAUL, SYLVAIN (dış, plaj, gündüz)

Bir gün önceki delikanlı, plajda Pauline'in yanına gelir. Kızı görmek için geldiği bellidir. Adının Sylvain olduğunu söyler. İki genç kumsalda gayet ölçülü flört etmeye başlarlar. Oradan geçmekte olan Henri, onları müzik dinlemeye evine davet eder: 'Antil Adaları müziği'yle ilgili yeni bir plak almıştır.

10) AYNI KİŞİLER (iç, Henri'nin evi, gündüz)

Henri'nin evinde Pauline'le Sylvain müzik eşliğinde dans etmektedirler. Biraz sonra Henri kapıyı açık bırakarak çarşıya 'bir şey almaya' gider. Yalnız kalan gençler yukarı kata çıkarlar. İlk adımları Pauline'in attığını görürüz.

11) HENRI, LOUISETTE (dış, deniz kıyısı, gündüz)

Bu arada Henri dalgakıranda basit ve 'halktan' genç bir şeker satıcısı olan LOUISETTE'e (Rosette) rastlar. Kızla önceden tanışıyor gibidir. Louisette, birlikte denize girmelerini önerir. Henri bu kez işi olduğunu söyler ancak başka bir gün için söz verir.

12) MARION, PAULINE, SYLVAIN, HENRI (dış ve iç, Henri'nin evi, gündüz)

Plajdan dönen Marion, Henri'nin evine gelir. Kapı açık olduğundan içeri girer. Yukarı çıkar ve bir odada Pauline'le Sylvain'i yatağa uzanmış öpüşürlerken görür. Onlara gözükmeden hemen aşağıya iner, evin önünde Henri'yi bulur, şaşkın bir halde olan biteni anlatır. Henri ise daha çok eğleniyor gibidir.

Marion az ötede şeker satıcısı Louisette'i fark eder; o sırada Sylvain'le Pauline el ele evden çıkarlar; "Önemli bir şey yapacak kadar vakitleri olmadı," der Henri ve böylece oluşan çiftler, Marion ve Henri, Sylvain ve Pauline birbirleriyle selamlaşırlar.

13) MARION, HENRI (iç, Henri'nin evi, gündüz)

Henri eve girer ve bir kez daha Marion'a birlikte oturmalarını önerir. Marion da bir kez daha Pauline'i bahane ederek onu reddeder. En azından kendi evinde, Pauline'in ne idüğü belirsiz gençler getirmesini engelleyebileceğini ileri sürer.

Sonra Marion, kuzinini gezdirmek üzere ertesi gün Saint-Michel tepesine yapacağı araba gezisine davet eder Henri'yi. Henri turist kalabalığını ve Pauline'in kendisine olan düşmanca tavrını (ona öyle geliyordur) ileri sürerek öneriyi reddeder. Marion, "Sanıyorum Pauline benim Pierre'e âşık olmadığıma üzüldü," diye bir açıklama yapar.

14) HENRI, SYLVAIN, LOUISETTE, PIERRE (dış, plaj, gündüz)

Saint-Michel önlerinde Marion'un arabasını ve kızları gösteren bazı resimler geçer: Ertesi gün olmuştur.

Dalgakıranda Henri, Sylvain'e rastlar. Louisette'le denize gideceklerini, Pauline olmadığına göre kendisinin de onlara katılmasını önerir. Suda Henri, Louisette'le oynaşır. Plajdan sörfüyle geçmekte olan Pierre onları uzaktan görür.

15) HENRI, LOUISETTE, SYLVAIN, sonra PIERRE, sonra MARION (iç ve dış, Henri'nin evi, gündüz)

Henri, Louisette ve Sylvain, mayolarıyla Henri'nin evine gelirler. Giriş katında Sylvain televizyona dalar; denizcilikle ilgili bir program vardır (Sylvain'in gemilere olan ilgisini başlarda öğrenmiştik; Pauline'e, "Grainville'de bir yelkenim var," demişti). Henri ise Louisette'i üst kata çıkarır.

O sırada yoldan Pierre'in geçmekte olduğu görülür: Hafif kadın çığlıkları kulağına gelir, üst kattaki bir pencereden Louisette'in çıplak siluetini görür; yatağın üzerinde bir erkekle oynaştığı seçilmektedir. Erkeğin kim olduğu görülmez ama Pierre bunun Henri olduğunu düşünür ve yoluna devam eder.

Sylvain, Marion'un arabasının geldiğini görür; hemen haber vermeye yukarı çıkar: "İşte geldi." Louisette odadan çıkar, çıplaktır, oracıkta bir havluya sarınır; Henri kızı Sylvain'le banyoya sokar, o sırada üst kata çıkan Marion'u ikisinin birlikte olduğuna inandırır: Sylvain ve Louisette isteksiz, oyuna katılırlar.

Onlar gittikten sonra Marion, Sylvain'in davranışına çok bozulduğunu söyler. Henri de, "En iyisi Pauline'e bir şey söylemeyelim, kız üzülmesin," der.

16) PIERRE, MARION (dış, Marion'un evi, gündüz)

Kişilerin ağzından sabah olduğunu öğreniriz: Beşinci gün olmuştur. Marion'a uğrayan Pierre, Pauline'in yokluğunda yeni bir kıskançlık gösterisi yapar. Marion ise Henri'yi 'büyülediği'ne inanmaktadır. Bunun üzerine Pierre onu uyarmak ister ve Henri'yi, Satıcı Kız Louisette'le gördüğünü söyler. Ancak, yalnız Louisette'i gördüğünü, ev de Henri'nin olduğuna göre, kızın Henri'yle olduğu sonucunu çıkardığını açıklamak zorundadır. Marion'un içi rahattır; orada olduğundan olayı biliyordur: Gerçekte şeker satıcısıyla oynaşan Sylvain'dir. Çok sinirlenen Pierre gitmek üzere kalkar, Marion bir kez daha ona Pauline'le ilgilenmesini önerir.

17) PAULINE, PIERRE (dış, plaj, gündüz)

Pauline, plajda Pierre'le sörf çalışmaktadır. Bir süredir ortalarda gözükmeyen Sylvain'i merak etmektedir. Pierre, bu 'alçak oğlan'a karşı kızı uyarmak için Sylvain'in onu, Satıcı Kız'la aldattığını söyler. Pauline çok üzülür, inanamaz böyle bir şeye: Marion'un olayı doğrulamasını ister.

18) PAULINE, PIERRE, MARION, HENRI (iç, Henri'nin evi, gündüz)

Marion, Henri'nin evindedir. Sevişmiş oldukları anlaşılmaktadır. Pierre'le Pauline gelirler; Marion, Pierre'in anlattıklarını doğrular ancak konuştuğu için Pierre'e çok kızmıştır. O sırada aşağı inen Henri'nin yanında olayın duyulmasından kendisinin sorumlu olmadığını, ispiyonu Pierre'in yaptığını söyler. Pierre, "Ben ispiyon yapmıyordum, sadece oradan geçiyordum," diye kendini savunur. Henri, Pauline'i avutmaya çalışır, "Aslında Slyvain seni seviyor, Satıcı Kız onun üzerine atladı," der. Herkes tarafından kınanan Pierre oradan ayrılır.

19) PIERRE, LOUISETTE, SYLVAIN (dış, dalgakıran, gündüz)

Dalgakıranda Pierre, Louisette'le karşılaşır. Marion'un kendi kız kardeşi, Pauline'in de kuzini olduğuna inandırır kızı. Konuşmaları sırasında Pierre gerçeği öğrenir: Louisette'in birlikte olduğu Henri'dir, kız Henri'yi kurtarmak için Sylvain'le olduğu havasını vermiştir. Louisette, Pauline'i üzüntüsünden kurtarabileceklerini ummaktadır; bir yandan da Pierre'e asılır, ancak karşılık göremez.

O sırada Sylvain bisikletiyle gelir, Pauline'i aramaktadır; Pierre onu Henri'ye yollar.

20) SYLVAIN, HENRI (dış, Henri'nin evi, gündüz)

Henri, evinin önünde Sylvain'le karşılaşır. Sylvain, Pauline'in kendisini bir vefasız gibi 'bilmesi'ne çok kızmıştır. Ancak Henri sorumluluğu Pierre'e yıkar. Henri'nin nasıl kendisinden yararlandığını anlayan Sylvain onu tehdit eder: "Yarın Marion da Pauline de her şeyi öğrenecek." Sonra iki erkek kadınlardan konuşurlar; Henri, Marion'un ona güzel ama sıkıcı geldiğini, Louisette'in Marion'a oranla belki kaba saba olduğunu ama kızı yine de daha 'çekici' bulduğunu anlatır.

21) MARION, PAULINE, POSTACI (dış, Marion'un evi, gündüz)

Yazlık evin bahçesinde Marion'la Pauline'in kahvaltı etmekte olduğunu görürüz, öyküdeki altıncı gün olmuştur. Başta olduğu gibi iki kuzin aşklarından söz etmektedirler. Pauline kötü yazgıya karşı iyimser olmaya çalışmaktadır: "Sylvain bayağı hoşuma gidiyordu ama ona âşık değildim." Marion ise bir kez daha bu oğlanı pek adam yerine koymadığını söyler: "Karşına ilk çıkanı kabul ettin." Pauline kuzininin sözünü keser: "Ya sen?..." Marion Pierre'i övmeye başlar, bunun üzerine Pauline, "Öyleyse Pierre'i sen al!" der. Marion, Henri tarafından sevildiğini yineler.

O sırada postacı bir telgraf getirir: Marion'un, işiyle ilgili olarak öğleden sonra Paris'te olması gerekmektedir. Ancak ertesi gün dönebilecektir.

22) MARION (dış, Henri'nin evi, gündüz)

Marion arabasıyla Henri'ye gelir. Evde değildir Henri. Kapının altından bir kâğıt atıp gider

23) PIERRE, PAULINE (dış, Marion'un evi, gündüz; dış, kasaba ve plaj, gündüz)

Pauline bahçede kitap okumaktadır. Pierre gelir, Marion'un gittiğini öğrenir; o gün Henri'nin Louisette'le birlikte olduğunu ve herkesi kandırdığını kıza anlatır: "Şeytan bu adam..." Pauline şaşkındır, bir yandan da Sylvain'in Henri'nin oyununa göz yummuş olması onu düş kırıklığına uğratmıştır. Birlikte onu aramaya giderler.

Birçok yere bakarlar ama boşuna, onu bulamazlar. Akşam olmaktadır, bir lokantaya gitmeye karar verirler.

24) PIERRE, PAULINE, HENRI, SYLVAIN (iç, lokanta)

Akşam lokantada yemeğin sonuna doğru Pierre ve Pauline, uyumlu ve uyumsuz çiftler üzerine konuşmaktadırlar: "İnsanlar başkalarının seçimini hiçbir zaman kabul etmek istemiyorlar," diyen Pierre, Marion'la Pauline'in seçimlerini eleştirir; kendi aşk anlayışını anlatır; sevilenle 'yakın' olunmalıdır. "İşte..." der Pauline, "çok yaklaştın, Marion seni ezbere biliyor, ama fırsatı kaçırdın." Pierre ise kendisini horgören bir adama (ona öyle gelmektedir) tutulduğunu görünce Marion'a duyduğu hayranlığın bir tür düş kırıklığına dönüştüğünü söyler.

O sırada Sylvain ve Henri gelir, şaşırırlar onları görünce: Yemeklerini lokantanın üst katında yediklerini ve gitmek üzere olduklarını anlarız.

Henri, Marion'un da yokluğundan yararlanarak, olayı değerlendirmek üzere hepsini evine çağırır.

25) AYNI KİŞİLER (Henri'nin evi, gündüz)

Henri'nin evinde 'barış'a kadeh kaldırırlar. Henri düşüncesizce hareket ettiğini, diğerlerinin oyuna katılıp katılmamakta özgür olduğunu söyler. Sylvain, Pierre'e saldırır: "Hıyar!" Dalaşırlarken birbirlerine "Koca budala", "Küçük budala" derler. Küçük bir kavga çıkar aralarında, Henri onları yatıştırır. Pierre, Pauline'i evine bırakmak ister ancak Henri önceden kıza orada kalabileceğini söylemiştir, Pauline de boş evde kalmak istemediğinden Henri'de kalmayı yeğler; Marion'un yokluğunda Pauline'den sorumlu olduğunu söyleyen Pierre iyice alınıp kızar. Sylvain ayrılırken Pauline'i öper ama kız ona karşı soğuktur. Pierre ve Sylvain gittikten sonra Pauline hemen yatmaya çıkar.

26) HENRI, PAULINE (iç, Henri'nin evi, gündüz)

Yedinci günün sabahı önce Henri kalkar. Telefon çalar, Henri'nin bir kız arkadaşı onu birkaç günlük bir deniz gezintisine davet etmektedir. Sonra Henri, Pauline'in uyuduğu odaya çıkar (burası ikinci gün oradan ayrılan kızı Marie'nin odasıdır): Pauline'in bir bacağı gözükmektedir; Henri dudaklarını gezdirir kızın bacağında, hemen uyanan Pauline, Henri'yi ayağıyla iter. Henri onu yalnızca uyandırmak istediğini söyler. Çok kızan Pauline, onu ikiyüzlülükle suçlar.

Daha sonra aşağıda kahvaltı ederler. Henri, Marion'a yazdığı ayrılık mektubunu Pauline'e verir. Oradan on beş günlüğüne ayrılmaktadır ve Marion'u yanında götürmeyecektir. O sabah Marion'un erkenden orada olacağını bilmesine karşın onu görmeye yanaşmaz. Daha sonra Henri, Marion'a karşı hissettiklerini anlatır Pauline'e: Kuşkusuz çok güzel bir kadındır ama fiziksel mükemmellik bir yerde erkeğe 'baskı' yapmaktadır ve dostça bir öğüt verir: Marion ona kendisini arzulaması için zaman tanımamış, hemen kollarına atılmıştır. Henri, Louisette'i daha önceden tanıdığını da söyler. Pauline ise Pierre'in iyi yönlerinden söz eder.

27) MARION, PAULINE (dış, Marion'un evi, gündüz)

Marion dönmüş, Henri'nin mektubunu okumaktadır. Mektubun içeriği bize aktarılmaz. Pauline, Henri'nin gidiş nedenini kuzinine söyler; Henri için güç bir deniz yolculuğudur bu. Marion üzgündür. İki kuzin birbirlerine dostça sarılırlar. Pauline, Paris'e kararlaştırdıkları tarihten önce dönmelerini önerir.

Daha sonra, filmin başında olduğu gibi evin kapısını görürüz; Pauline, oraya geldiği gün üzerinde gördüğümüz deniz giysisiyledir; arabaya biner.

Yola koyulmadan önce Marion, Satıcı Kız'la gerçekte ne olup bittiği hakkında elinde bir kanıt olmadığını söyler; yani Henri onu gerçekten aldatmış olabilir, bunu ise düşünmek bile 'korkunç'tur. Yine de avunsun diye Pauline'e buna inanmasını önerir. Böylelikle birbiriyle çelişse bile, ikisi de kendilerine uygun gelen gerçeğe inanacaklardır. Yine de Marion kendi versiyonunun (Satıcı Kız'la Sylvain'in birlikte olduğu) tek gerçek olduğuna inanır gözükmektedir. Onu yalancı çıkarmak istemeyen Pauline, yüzünde hafif bir gülümsemeyle, "Olur," diyerek kuzininin oyuna katılır.

II) Son Macera, 1944

Yönetmen: Howard Hawks
Senaryo: Jules Furthman, William Faulkner
Yapıt: "To Have And Have Not", *Ernest Hemingway*
Yapım: Warner Bros, Hollywood, ABD
Süre: 1 Saat 40 Dakika

I) Yıl 1940, Vichy Yönetimindeki Fort-de-France'tayız... (Sinopsis)

1940 yılı, Vichy yönetimindeki Martinik'in Fort-de-France adlı kıyı kentindeyiz.

Bir Amerikalı olan HARRY MORGAN (Humphrey Bogart) Amerikan kesiminden balık tutmaya gelen yazlıkçılara "Queen Conch" adlı teknesini kiralamaktadır. Çok sevdiği yardımcısı EDDY (Walter Brennan) yaşlı bir ayyaştır. Martinik'teki direniş hareketlerini gizlice destekleyen arkadaşı Fransız GÉRARD'ın (Marcel Dalio) işlettiği otelde (Café-Hotel Marquis) kalmaktadır.

O sıralar, Harry'nin müşterisi JOHNSON (Walter Sande) adındaki Amerikalı bir işadamıdır. Kötü bir balıkçı olduğu kadar kuşku da çeken bir insandır; on beş günlük borcunu bir türlü ödememektedir Harry'ye.

Otelde, Gérard, Harry Morgan'dan para karşılığı bir yardım ister: Martinik'teki direnişçileri teknesiyle gizlice götürmesini ister. Harry siyasi olaylara karışmak istemediğinden teklifi kabul etmez.

Harry otele o gün gelen genç ve zeki Amerikalı MARIE'yle (Lauren Bacall) tanışır. Otelin kahvesinde kadının Johnson'ın cüzdanını aşırdığını görür. Kadını takip eder, onu durdurup 'müşterisi'nin cüzdanını geri alır. Ancak cüzdanı karıştırdığında Johnson'ın kendisini atlatarak parasını vermeden adadan gitmek niyetinde olduğunu anlar.

Harry, Johnson'ı bulmaya gider, Marie'yi de cüzdanı geri vermeye zorlar. İyi kalpli prens pozlarında, adamı tüm borcunu hemen orada seyahat çekiyle ödemeye razı eder. Ancak otelde Gérard'ın direnişçi arkadaşlarıyla polis arasında bir çatışma çıkar, Johnson'ın çeki imzalamaya vakti olmaz; Amerikalı, çatışma sırasında bir kurşunla vurulur. Harry hemen müşterisinin cüzdanını alır, ancak o sırada Vichy yönetiminin komiserlerinden RENARD (Dan Seymour) gelir ve Harry, Marie ve Gérard'ı sorgulamak üzere tutuklar. Üçü de doğal olarak direnişçilerin varlığını inkâr ederler. Renard onlara baskı yapabilmek için Harry'nin kimliğine ve parasına el koyar ("Soruşturmadan sonra geri alabilirsin") ve istemeyerek onları bırakır.

Akşam, serbest kalan Harry ile Marie karakoldan birlikte çıkarlar. Harry birer içki içmeyi önerecekken tek kuruşunun kalmadığını anımsar. Evine dönmeyi yeğler, Marie'yi de, nasılsa bir kahveden adam ayartır diye bırakır.

Marie geç bir saatte Harry'yi otelinde bulur ve aralarında duygusal bir yakınlaşma başlar... İkisi de birbirini beğenmiştir, ancak Harry kadının bir maceraperest olduğunu düşünerek temkinli davranmaktadır. Sonunda kadın Harry'yi öper... beraberlikleri başlar.

Bir gün önceki kavgada yaralanan direnişçilerden biri ertesi gün, Gérard'ın bir süre önce istediği yardımı ister Harry'den. Bu kez Harry, işsiz kaldığını ileri sürerek kabul eder. Ancak hemen, oraya varmadan önce, parasının ödenmesini ister. (Sonradan bu parayı iyice meteliksiz olan Marie'ye Amerika'ya dönüş bileti almak için harcadığını öğreneceğiz.)

Akşam olurken Harry, Eddy'yle gizlice denize açılır. Gecenin karanlığından yararlanarak Fort-de-France'a getirmek üzere ona sözü edilen iki direnişçiyi teknesine alır. Bunlardan birinin adı PAUL de BURSAC'tır (Walter Molnar), diğeri ise bir kadındır: Paul'ün karısı HÉLÈNE (Dolores Moran) kibirli ve havalı bir Amerikalıdır. Harry'ye düşmanca davranır.

Tekne yolda Vichy'nin devriye gemilerinden birine yakalanır. Harry geminin projektörünü söndürmek üzere ateş eder. Yağan kurşunlardan Paul kolundan yaralanır.

Harry limana geri döner ve Gérard'ın da yardımıyla Paul ve Hélène'i, Marquis Oteli'nde saklar. Gerçek bir doktor isteyen Hélène'in düşmanca tavırlarına karşın Harry otelde Marie'nin de yardımıyla (Marie Amerika'ya dönmekten vazgeçmiştir) Bursac'ı kendi tıbbi bilgisini kullanarak ameliyat eder. Hélène daha sonra 'budalalığı'ndan ötürü Harry'den özür dileyecektir.

Ameliyat başarıyla sonuçlanır. Öte yandan Harry, direnişçilerin saklandıkları yeri söylemesi için Eddy'yi zorlayan Komiser Renard'la uğraşmak zorundadır. Harry'ye teşekkür eden Paul de Bursac, ona davalarına katılmasını söyler ve direnişin en önemli yöneticilerinden birini kurtarmak üzere Şeytan Adası'na birlikte gitmelerini önerir.

Renard, Marquis Oteli'ne gelir ve Harry'nin odasına çıkar. İçeride Hélène'le konuşmakta olan Harry hemen kadını saklar. Marie de oradadır.

Renard'ın elinde şimdi iyi bir koz vardır: Eddy'yi tutuklamıştır ve onu alkolsüz bırakarak konuşturacaktır. Harry, Marie'nin yardımıyla çekmeceden tabancasını almayı başarır; Renard'ın adamlarından birini vurur, Renard'ı da Eddy'yi bırakması için zorlar.

Eddy serbest bırakılır, Harry direnişçilere katılmaya ve Şeytan Adası'na gitmeye karar verir. Harry, Marie (Hélène'i bir an kendine rakip sanan Marie şimdi kendinden emin ve mutludur) ve 'çete'ye yetenekli ve cesur bir kadının katılmasından son derece memnun olan Eddy, bu tehlikeli görev için yola koyulurlar. Gérard ise Vichy'li iki tutsakla ilgilenecektir.

2) Bir Uyarlamanın Eğimleri

Son Macera filminin ve senaryosunun oluşumu büyük bir üne sahiptir: Film, ünlü Amerikalı yönetmenlerden biri olan Hawks'ı, Hollywood'un iki efsanevi yıldızı Bogart ve Bacall'i, yine çok ünlü bir senaryo yazarı olan Julles Furthman'ı ve Amerika'nın en büyük yazarlarından ikisini, Hemingway ve Faulkner'i görkemli bir jenerikte biraraya getirmiştir (Bacall'in beyazperdede ilk kez bu filmde görüldüğünü belirtelim).

Kaynak kitaptan filmin tamamlanmış biçimine kadar, bu filmin oluşumuyla ilgili tüm ayrıntıları, senaryonun geçirdiği tüm evreleri "Wisconsin/WarnerBros Screenplay Series" (bkz. Kaynakça) tarafından yayınlanan çok ilginç bir yapıttan öğrenmekteyiz. Yine aynı kitapta, çekimi yapılacak senaryonun yanı sıra Bruce F. Kawin'in, filmin oluşumuyla ilgili ayrıntılı ve sağlam bir incelemesiyle, çekim sırasında senaryoda yapılan tüm değişikliklerin çizelgesi yer almaktadır. Böylece kitap, yalnız filmle ve senaryosuyla ilgili değil, tüm Hollywood sinemasıyla da ilgili çok değerli bir belge niteliği taşımaktadır.

Kitaptan Beyazperdeye

1973'de yayınlanan Ernest Hemingway'in romanının Fransızcası da bulunduğu için, burada kitabın çözümlemesine girmeden, yalnızca filmin çekim ve kurguda aldığı son biçimiyle kitap arasındaki başlıca ayrımları belirteceğiz.

Kitapta olay yıllara dağılmıştır; filmde ise olay ne bir eksik ne bir fazla, tam üç gün sürer.

Hemingway, Harry Morgan'ı fazla cesur olmayan, incelikten yoksun ve sempatik bir hergele olarak betimlemiştir. Melek değildir Harry: Bir Çinliyi dolandırır ve sonra adamı gırtlaklar; bilerek kaçakçılık olaylarına karışır. Filmdeki Harry ise daha çok, 'klası olan', zekı, ahlâksal açıdan kusursuz, neredeyse kahraman bir kişi gibi gösterilmiştir.

Kitapta Harry'yle yardımcısı Eddy'nin sıcak bir dostluğu yoktur. Filmdeyse birbirlerinin kadim dostu olduklarını görürüz.

Kitaptaki Johnson'ın bazı sevimli yönleri vardır. Oysa filmde böyle bir şeye rastlamayız.

Hemingway'in yapıtında, Hélène Gordon, karanlık barlarda, karanlık insanlarla düşüp kalkan yüksek sosyeteden şımarık genç bir kadındır. Filmdeyse bir direnişçinin eşi, gururlu Hélène de Bursac olur (kocası Gordon'un 'uyuşuk' aydın kişiliğiyse tümüyle değiştirilmiştir).

Kitapta, Harry'nin Eddy'yi tokatladığı sahne filme alınmış ancak anlamı tümüyle değiştirilmiştir. Harry, romanda, tehlikeden kaçmaktadır, bu yüzden Eddy'ye tokat atar, filmde ise Eddy'nin tehlikeye atılmasını istemediği için ona tokat atar.

Özetle, olaylar kısa bir süreye sığdırılmış, psikolojik düzlemde bir sadeleşmeye (ve değişikliğe) gidilmiştir. Peki, kitapla film arasında neler oldu?

1939 yılıydı, kalabalık bir grup balık avından dönüyordu; av süresince iki arkadaş, Howard Hawks ve Ernest Hemingway arasında bir tartışma çıkmıştı. Hawks, arkadaşının Hollywood'a girmesi için üsteliyordu. Onu kandırmak için, "Senin en kötü romanını alıp ondan bir film yapabilirim," dedi. "Peki, hangisi benim en kötü romanım?" "Şu, adı TO HAVE AND HAVE NOT olan biçimsiz şey." "Ondan hiçbir şey yapamazsın," dedi Hemingway ve şöyle devam etti: "Paraya ihtiyacım vardı, ben de hemen yazıverdim." Hawks, "Yapabilirim," dedi, "sen Harry Morgan'ı yarattın, ben sana kızın tipini vereceğim,sen de karşılaşmalarının öyküsünü uyduracaksın." Romanda Harry Morgan, pek alımlı olmayan iri yarı Marie'yle otuz yıldır evliydi; karı koca acıda ve yoksullukta birbirlerine destek olan, uyumlu bir çift oluşturuyorlardı. Böylece, bu film tasarısının başında, Morgan'ın geçmişine uzanmak ve romanda sonradan ortaya çıkan ani olayları bu geçmişe yerleştirmek söz konusuydu.

Hemingway, kitabından yapılacak uyarlamaya karışmadan, yayın haklarını satmayı kabul etti. Sonunda Hawks'ın senaryo yazarı arkadaşı Jules Furthman (Joseph Von Sternberg'in ŞANGHAY TRENİ - *Shangai Express* ve ŞANGHAY BATAKHANELERİ- *Shangai Gesture;* Hawks'ın BÜYÜK UYKU- *The Big Sleep*, vb. filmlerinin yazarı) işe koyulur; bu arada, karısı Slim aracılığıyla Hawks, adı BETTY BACALL olan on sekiz yaşında bir mankenle tanışır ve kıza Marie rolünü vermek ister. Hawks, Furthman'dan Marie'ye MARLENE DIETRICH gibi, biraz erkeksi bir kişilik vermesini ister, bir yandan da prova ve çekimlerde Bacall başarısız olur kaygısıyla Marie'nin rolünün azaltıldığı bir ikinci versiyon öngörür.

1943 yılında Furthman kitaba iyice sadık kalarak yazdığı ilk versiyonu bitirir. Bununla ilgili Hawks'ın anlattığı ünlü bir anısı vardır: "İlk taslakta Lauren Bacall (Betty Bacall'in sahne adı) el çantasını çaldırıyordu. Furthman yazdığı bu sahneyi çok beğenmişti 'Çantasını çaldıran cici bir kız... çok çekici doğrusu,' dedim. 'Seni salak seni,' dedi Furthman bana. Ertesi gün sahneyi yeniden yazmıştı; bu kez cüzdanı kız çalıyordu; bu çok daha iyiydi."

Furthman'ın Yazdığı Birinci Versiyon

Senaryonun ilk versiyonu tıpkı Hemingway'in romanındaki gibi, Küba'da, Havana'da geçer ve aynı balık tutma sahnesiyle başlar.

Bu versiyonda Eddy'nin adı Rummy'dir. Havana limanında, *San Fransisco'nun İncisi* adlı kahvenin sahipleri Decimo ve Benicia, Harry'ye olan borcunu ödemesi için Johnson'ı zorlamaktadırlar (Benicia, Harry'nin eski bir arkadaşıdır). Kahvede, Corinne adında genç bir kadın (senaryonun son biçiminde adı, kitaptaki gibi Marie olacaktır) Johnson'ı 'içirmektedir'; adam iyice sarhoş olunca cüzdanını yürütür. Morgan kızın yolunu keser ve cüzdanı geri vermesini söyleyerek ona bir tokat atar (bu tokatın sonradan el değiştirdiğini göreceğiz).

Davaları için parasal destek sağlamak üzere bir soygun tasarlayan Kübalı üç devrimci öğrenci, Harry'ye, teknesiyle kendilerini soygun yerine götürmesi için 5000 dolar teklif ederler. Ancak Morgan, onlara yalnız kendi işiyle ilgilendiğini söyler. Corinne, Johnson'ın cüzdanını Morgan'ın giysileri arasına saklar. Johnson onları polise şikayet etmek ister ancak kahveden çıktığı sırada Kübalı öğrencilerden en fanatik olanı onu Morgan sanarak vurur. Soruşturmayla Morgan'ın bir arkadaşı, teğmen Caesar ilgilenir. Morgan, Corinne'i sabıkası olduğu için korur.

Rummy'yi öğrenciler kaçırır, karşılığında Corinne'i istemektedirler; Morgan kızı vermeye hazır gibidir, ancak çekmecedeki tabancasıyla ateş ederek öğrencilerden birini vurur, diğer ikisini bırakır ve Rummy'yi kurtarmayı başarır.

Ertesi gün Bay Kato adında bir Çinli, Morgan'a içki kaçakçılığı teklif eder. Yolda, Morgan ve tayfası yaralanırlar. O sırada, alkol ararken, taşıdıklarının içki değil uyuşturucu olduğunu görürler, ilkelerine bağlı olan Morgan yükü denize atar ve Çinliyi Caesar'a teslim etmeyi aklına koyar.

Daha sonra, teknesini kiralamak isteyen Sam Essex adında bir Amerikalıyla tanışır; ertesi gün kahvede Syivia'yla karşılaşır, bir zamanlar bu kadını sevmiş, kadın ise onu bir başkası için terk etmiştir. Syivia şimdi Essex'in karısıdır. Corinne kadını kıskanır. Rummy yeniden kaçırılır ve yeniden serbest bırakılır.

Morgan devrimcileri teknesiyle götürmeyi kabul eder. Essex ve Rummy'le Cienfuego limanına giderler ve Kübalılar soygunu yapar. Rummy devrimcilerden birinin kurşunuyla vurulur. Morgan bunun üzerine devrimcilerden kurtulmak amacıyla onlara ateş etmeye başlar ve sahne kararır...

Morgan sağ salim döner. Syivia tekrar elde etmek ister onu. Ancak Morgan, Essex'le dost olmuştur, Sylvia boşuna uğraştığını anlar ve Morgan Corinne'le evlenir.

Bu ilk uyarlama, özgün yapıtta da olduğu gibi, devrimci bir ülküselliğin fanatik bir çeteciliğe dönüştüğünü gösteriyor. Bununla birlikte, filmde Harry'nin yazgısı değiştirilmiştir. Harry Morgan kolundan hafifçe yaralanır, ama yaşamı ölümle ya da başka bir felaketle noktalanmaz, aksine yeni ve güzel bir yaşam onu beklemektedir.

Küba'dan Martinik'e

Faulkner'in senaryoya ne gibi değişiklikler getirdiğini görmek için ikinci versiyona geçelim. Filmde Küba ve yönetiminin kullanılmasını Batista hükümeti hoş karşılamaz gerekçesiyle Amerikan Bürosu, filmin dış piyasaya satılamama olasılığını da göz önüne alarak bu film tasarısına karşı çıkmıştı. Üstelik bu savaşta Küba, ABD'nin müttefiğiydi. Öte yandan, filme başlanmış, dekorların bir kısmı da hazırlanmıştı... Jack Warner, Howard Hawks'a filmi ancak başka bir çevre düzeniyle gerçekleştirebileceklerini söyler. Sonunda, Martinik'te Vichy yönetimi altındaki Fort-de-France'ta karar kılınır. Daha önce De Gaulle yanlısı bir senaryo yazmış olan Hawks'ın arkadaşı Faulkner devreye girer ve Furthman'ın taslağında belli birtakım değişiklikler yapar. İlk senaryonun Hélène Gordon'u Hélène de Bursac olur; Caesar ve Renardo adlı polisler Komiser Renard adıyla tek bir kişide birleşir. Kübalı devrimciler De Gaulle yanlısı saygın direnişçiler olurlar. Morgan'ın yaralanmasından (romanda ve ilk versiyonda yaralanıyordu) vazgeçilir, onun yerine Paul de Bursac yaralanır. Faulkner, Morgan'ın insan sevmez kişiliğini belirginleştirir ve Marie'yle aynı otelde kalmalarına karar verir; bu, birbirleriyle karşılaşma ve görüşme sorununu büyük ölçüde kolaylaştırır...

Hawks'a gelince, o da çekim sırasında senaryoda değişiklikler yapmıştı.

Senaryodan Filme

Senaryonun ilk bölümünde, siyasal olaylarla ilgili daha ayrıntılı sahneler vardı: İlk karelerde Pétain'in bir resmi ve direnişle ilgili yazılar yer alıyordu.

Filmdeki aşk üçgeni senaryoda daha belirgindi, hatta Harry'nin Hélène'i öptüğü bir sahne bile vardı. Çekim sırasında bu sahne kaldırıldı, çünkü Bogart/Bacall çifti çok inandırıcı bir oyun sergiliyorlardı, öyle ki Marie'nin Harry ve Hélène'i yan yana yakaladığı iki sahne filmde inandırıcı olmaktan uzaktı.

Son olarak, senaryoda Renard ve çömezlerinin sonları değişik tasarlanmıştı: Morgan, Gérard'a onları öldürmesini, kurşun seslerinin dışarıdan duyulmaması için de orkestraya yüksek sesle bir şeyler çaldırmasını önerir. Filmdeyse Gérard onları kendi kaderlerine bırakacağını söyler. Harry, "Otelini ateşe verecekler," diye Gérard'ı uyarır. Gérard ise onu bilgece yanıtlar: "Büyük bir yangın olmayacak!" Böylece filmin sonu, iki Vichy polisinin öldürülmesiyle 'ağırlaştırılmamış', daha hafif ve neşeli bir hale getirilmiştir, öte yandan iki tutsağın sonu bilinmediği için, filmin sonu da muğlak kalmıştır.

Yukarıda andığımız kitabında Kawin, sahnelere daha çok devingenlik ve gerilim kazandırmak amacıyla Hawks'ın çekim süresince sahnelerin ayrıntılarında çok sayıda değişiklik yaptığını belirtir. Örneğin, situasyonlar ve replikler sık sık yarıda kesilir ya da birbirini keser, diyaloglar daha hareketlidir ve Hoagy Carmichaël'in piyanosu eşliğinde Lauren Bacall'a fazladan iki şarkı söyletilir.

Hawks, filme daha hafif ve biraz masalsı bir hava katmak için duygusal ya da polisiye olsun, tüm situasyonları hafifletmek istemiştir, bunu da geleneksel dramaturjinin ilkelerine ters düşerek, situasyonları yüzeysel bırakma pahasına gerçekleştirmiştir (Hawks'ın burada açıkça riske girdiği inancındayız).

1944 yılında gösterilen film büyük bir ticari başarı elde etmesine karşın çekimser eleştiriler aldı. Bunda da en önemli etken, filmin entrikasının gevşek, hatta karmaşık niteliğiydi.

Aşağıda filme ilişkin yaptığımız özeti okuyacaksınız. Öykünün diğer versiyonları arasında kişilerin özelliklerinin nasıl bir kişiden diğerine aktarıldığını, hatta kişiler arasında nasıl tümüyle değiş tokuş edildiğini görmek gerçekten çok ilgi çekicidir. Şunu da ekleyelim: Senaryosu, tropikal dekoru, tarihsel bağlamı (Direniş ve Fransa) ve Humphrey Bogart adının yer aldığı jeneriği, *To Have And Have Not* filminin seyirciye efsanevi bir filmin tekrarı olduğunu düşündürmüştür; bu film, iki yıl önce gösterilmiş olan *Casablanca*'dır.

3) Sahnelere Göre Senaryo

1) HARRY MORGAN, BİR DENİZ TEĞMENİ (dış, Fort-de-France limanı, gündüz)

Olayın Martinik'te, Vichy yönetimindeki Fort-de-France'ta geçtiğini belirten bir yazı çıkar.

Sabah, limanda bir Amerikalı, Fransız bir deniz teğmeninin yanında, teknesine çıkış izni almak için gerekli formaliteleri yerine getirmektedir. Bu vesileyle Amerikalının adının HARRY MORGAN (Humphrey Bogart) olduğunu, teknesi *Queen Conch*'u yabancılara kiraladığını ve o gün Johnson adında bir müşteriyi balığa çıkaracağını öğreniriz.

2) HARRY, EDDY, HORATIO, JOHNSON (dış, doklar, gündüz)

Harry limana, teknesine gelir; iskelede yaşlı, sarhoş bir denizci olan EDDY (Walter Brennan) uyumaktadır. Onu bir kova suyla uyandırır ve tayfası Zenci HORATIO'ya (Sir Lancelot) yardım etmesini söyler: Denize açılacaklardır. İki adamın derin, yapmacıksız ve sıcak bir dostlukla birbirine bağlı olduğunu hissederiz.

Morgan'ın müşterisi, JOHNSON (Walter Sande) adındaki iri yarı adam gelir, kentten aldığı balık takımıyla, doğanın güzelliklerini tatmaya niyetli bir işadamı olduğu her halinden bellidir.

3) AYNI KİŞİLER (dış, Harry'nin denize açılmış teknesi, gündüz)

Denizde Johnson'ın iyice beceriksiz, acemi bir balıkçı olduğunu görürüz: Oltasına takılan büyük bir balığı kaçırır, balıkla beraber de Morgan'ın değerli bir oltasını denize düşürür. Bir de bu sevimsiz adam Eddy'yle takışır, bir işe yaramadığını söyleyerek bahşiş vermez. Eddy de adamı sarhoş muhabbetiyle ve "Hiç ölü bir arı tarafından sokuldunuz mu?" türünden sorularla kızdırır.

Eddy'ye iyice sinirlenen Johnson ona vurur, Harry araya girer ve müşterisini denize atmakla tehdit eder. Bu talihsiz avı bırakıp limana dönmeye karar verirler.

4) HARRY, JOHNSON (dış, liman, gündüz)

Önceki sahnede Johnson'ın Harry'ye iki haftalık tekne kirası borcunu ödemediğini öğreniriz.

İki adam iskele boyunca yürürlerken Johnson'la Vichy yönetiminin sivil bir polisinin arasında geçen küçük bir olay (polis, Johnson'ın yöneticiler aleyhine konuştuğunu sanmıştır) bize tarihsel bağlamı anımsatır ve böylece Harry'nin bu davada bir taraf tutmadığını, yalnızca kendi işiyle ilgilenmek istediğini öğreniriz.

5) HARRY, JOHNSON, GÉRARD (takma adı 'FRENCHY'), MARIE BROWNING (iç; Marquis Oteli'nin kahvesi, akşam)

Harry, Marquis Oteli'ne döner, burada yaşamaktadır. Otelin sahibi Fransız GÉRARD (Marcel Dalio) bir direnişçidir; para karşılığı gizlice bazı direnişçileri teknesiyle taşıması için Harry'den yardım ister, ancak Harry bu işe karışmak istemediğini söyler.

Bu arada Johnson, Harry'ye yanında yeteri kadar para olmadığını, ertesi gün bankaya gidip borcunu ödemek için para çekeceğini söyler.

Harry'nin oturduğu odanın kapısında iri yapılı genç bir kadın belirir; adı MARIE BROWNING (Lauren Bacall) olan bu kadın sigara aramaktadır. Gérard'dan kadının o gün uçakla Fort-de-France'a geldiğini ve Harry'nin bitişiğindeki odada kalmakta olduğunu öğreniriz.

6) HARRY, MARIE, JOHNSON, GÉRARD, CRICKET (iç, kahve, gece)

Otelin kahvesinde piyanist CRICKET'in (Hoagy Carmichaël) yönettiği bir orkestra, müşterilere müzik çalmaktadır. Harry gözlerini Johnson'la yemek yiyen Marie'ye dikmiştir; kadına ilgi duyduğu bellidir. Harry çıkışta kadını izler; Johnson'ın cüzdanını çaldığını fark etmiştir. Harry tarafından durdurulan kadın olayı önce inkâr eder, sonra doğrular. Harry, Johnson'ın müşterisi olduğunu ve yalnızca bu nedenle adamın çarpılmasını istemediğini söyler.

Ancak, cüzdanı açınca içinin para ve seyahat çekiyle dolu olduğunu görür, bir de ertesi sabahki ilk uçak için alınmış bir bilet vardır. Johnson'ın Harry'yi dolandırmak istediğinin açık bir kanıtıdır bu.

7) HARRY, MARIE, GÉRARD, DİRENİŞÇİLER, EDDY, RENARD (iç, otel, gece)

Bir kez daha direnişçiler Harry'den, bu kez Marie'nin yanında (o da bu işe karışmıştır artık) yardım etmesini isterler, Harry de bir kez daha onların parasını geri çevirir. O sırada Eddy gelir ve onlara ölü arıyla ilgili sorusunu sorar. "Ya siz?" diyen Marie'nin hazırcevaplığı yaşlı adamın hoşuna gider, genç kadını benimser.

Harry, Johnson'ı bulmaya gider. Genç kadına cüzdanını geri verdirerek müşterisini iyice şaşkınlığa uğratır. Harry intikam almak niyetinde değildir, hemen orada Johnson'ın borcuna karşılık bir seyahat çeki imzalamasını ister.

O sırada De Gaulle yanlısı gençlerle polis arasında şiddetli bir kavga çıkar. Harry'le Marie bir köşeye saklanırlar. Silahlar patlar; olaydan sonra Johnson'ın yerde cesedi bulunur; çeki imzalamaya vakti olmamıştır. Harry adamın ceplerini karıştırır ve cüzdanındaki tüm parayı alır.

Kaba saba ve sadist bir komiser olan RENARD (Dan Seymour) olay yerine gelerek Harry, Marie ve Gérard'a karakola tanık olarak gelmelerini söyler.

8) HARRY, MARIE, GÉRARD, KOMİSER RENARD, TEĞMEN COYO (iç, polis bürosu, gece)

Karakolda Komiser Renard, kavgada yaralanan direnişçinin nereye saklandığını öğrenmek için üçünü konuşturmaya çalışır. İlk sorgulanan Gérard, oteline gelip gidenler hakkında bir şey bilmediğini söyler. Renard, bu işlere bulaşmamasını söyleyerek onu bırakır. Sıra Harry'ye gelmiştir. O da Johnson'ın ona borcu olan bir müşterisi olduğunu anlatır. Renard, Harry'nin kimliğine ve hem Johnson'dan aldığı paraya hem de kendi parasına el koyar: "Verdiğiniz ifade doğru çıkarsa onları geri alabilirsiniz," der.

Marie, sorgulaması sırasında terslikler yapar ve Renard'ın yanındaki teğmen COYO'dan (Sheldon Leonard) bir tokat yer. Harry araya girer ve Marie'ye soruları yanıtlamama hakkı olduğunu söyler. Renard iki Amerikalıyı bırakmak zorundadır.

9) HARRY, MARIE, EDDY (dış, Fort-de-France sokakları ve bir bar, gece)

Harry Morgan ve Marie karakoldan birlikte çıkarlar. Yolda, Morgan Marie'ye bölgenin siyasal durumunu anlatır. Karşılarına Eddy çıkar, her zamanki gibi içki aramaktadır, ayrıca kaptanını merak etmiştir. Harry onu yatmaya gönderir. Harry'le Marie birlikte bir bara girerler, ancak Harry hiç parası olmadığını anımsar ve nasılsa bir denizci 'araklar' diye Marie'yi orada bırakıp, oteline döner.

10) HARRY, MARIE (iç, Harry'nin odası, Marie'nin odası, gece)

Geceleyin Marie, Harry'nin odasına gelir, ona bir denizciden aşırdığı içki şişesini getirmiştir. Harry kadına soğuk ve alaycı davranır: Karakolda kadının tokadı yedikten sonraki tavrına bakıp onun maceralı bir yaşama alışkın olduğunu düşünmüştür. Harry'nin kendisini bir sürtük gibi görmesine sinirlenen Marie odasına gider.

Bu kez Harry, Marie'nin odasına gelir. Çok bozuktur kadın: Harry'yi aşağılamak isterken Harry onu aşağılamıştır. Üstelik Amerika'ya dönecek parası da yoktur. Harry odadan çıkar.

İyice geç bir saatte Marie, Harry'nin odasına girer: Kendisini parasal sıkıntıdan kurtarmak için Harry, Gérard'ın önerdiği tehlikeli işi kabul edecek diye korkmaktadır. Harry'ye kendi parasını vermeyi önerir. Harry bunu büyük bir miktar sanır, Marie'nin parasızlığını ileri sürerek onu oyaladığını düşünür, kadına kızgındır. Marie insan sevmeyen bir kişiliği olduğunu söyleyerek onu eleştirir; sonra birden onu dudaklarından öper. Harry çekingen davranır ama öpücüğe karşılık verir. Sonra kadın odadan çıkar ve şakacı bir tavırla, eğer onu istiyorsa bir ıslık çalmasını söyler... Harry arkasından hayranlıkla bakar.

Olayın ilk günü burada biter. Işıklar kararır.

11) HARRY, GÉRARD, BEAUCLERC, BAYAN BEAUCLERC (iç, kulübe, gündüz)

Yaralanan Fransız direnişcisi BEAUCLERC (Paul Marion) (bir gün önce Harry'den yardım isteyenlerden biridir) ve karısının (Patricia Shay) yoksul Martiniklilerin evinde saklanmış olduklarını görürüz. Sabahtır. Gérard ve Harry de oradadır. Harry sonunda para karşılığı yardım etmeyi kabul etmiştir. Beauclerc, Fort-de-France'a gizlice iki direnişçinin getirileceğini söyler; bunlardan birinin adı Paul de Bursac'tır. Vichy yönetimine ait bir teknenin yollarını kesmesi halinde neler yapabileceklerini tartışırlar. Harry parasını önceden almak istediğini söyler, öte yandan Beauclerc'in karısı Harry'ye ters davranmaktadır; Harry ise kocasının tedavisiyle ilgili olarak kadından daha çok şey bildiğini kanıtlayarak ağzının payını verir.

12) MARIE, CRICKET, HARRY (iç, kahve, gündüz)

Otelin kahvesinde Cricket şarkı yazmakta, Marie de onunla gevezelik etmektedir. Harry gelir; Marie'ye bir uçak bileti verir ve o gün öğleden sonra Fort-de-France'tan gitmesini söyler. Bileti direnişçilerin verdiği parayla satın almıştır. Marie, Harry'den ayrılacağı için üzgündür ancak bileti alır.

13) HARRY, EDDY (dış, liman, gündüz)

Harry yaşlı ayyaş Eddy'yi Fort-de-France limanında bulur. Oysa ona otelde kalmasını söylemiştir. Harry'nin denize açılacağını tahmin eden Eddy ise ona katılmak ister. Harry onun yardımını istemediğine inandırmak için Eddy'ye ısrar eder, iş bir tokat atmaya kadar gider.

14) HARRY, EDDY, PAUL DE BURSAC, HÉLÈNE DE BURSAC (dış, tekne, gece)

Akşam olmuştur. Tekne denize açılır, başlarına bir olay gelmesi halinde kullanmak üzere Harry bir tabanca çıkarır. O sırada bir gürültü duyar. Eddy'dir bu; işin ciddi olduğunu anlamış, Harry'nin ısrarına karşın tekneye binmiştir. Harry ona üstlendiği görevi anlatınca Eddy duygulanır, Harry'nin onu korumak için saf dışı bırakmaya çalıştığını anlar.

Sonunda tekne sözleşilen yere gelir; iki kişi beklemektedir onları. Harry bunlardan birinin kadın olduğunu fark eder; HÉLÈNE DE BURSAC (Dolores Moran) 'uzun boylu' Amerikalı genç bir kadındır, kocası PAUL DE BURSAC (Walter Molnar) ise Fransızdır. Harry bu yolculuktan ötürü oldukça gergindir; öte yandan Hélène'in Harry'nin kabalıklarını kaldıramadığını ve adamdan çekindiğini görürüz.

Dönüşte sis bastırır; denizin ortasındadırlar ve Harry karanlığın içinde bir devriye gemisinin varlığını hisseder. Paul geri dönmelerini önerir. Ancak Harry teknesini korumaya niyetlidir, tabancasıyla devriye gemisinin projektörüne nişan alır; Paul'la Hélène'e saklanmalarını söyler. Kurşunlar patlar ve bir köşeye sığınmayı reddeden Paul kolundan yaralanır. Hélène'in Harry'ye kızgınlığı daha da artar.

15) HARRY, GÉRARD. PAUL, HÉLÈNE, EDDY, MARIE (dış, liman; iç, kahve, gece)

Harry limana girer, yolcuları Gérard'a teslim eder, sonra Marquis Oteli'ne giderek Marie'yi bulur; kadının kalmaya karar verdiğini ve Cricket'in yanında şarkıcı olarak iş bulduğunu öğrenir, memnun olur ama belli etmez.

16) HARRY, GÉRARD. MARIE, PAUL, HÉLÈNE (iç, oda, gece)

Paul de Bursac'ı bir odaya taşımışlardır. Harry, direnişçinin kolundaki kurşunu çıkarmaya hazırlanmaktadır. Ancak Hélène gerçek bir doktor isteyerek Harry'yi tersler, öte yandan doktora haber vermek Vichy'lileri harekete geçirecektir. Hélène daha önceden hemşirelik kursu gördüğünü söyleyerek yardım etmek ister, ancak kan görünce hemen bayılır ve Harry, Marie'nin yardımıyla ameliyatı yapar. Kurşun çıkarılmıştır. Ameliyat bitince Harry yerde baygın yatan Hélène'i divana taşır. Marie bunun üzerine kıskançlığa kapılır ve sert bir tavırla kıskandığını dile getirir.

17) HARRY, PAUL, HÉLÈNE, MARIE (iç, mahzen, gündüz)

Paul sağlığına kavuşur. Hélène Harry'ye teşekkür edip sevimlilik gösterisinde bulunur ve daha önce aptalca davrandığı için Harry'den özür diler. Harry, Hélène'e mesafeli davranmayı sürdürür. Marie kafasındaki 'ikili'nin konuşmasını kesmek için araya girer.

18) HARRY, MARIE, GÉRARD (iç, Harry'nin odası, gündüz)

Marie, Harry'yi odasında bulur: Olayın bu, üçüncü günüdür. Harry uzanmış, dinlenmektedir. Ancak Marie kendisiyle ilgilenmesini ister. Harry de onu sevdiğini, Hélène'e karşı bir şey duymadığını söyler.

Aniden Gérard odaya girer, Komiser Renard'ın aşağıda, Eddy'yi sarhoş ederek direnişçilerin saklandıkları yeri öğrenmeye çalıştığını bildirir. Harry, Marie ile birlikte aşağı iner.

19) HARRY, MARIE, EDDY, RENARD (iç, kahve, gündüz)

Aşağıda Eddy'yi bulurlar; iyice sarhoştur. Renard'a bir balık avı macerası anlatarak onu iyice sinirlendirmektedir. Harry saf taklidi yaparak araya girer. Renard'a bir geminin projektörüne ateş ettiğini ancak gemiyi bir Alman denizaltısı sandığını söyler. Renard, direnişçiler hakkında konuşursa kendisini ödüllendireceğini ileri sürer, Harry de bir gün bu pazarlığı kabul edeceğine inandırarak onu umutlandırır. Bu kez Renard yanlarından canı sıkkın ayrılır.

Bunu Harry, Marie ve Eddy arasında derin bir dostluk gösterişi izler. Cricket piyano çalarak şarkı söylemektedir, Marie de müşterilere şarkı söylemek üzere yerini alır.

20) HARRY, PAUL, GÉRARD, HÉLÈNE (iç, mahzen, gündüz)

Mahzende Paul'le Harry konuşmaktadır: Fransız direnişçi, *Queen Conch*'un kaptanına kendisini iyileştirdiği ve kurtardığı için teşekkür eder; ona davalarını ve bu davada üstlendiği görevi anlatarak kendilerine katılmasını önerir.

Direnişin önemli yöneticilerinden birini kurtarmak üzere Şeytan Adası'na gidilecektir. Morgan bu teklif karşısında çekimserdir.

21) HARRY, MARIE, CRICKET (iç, kahve, gündüz)

Eddy'nin kaybolması Harry'yi endişelendirmektedir. Marie ve Eddy'yle birlikte tekneye binip Fort-de-France'ı terk etmek istemektedir. Marie mutludur ve kahvedeki müşterilere umut dolu bir şarkı söyler.

O sırada Gérard gelir ve Hélène de Bursac'ın yukarıda, Harry'nin odasında olduğunu ve onu görmek istediğini söyler.

22) HARRY, HÉLÈNE, MARIE, RENARD, COYO (iç, Harry'nin odası, gündüz)

Harry odasına çıkar. Hélène, kocasına yardım ederse Harry'ye karşılığında mücevherlerini vermeyi önerir. Marie bir kez daha içeri girerek ikisinin konuşmasını böler: Renard aşağıdadır ve yukarı gelmektedir. Harry, Marie ile Hélène'e hemen banyoya saklanmalarını söyler.

Renard silahlı iki adamla içeri gırer, bunlardan biri Coyo'dur. Nasıl bulmuşsa bulmuş, Fort-de-France'a giren iki direnişçinin kimliğini öğrenmiştir. Harry'nin odasındaki parfüm kokusundan Hélène'in orada olduğunu sanır. Ancak, banyodan Marie çıkar; çok bozulan Renard son kozunu oynar: Harry'ye Eddy'yi tutukladığını ve bu kez onu sarhoş ederek değil, içkisiz bırakarak konuşturacağını söyler.

Harry, Renard konuşmasını sürdürürken Marie'nin akıllıca yardımıyla içinde tabancasının bulunduğu çekmeceye yaklaşır, tabancasını alır ve Renard'ın adamlarından birini vurur. Renard'la Coyo'yu da bir köşeye sıkıştırır; bütün o soğukkanlılığı gitmiş, öfkeden titremeye başlamıştır: "Artık zavallı ayyaşlara işkence edemeyeceksiniz, kızlara tokat alamayacaksınız," diye bağırır. Renard'dan karakola telefon ederek Eddy'yi serbest bırakmalarını söylemesini ister, yoksa ikisini de vurmaya kararlıdır; ateş etmeye başlar...

23) HARRY, RENARD, MARIE, GÉRARD, EDDY, CRICKET (iç, kahve, akşam)

Renard tabanca zoruyla telefon ederek Eddy'nin serbest bırakılmasını sağlar. Harry, Gérard'a, Bursac'ları Şeytan Adası'na götürmeye karar verdiğini söyler. Direniş davasını benimsemiştir, Vichy'lilerden de hoşlanmamaktadır. Gérard bunları duyunca çok heyecanlanır. O sırada yaşlı denizci Eddy gelir. Bu yolculuğa o da katılacaktır. Bu tehlikeli göreve rağmen çok mutlu olan Marie, arkadaşı piyanist Cricket'e veda etmeye gider, film de Cricket'in çaldığı hafif bir müzikle biter.

III) Doktor Mabuse'ün Vasiyeti, 1933

Yönetmen: Fritz Lang
Senaryo: Thea Von Harbou
(Norbert Jacques'in bir roman kişisinden esinlenilmiştir).
Filmin Özgün Adı:
Das Testament des Dr Mabuse
Yapım: Nero-Film, Berlin, Almanya
Süre: 2 Saat 02 Dakika

1) Almanya'nın Berlin Kentindeyiz; Otuzlu Yılların Başı... (Sinopsis)

Almanya'nın Berlin kentindeyiz, otuzlu yılların başı.

Eski bir polis olan HOFMEISTER (Karl Meixner), Komiser LOHMANN'a (Otto Wernicke) -Hofmeister, Fritz Lang'ın başka bir filminde soruşturma yapan polistir- telefon ederek bir süredir peşinde olduğu kalpazanlık olayıyla ilgili önemli bir ipucu elde ettiğini söyler. Ancak bu sırrı açıklamak üzereyken haydutların saldırısına uğrar ve başına indirilen bir darbe sonucu delirir.

Kimliği gizli tutulan ve "doktor" takma adındaki bir elebaşının yönettiği kalpazanlar çetesidir bu. Telefonla ya da gizli bir odadaki perdenin gerisinden aldıkları emirlerle şantaj, soygun, sahte para, saldırı gibi yasa dışı eylemler düzenlemektedirler. İşsiz kaldığı için onlara katılmış olan TOM KENT (Gustav Diessl), çetenin şiddet eylemlerini pek onaylamayan genç bir adamdır.

Öte yandan ünlü Doktor MABUSE'ün (Rudolf Kiein-Rogge) kapatıldığı akıl hastanesinin yöneticisi olan Profesör BAUM (Oskar Beregi) ünlü bir ruh doktorudur, Baum'un bir konferansından, Mabuse'ün sonradan dilsizleştiğini ve her gün, sabahtan akşama kadar "Cinayetler İmparatorluğu" başlığıyla anlaşılmaz bir şeyler yazdığını öğreniriz. Konferansta bu metin, bir deliyle ilgili bilimsel bir belge olarak incelenmektedir.

Ancak, bu yazıları okuyan Baum'un arkadaşı KRAMM (Theodor Loos) o sıralarda meydana gelen bir mücevher hırsızlığıyla yazılanlar arasında şaşırtıcı benzerlikler bulur. Baum'a Mabuse'ün deli taklidi yaparak hücresinden, "uzaktan hipnoz yoluyla" bu yasa dışı eylemleri yönetiyor olabileceğini söyler. Kramm, durumu polise bildiremeden çetenin adamları tarafından saldırıya uğrar ve öldürülür.

Bunun üzerine Komiser Lohmann, Kramm olayına el koyar. Hofmeister'in durumuyla arasında bir benzerlik vardır. Ancak delirdiği için kimseyi tanıyamayan Hofmeister, komisere yardımcı olamamaktadır. Lohmann, Hofmeister'ın saldırıya uğramadan önce pencerenin camına çiziktirdiği yazıyı uzmanlara inceletir ve Mabuse adı ortaya çıkar.

Komiser, Mabuse dosyasını çıkarttırır ve deli doktorun kapatıldığı hastaneye telefon eder, ancak Mabuse'ün az önce öldüğünü öğrenir!

Hastaneye ölüyü görmeye gider. Ölünün konduğu odaya gelen Baum, Mabuse hakkında övgü dolu kısa bir konuşma yapar. Lohmann bir şeylerden kuşkulanmıştır.

Bir sonraki planda Mabuse'ün yazdıklarını okuyan Baum, Mabuse'ün hayaletini karşısında bulur. Hayalet onu hipnotize edip etkisi altına alır (Mabuse hayattayken, buraya kapatılmadan önce, hipnoz yoluyla kötülükler yapıyordu).

Çete gizlice odada toplanmıştır. Perdenin gerisinden "Doktor"un yeni emirleri duyulmaktadır. Bu arada Kent'e eğer yaşamak istiyorsa, çeteye uyması gerektiğini söyler. Yine de Kent çeteden ayrılmaya kararlıdır ve bu kararını LILY de (Vera Liessen) destekler.

Yakın arkadaşı olan Lily, bir yıl önce işsiz ve parasız kaldığında Kent'e yardım etmiştir. Lily onun yasa dışı eylemlerini öğrenince, ona kızmamakla birlikte yine de Lohmann'a teslim olmasını öğütler. Ancak çete ikisini de kaçırır...

Lohman mücevher hırsızlığıyla ilgili bazı izler bulur: Çalınan mücevherlerden biri polisin de tanıdığı bir sokak kadının, ANNA'nın (Camilla Spira) üzerinde görülmüştür. Polisler kadının evini sarar. Çetenin büyük bir bölümü buradadır.

Diğer yanda, Kent'le Lily gizli odaya kapatılmışlardır, "Doktor"un sesi odada kurulu bir saatli bombanın bulunduğunu ve üç saatlik kömürleri kaldığını söyler. Kent'le Lily perdeyi yırtmayı başarırlar, arkasında yalnızca bir mikrofon ve hoparlör vardır. Umutsuzca odadan çıkış yolları ararlar. Sonunda Kent odadan geçen su borusunu deler, odayı su basacak, bombanın patlaması böylece önlenmiş olacaktır.

Bu arada Lohmann çeteyi teslim olmaya zorlar. Sorgulamada haydutlar, elebaşlarının kim olduğunu bilmediklerini söylerler. Lohmann, bir bahaneyle oraya çağırdığı Baum'la onları yüzleştirir, ancak Baum'u tanımadıklarını söylerler. Oysa Lohmann, Kramm'ın öldürülmesiyle (bu olayı haydutlar itiraf etmişlerdir) Baum'un hastanesi arasında bir ilişki kurmaya başlamıştır. Kramm'ın cesedi hastane yakınlarında bulunmuştu.

O sırada Kent ve Lily karakola gelir, çıkmak üzere olan Baum onları görünce irkilir; bu Lohmann'ın gözünden kaçmaz. Kent, Lohmann'ın sorularını yanıtlarken çetenin başının Mabuse olduğunu söyler. Lohmann "Ama öldü o!" diye bağırır ve hemen o anda, başka birisinin Mabuse'ün yerini ve adını almış olabileceği aklına gelir.

Lohmann'la Kent hemen hastaneye giderler: Bütün düğüm buradadır. Baum'u odasında bulamazlar (odasında olduğu izlenimini vermek için içeride kurulu bir gramofondan sesi gelmektedir). Masanın üzerinde bir fabrikaya düzenlenecek saldırının planı durmaktadır. O sırada Kent, gramofondan gelen sesin kesinlikle perdenin gerisinden duydukları ses olduğunu söyler

Baum'un başlattığı yangın fabrikayı sarmıştır. Kaçmakta olan profesörü fabrika yakınlarında görürler. Arabalarına atlayarak onu izlemeye başlarlar. Gece olmuştur.

Çılgın gibi koşmakta olan Baum'a Mabuse'ün hayaleti yol göstermektedir, bir yandan da kulağına "Vasiyet"inin başlığını söylemektedir "Cinayetler İmparatorluğu." Bu yazılarda aslında birbirleriyle bağlantısız ve belirsiz saldırılar yoluyla bir terör yaratarak yönetimin ele geçirilmesi anlatılıyordu.

Baum hastaneye gelir, elyazmasını alır ve önceden Mabuse'ün kapatıldığı, Hofmeister'in hücresine gider. "Size kendimi tanıtayım," der Hofmeister'e, "ben doktor Mabuse".

Bu adı duyunca Hofmeister şiddetli bir krize yakalanır. İyileşmiştir. O sırada yanında Kent'le oraya gelen Komiser Lohmann'ı tanır ve ona filmin başında açıklamak istediği "sır"rı söyler: "Adamın adı Doktor Mabuse, komiserim."

Şimdi Mabuse olduğuna inanan Baum ise doktorun hücresinde konuşmadan, bitkin bir halde "Vasiyet"i yırtmaktadır.

2) Bildik Dizi Filmler

Dallas türünden televizyon dizilerinin, 1910'lu 1920'li yıllardaki sessiz film döneminin "serials" (dizi film) diye adlandırılan sürekli filmlerin bir devamı olduğu çoğunlukla unutulmaktadır. Bu filmler, sinema salonlarını dolduran film meraklıları için haftalık olarak çekilen öykülerden oluşuyordu. Her bölüm, erkek ya da kadın kahramanın bir tehlikeyle karşılaştığı sırada, örneğin bir arslan tarafından yutulacağı anda ya da tren raylarına bağlandığı sırada bitiyor, seyirci gelecek hafta kahramanın nasıl kurtulacağını merak ederek salondan ayrılıyordu.

Bir "serial" (dizi film) yapmak için, genel bir olaylar zinciri, olaylardan çıkarılacak genel ve karmaşık olmayan bir öğretici yön bulmak (örneğin çok güçlü bir kötülüğe karşı girişilen savaşım) ve her bölümde beklenmedik olayları ve plandan plana atlamaları çoğaltmak gerekliydi. Olay ve gerilimli sahnelerin gerçeğe uygunluğuna ya da birbiriyle bağlantılı olup olmadığına zaten pek bakılmıyordu.

Sözcüğün dar anlamında bir "serial" olmamasına karşın, *Doktor Mabuse'ün Vasiyeti,* işte bu düşünceyle oluşturulmuştu. Nitekim bu film, Thea von Harbou ve Fritz Lang'ın 1922'de senaryosunu yazdığı iki bölümlü bir sessiz filmin, *Dr Mabuse Kumarbaz*'ın devamıydı. Beklenmedik olaylar, gizli sırlar ve gizli odaların filmde kullanılması, dünyanın yönetimini ele geçirmeye çalışan gizli bir düzen teması ve teknik oyuncakların kullanılması gibi özellikler *Doktor Mabuse*'ün bugün James Bond filmlerinin sürdürdüğü canlı bir dizi film geleneğinin örneği olduğunu gösteriyor.

Bu filmden 30 yıl sonra, 1961'de Fritz Lang, son bir Mabuse filmi daha çevirdi, *Şeytan Dr Mabuse* (Die Tausend Augen des Doktors Mabuse). Bu, Fritz Lang'ın da son filmiydi. Bu iki film arasında geçen sürede, Almanya'da değişik yönetmenler birçok Mabuse filmi çevirdi.

Doktor Mabuse'ün senaryosunun değişik özellik taşıyan bir yapısı olduğunu ve tam çözümleneceği sırada bir parçasının eksik olduğu farkedilen bir bulmaca gibi girift bir biçim sunduğunu daha önce belirtmiştik.[1]

Senaryo güçlü yapısını o sıralar yönetmenin eşi olan romancı Thea von Harbou'ya borçludur. Yazar, Lang'ın birçok filminin senaryosunu yazmış ya da yazımına katılmıştır. (Üç Işık, 1921; *Nibelungen*, 1923-1924; *Metropolis*, 1927; *Casuslar*, 1928; *Lanetli M.*, 1931.) Fritz Lang 1932'de, yani filmimizden kısa bir süre sonra karısını terketti. Düzene kucak açan karısını (Mabuse rolünü oynayan Rudolf-Klein Rogge ile de evlenmişti) aksine Al-

---

1) *La Voix Cinéma,* Editions de l'Etoile-Cahiers du Cinéma, 1982.

manya'dan ve Nazizimden kaçıyordu. Buna karşın Fritz Lang karısının esinleyici yönünü hiçbir zaman yadsımamıştı. Hatta, mesleğine veda etmeden önce, bir zamanlar karısıyla birlikte yazdığı özgün öyküden Richard Eichberg'in filmleştirdiği *Hint Mezarı*'nın yeni bir versiyonunu yapmak istemişti.

Thea von Harbou'nun senaryolarındaki duygusal yoğunluk çok eleştirilmiştir (örneğin *Metropolis*'in sonu). Büyük bir olasılıkla da *Doktor Mabuse*'ün son bölümündeki kadın kahramanın kurtarıcı rolü Thea von Harbou'dan kaynaklanmıştı. (Filmin sonraki versiyonlarında, Lily'nin bulunduğu planlar giderek daha kısaltılmış.) Son olarak, bu romancı ve senaryo yazarının, tüm öykülerine kolaylıkla söylensel (mythique), abartılı ve eskil (arkaik) bir boyut kazandırmada eşsiz, bazen de endişe verici bir yeteneği olduğunu belirtelim.

Şimdi, Lang'ın yapıtları arasında eğlence olsun diye yapılmış bir filmi, senaryo yazımıyla ilgili bir kitaba niye aldığımızı soracaksınız. Olayların hiçbir sınır tanımadan sürekli geliştiği ve boşluklarla, gerçeğe aykırılıklarla dolu olan bu senaryo (aslında bu ögeler bir "mantığa" dayanıyor) dramatik yaratımın en duru örneğini sunduğu için seçtik bu filmi. Planlar arasında kullanılan yinelemeli geçişler (örneğin Lohmann bir planın sonunda Mabuse'ün adını anıyor ve bir sonraki plan Mabuse'le başlıyor) bize mükemmel bir senaryo mekaniğinin işlediğini gösteriyor. Planlar arasında oluşturulan bu bağlar aslında akılcı olmaktan çok mantığa aykırı bir işlem; ancak çok etkili olduğunu da söylemeliyiz. Burada size aktardığımız versiyon Fransa'da sinema ve televizyonda en sık gösterilen versiyondur. Bunu, elimizde filmle ilgili hiçbir metin olmadan, filmi birçok kez izledikten sonra oturup yazdık. Bu, filmin en eski versiyonu de ğildir. Daha önce yapılmış bir başka kopyaya oranla (R.C.A.'nın yayınladığı bu kopyaya "A Versiyonu" diyeceğiz) bazı düzenlemeler ve kısaltmalar yapılmıştır.

Filmin versiyonları arasında en eksiksiz olan bu A versiyonu da kuşkusuz filmin özgün versiyonu değil. Çünkü araştırmacıların yazdıklarına göre filmin özgün süresi 122 dakikaymış. A versiyonu (video kaseti de var) aşağıda anlatacağımız B versiyonuna oranla fazladan bazı ayrıntılar, planlar ve replikler içeriyor. Bunlar aşağıda belirtilmiştir:

— Baum'un konferansı daha uzun tutulmuştur; Baum, Mabuse'ün geçmişini ve *Dr Mabuse Kumarbaz*'da geçen bazı olayları özetler (ileride bundan göreceğiz).

— 5. Planda çetedeki iri yarı, bıyıklı adam Kent'in üzerine yürüdüğü zaman, Kent iki kişiyi öldürdüğünü ve ondan korkmadığını adamın yüzüne karşı söyler.

— 30. Plan, daha uzun ve daha doludur. Önce, Lily, bekar olan Kent'in dairesini uzun uzun ve hayranlıkla inceler. Sonra Kent, bir cinayet işlediğini ve hapse girdiğini kıza itiraf eder. Karısı onu en yakın arkadaşıyla aldatmış, o da ikisini vurmuştur. Lily ise bağışlayıcı bir melek gibi, ona anaç bir ilgi gösterir ve Kent'i tanımış olan Lohmann'a gitmesini önerir (ileride göreceğimiz B versiyonundaki "boşluğu" önler bu).

— 57. Planda arabayla takip sırasında mizah yönü de olan bazı beklenmedik olaylar vardır (Lohmann'ın arabasının arızalanması gibi).

A ve B versiyonlarını incelediğimizde, B'de yapılmış kısaltmaların rastgele olmadığını, önemli iki temele dayandığını görürüz.

Önce, Kent'in geçmişindeki cinayet silinmiştir. Böylece seyirci Kent'i, topluma kazandırılması güç, eski bir tutuklu olarak değil, işsiz kalmış bir adam olarak görür; Kent, seyircinin gözünde daha yalın ve sevimli bir kişi olur.

Lily'yi oynayan, Vera Liessen'in özellikle yapmacıklı bir sevimlilikle, yardımsever bir rahibe gibi oynadığı planlar büyük ölçüde azaltılmıştır.

Burada, kısatılmış da olsa, B versiyonuna gönderme yapacağız, çünkü filmi bu versiyona dayanarak çözümlemeye çalıştık, öyle ki sonunda filmin boşlukları, atlamaları ve bilmeceleriyle iyice içli dışlı olduk.[1]

3) Sahnelere Göre Senaryo

1. HOFMEISTER, MABUSE'ÜN ADAMLARI (iç, mahzen, fabrika, gündüz)

İçi eşya dolu, kapalı bir odadayız. Burası büyük bir makina gürültüsünün ritmiyle sarsılan, tozlu bir depo. İçeride zayıf ve gergin bir adam. HOFMEISTER (Karl Meixner) saklanmakta. Beyaz, giysili iki adam depoya girer; Hofmeister'i farkederler, ancak görmemiş gibi yaparak dışarı çıkarlar. Adamlar gittikten sonra Hofmeister gizlendiği yerden çıkar ve bu büyük gürültünün geldiği yöne doğru ilerler, orada bulunan kapıyı dinler. Diğer yanda adamlar da odayı dinlemektedir. Hofmeister kapıyı açar. Kimse yoktur. Bu korkunç gürültüyü çıkaran mavnaların ne olduğunu göremeden çıkar. Bu konuşmasız planda makine gürültüsü egemendir.

2. HOFMEISTER, PLANDA GÖZÜKMEYEN SİLAHLI HAYDUTLAR (dış, gündüz)

Fabrikanın yanındaki küçük yola çıkan Hofmeister'in üzerine önce yukarıdan ağır bir yük bırakılır, sonra içi barut dolu bir fıçıyı yuvarlanır, fıçı patlar... Hofmeister canını kurtarmayı başarır.

---

1) Paris Üniversitesi'nde *Doktor Mabuse*'ün ingilizce seslendirilmiş bir kopyasını izleme olanağı bulduk. Sonradan çekilmiş bir giriş bölümüyle başlıyordu film. Bu giriş bölümünde III. Reich'ın devrilmesinden sonra Alınanya'nın bir yıkıntıya dönüşmesi gösteriliyor ve film Naziliğin yükselişini haber veriyordu. Bu "C versiyonunun içerdiği değişiklikler, filmin daha usçu ve daha kolay izlenebilir bir hale gelmesini sağlıyordu, seslendirme sırasında repliklerin içeriğinde meydana gelen değişiklik de filmi basitleştiriyordu.

3. KOMİSER LOHMANN, YARDIMCISI MÜLLER, HOFMEISTER (iç, komiserin bürosu, gündüz; Hofmeister ise telefonun diğer uçunda başka bir büroda)

İri yarı ve güleç bir adam olan komiser LOHMANN (Otto Wernicke), yardıması MÜLLER'le (Klaus Pohl) şakalaşarak konuşmaktadır. Lohmann'ın o gece Wagner'in *Walküre* Operası'na gideceğini öğreniriz, "İnşallah bu kez rahatsız etmezler," der yardımcısına. Telefon çalar, Hofmeister dışarıdan komiseri aramaktadır. Lohmann, telefonu Hofmeister'in yüzüne kapatır ve Müller'e, bu adamın bir zamanlar en iyi görevlilerden biri olduğunu, ancak şimdi, bir sahte para işine fazlasıyla kendini kaptırdığını söyler.

Telefon yeniden çalar, arayan yine Hofmeister'dir ve komisere sahte banknotlarla ilgili çok önemli bir sır öğrendiğini söyler. Lohmann, Hofmeister'in bunu, gözüne girmek için söylediğini düşünmektedir, sonunda Hofmeister'i dinlemeye razı olur. Hofmeister, telefon ettiği odada silahlı ve sürekli tetiktedir; Lohmann'a bu işin gerisideki adamın adını söyleyecektir ama komiserin, bu adı duyunca onu deli sanacağından korkmaktadır. "Peki kim bu?" diye üsteler Lohmann. Ancak, tam o sırada esrarengiz "bir şey" olur, birtakım darbe sesleri duyulur ve bir sessizlikten sonra tiz bir ses şarkı söylemeye başlar: Hofmeister delirmiştir.

4. PROFESÖR BAUM, ÖĞRENCİLERİ (iç, fakülte anfisi, gündüz)

Bir akıl hastanesi yöneticisi olan ünlü psikiyatr, Profesör BAUM (Oskar Beregi) öğrencilerine şoklar sonucu meydana gelen delirmeleri anlatmaktadır. Bu konuyla ilgili olarak Doktor MABUSE (Rudolf Klein-Rogge) örneğini verir. Çift kişilikli bu doktor, hipnoz bilgisini kullanarak kriminal eylemler yönetmiştir. Öğrencilere, diapozitiflerle Mabuse'ün yakalanışından başlayarak, nasıl iyileşmesi olanaksız bir biçimde delirdiğini gösterir: Dr Mabuse, önce hücresinde, konuşmadan, bitkin bir halde görülür; sonra eliyle havaya işaretler çizmeye başlar, yazı yazmak istediğini anlayan doktorlar ona kâğıt kalem verirler. Mabuse önce biçimi ve anlamı olmayan bir şeyler karalar bilinçsizce, bunlar daha sonra harflere, sözcüklere ve tümcelere dönüşür. Baum, bu vasiyet mektubunun "Cinayet Etkinliğine Bir Giriş" oluşturduğunu söyler öğrencilerine.

5. MABUSE"ÜN ADAMLARI, ARALARINDA TOM KENT DE VAR (iç, içinde baskı makinelerinin bulunduğu bir oda, gündüz)

Bir baskı makinasının basında, çetenin adamları, "Doktor" diye söz ettikleri şeflerinin (Mabuse demiyorlar) Hofmeister olayıyla ilgili önerdiği yöntemleri tartışıyorlar, bunlardan TOM KENT (Gustav Diessl) cinayetlerden nefret ettiğini söyler. İri yarı bıyıklı bir adam, Kent'in söylediklerini "düzeltmek" için üzerine yürür; tam o sırada telefon çalar: Hofmeister'in "işinin bittiğini" öğrenirler. (Almanca karşılığı 'erledigt' olan bu sözü sık sık "öldürmek" karşılığında kullanmaktadırlar.)

6. LOHMANN, POLİSLER (iç, büro, gündüz)

Hofmeister'in delirerek ortadan kaybolmadan önce telefon ettiği odada Lohmann ve adamları inceleme yaparlar. Çevredeki izlerden (devrilmiş koltuklar, vb.) olayı gözlerinin önüne getirmeye çalışırlarken, Lohmann, pencere camında tırnakla çiziktirilmiş okunaksız bir yazı farkeder. Hofmeister'in oraya bir mesaj bırakmış olabileceğini düşünerek camı laboratuara yollar.

7. BAUM, MABUSE, HASTABAKICI (iç, Mabuse'ün hücresi, gündüz)

Mabuse, hücresinde, konuşmadan ve çevresine kayıtsız, sürekli yazmakta, yere kâğıtlar düştükçe de bir hastabakıcı onları toplamaktadır. Baum gelir ve hastasını bir süre izler. Arkasını döndüğü sırada, bir sanrı görür; önünde, Doktor Mabuse'ün saydam bir eşi durmaktadır. Hastabakıcının kâğıtları uzatmasıyla Baum kendine gelir.

8. KENT, LİLY (iç, kahve, gündüz)

Kent, arkadaşı LILY'yle (Vera Liessen) bir kahvede buluşur ve genç kadına tanışmalarının birinci yıldönümü olduğunu söyler.

9. KENT, LILY, BİR SENE ÖNCE (İç, iş bulma bürosu, gündüz; kahve, gündüz)

Flash back: İş arayan bir sürü insanla dolu iş bulma bürosunda bir görevli, Kent'e yeniden uğramasının gereksiz olduğunu söyler, ona göre iş yoktur. Kent kızgınlık içinde, orada beklemekte olan sessiz topluluğa dönerek "İnsanı zorla katil olmaya itiyorlar," diye bağırır ve çıkar. Koridorda genç ve anlayışlı bir görevli, Lily yanına gelir ve 20 mark uzatır ona: "Bir işte çalışmaya başladığınızda ödersiniz," der. Kent içinde bir umudun filizlendiğini hisseder.

Flash back biter. Yeniden kahvedeyiz. Lily, "Ve altı ay sonra bir iş buldunuz," der. (Bu işin ne olduğunu bilmiyordur.)

10. DOKTOR KRAMM, BAUM'UN UŞAĞI, BAUM (iç, Baum'un bürosu, gündüz)

Baum'un bir arkadaşı, Doktor KRAMM (Theodor Loos) onu görmek üzere büroya uğramıştır. Uşak onu odaya alır, Baum henüz gelmemiştir. Mabuse'ün elyazmalarından ikisi masanın üzerindedir, Kramm yanlışlıkla onları yere düşürür. Kâğıtları yerine koyarken yazılanlara gözü kayar ve bir mücevher hırsızlığının anlatıldığını görür. Bir delinin yazdığı metindeki yöntemlerle o günkü gazetede okuduğu soygunda kullanılan yöntemler arasındaki benzerlik onu şaşırtır, ikisini karşılaştırınca, soygunun elyazmasında anlatılan yolu harfi harfine izlediğini görür. Baum gelir ve Kramm'ı heyecan içinde bulur. Kramm, "Ya Mabuse bir numaracıysa, ya bu soygunun sorumlusu, düzenleyicisiyse?" deyince, Baum soğukkanlılıkla bunun sadece bir rastlantı olduğunu söyler. Kramm üsteler: "Belki de Mabuse bu eylemleri uzaktan hipnozla yönetiyordur," der (Almanca: *Fernhypnose*). Baum "Onu ben tedavi ediyorum ve deli olduğunu biliyorum," diye yanıtlar arkadaşını. Kramm, yine de polise haber vereceğini söyler, Baum soğuk bir biçimde, bunun iyi bir fikir olduğunu söyler. Kramm bürodan çıkmadan hemen önce kapıyı uşağın dinlediğini görürüz.

Uşak (Georg John), Kramm'a binanın çıkışına kadar eşlik eder, sonra büroya döner, kapıyı vurur ve tokmağı çevirir. O sırada Baum'un sesini duyar: "Şimdi rahatsız edilmek istemiyorum."

11. HARDY (iç, haydutların ini, gündüz)

Bilmediğimiz bir yerdeyiz. Telefon çalar. Sarışın genç bir adam olan HARDY'ye (Rudolf Schündler) Kramm'ın arabasının plaka numarası ve ortadan kaldırılacağı yer bildirilir. (Hardy, çetenin "ortadan kaldırma" işleriyle uğraşan 2B grubundaki iki kişiden biridir.)

12. KRAMM, HARDY, ŞOFÖR (dış, yol, gündüz)

Kramm'ın arabası, "2B"nin arabası tarafından izlenmektedir. İki araba trafik lambası önünde durur. Kramm'ı izleyen araba, acelesi varmış gibi üst üste klakson çalar. Beklemekte dan diğer arabalar da klakson çalmaya başlarlar... Hardy gürültüden yararlanarak Kramm'a nişan alır ve onu vurur. Tabancanın sesi duyulmamıştır. Yeşil ışık yanınca tüm arabalar hareket eder, yalnızca Kramm'ın arabası durmaktadır. Arabanın yanına gelen trafik polisi direksiyona yığılmış Kramm'ın cesedini bulur, kapıyı açar ve arabadan bir gazete yere düşer, mücevher soygunuyla ilgili sayfayı görürüz.

13. MABUSE'ÜN ADAMLARI, ARALARINDA GRIGORIEV (iç, daire, gündüz-gece?)

Tartışmakta olan adamlar. Bunların arasında daha yüksek bir yaşam düzeyi olduğu davranışlarından belli bir adam, Nikolai GRIGORIEV (Hadrian M. Netto), hırsızlara yataklık etmektedir. Mücevherleri bir eksper gibi incelediğini görürüz. Adamlar, "Şef"lerinin tuhaf yöntemlerinden söz etmektedirler: "Bize para getirebilecek şantajları düzenliyor ama son anda cebimize beş kuruş girmeyecek biçimde bizi işten çekiyor." "Fazla kurcalama, meraklıların başına neler geliyor biliyorsun. Aramızdan birisi şefi görmek istedi, perdenin arkasında parçalarını bulduk." Bu sözler üzerine planda bir perde belirir, önünde, yerde yatan bir adam vardır. Ancak ceset parçalanmamıştır.

14. KENT (iç, Kent'in dairesi, gündüz-gece?)

Kent bir aşağı bir yukarı yürümektedir, Lily'e yazdığı ancak tamamlayamadığı ayrılık mektubunu yırtmaktadır. Kapısının altından, daktilo ile yazılmış, Mabuse imzalı bir mektup atılır. Mabuse çete üyelerini toplantıya çağırmaktadır.

15. LOHMANN, POLİSLER (iç, komiserin bürosu, gündüz)

Hofmeister'in kaybolması ve Kramm'ın öldürülmesiyle ilgili araştırmalar sürmektedir. Polis henüz iki olay arasında bir ilişki kurmamıştır. Kramm'ı öldüren kurşunun Dreyse marka tabancadan çıktığı ve kurbanın saat 18:00-20:00 arası (yani tam cinayetten önce) nerede olduğu dışında gittiği tüm yerler saptanmıştır. Lohmann, olayla igili bilgi toplamak amacıyla ilanlar hazırlanmasını ister.

16. POLİS FOTOĞRAFÇISI, LOHMANN, MÜLLER (iç, fotoğral laboratuarı ve komiserin bürosu, gündüz)

Polis fotoğrafçısı WEBER laboratuvarda çalışmaktadır. O sırada Lohmann telefon eder, Weber ona camın üzerindeki yazıyı çözmeye çalıştığını söyler. Öte yandan Müller komiserin bürosuna koşarak gelir, Hofmeister'in bulunduğunu ve sürekli komiserin adını yinelediğini bildirir.

17. LOHMANN, HÖFMEISTER, DOKTOR (iç, karakol hücresi, gündüz)

Sürekli bir şeyler sayıklamakta olan Hofmeister'i karakolda bir hücreye koyarlar. Hofmeister, kendini saldırıya uğramadan önce, Lohmann'a telefon ettiği büroda sanmakta, ancak odanın eşyalarının biçimlerini yitirdiğini, cam gibi saydamlaştığını söylemektedir. Hayali bir telefonla umutsuzca Lohmann'ı çağırmaktadır. Lohmann yanında bir doktorla hücreye gelir, Hofmeister onları 2B'nin adamları sanır; tiz ve korkulu bir sesle şarkısını söylemeye başlar: "Gloria Gloria, Batavie'nin kızı..."

Lohmann, kendini tanıyamayan Hofmeister'in oyununa katılarak bir iletişim kurmayı dener. Hofmeister yalnız kaldığına inanarak tekrar hayali telefondan Lohmann'ı çağırmaya başlar. Bir kenara çekilen komiser de saatinin zilini çaldırarak telefonu yanıtlıyormuş gibi yapar. "Hofmeister, siz misiniz? Ben Lohmann." Hofmeister sevinç içindedir. Ancak Lohmann'ın orada olduğunu anlaması üzerine onu katil sanır ve yeniden şarkısını söylemeye başlar. Lohmann oyunu bırakır, bu acıklı sahne karşısında çok kızgındır: "Bunun sorumlusunu bir yakalasam!" der ve çıkar.

18. MABUSE, HASTABAKICI. BAUM'UN UŞAĞI, BAUM'UN SESİ (iç, akıl hastanesi, gündüz)

Mabuse, dilsiz, hareketsiz, bakışlarını boşluğa dikmiş yatağında oturmaktadır. Hastabakıcı, Baum'un uşağına hasta ile ilgili bazı endişelerini anlatmaktadır: "Mabuse'e bir şeyler oldu, bakışları dünyayı yönetebilecek bir insanınki gibi. Baum'a haber versek..." İki adam profesörün bürosuna giderler, kapıyı çalarlar, tam tokmağı çevirirken içeriden Baum'un sesi gelir: "Şimdi rahatsız edilmek istemiyorum."

19. MABUSE'ÜN ADAMLARI, ARALARINDA KENT; MABUSE'ÜN SESİ (iç, gizli oda, gündüz-gece?)

Bir apartmanda Mabuse'ün adamları merdivenlerden bir sahanlığa çıkarlar. Bir dizi ağır kilidi açarak gizli bir odaya girerler. Kapının karşısında gerili bir perdeden, oturan bir adam silueti seçilmektedir, ancak adamlar içeri girince perdenin saydamlığı hemen yok olur. Çete üyeleri perdenin önünde ayakta dururlar. Kuru ve buyurgan bir ses konuşmaya başlar. 2B grubunu, Hofmeister işini yoluna koydukları için tebrik eder. Kent'e ise çekingen tutumundan haberi olduğunu, çeteyi açıkta bırakanlara ve hainlere göz yummayacağını söyler.

20. KENT, MABUSE'ÜN BİR ADAMI (dış, sokak, gündüz)

Sokakta Kramm'ın ölümü ile ilgili bilgi verilmesini duyuran ilanın önünde Kent ve çeteden bir arkadaşı (aralarında en insancıl olanı) konuşmaktadırlar. Adam, Kent'e Doktor'un uyarısını ciddiye almasını öğütler. "Biliyorum" der Kent, "çeteye bir kez girildi mi dönüşü yoktur."

21. KENT (İç, Kent'in dairesi, gündüz-gece?)

Kent, Lily'ye yazdığı veda mektubunu yollamaya karar verir: "Beni unut, seni hiç unutmayacağım."

22. FOTOĞRAFÇI, LOHMANN (iç, fotoğraf laboratuvarı, gündüz-gece?)

Fotoğrafçı Weber, kendisi için bir anlam taşımayan bir sözcüğü çözmeyi başarmıştır: "MABUSE." Hofmeister sözcüğü tersten yazdığı için yazı uzun süre çözülememişti. O sırada içeri giren Lohmann, "Mabuse mü?" der "hani şu..."

23. LOHMANN, ARŞİV GÖREVLİSİ (iç, arşiv odası, gündüz)

"...hani şu doktor..." tümcesini arşivde bitirir ve oldukça kabarık Kumarbaz Mabuse dosyasını alır.

24. LOHMANN (iç, karakol, gündüz)

Lohmann, Baum'a telefon eder, Mabuse'ün orada kapatıldığını bilmektedir. Ancak Mabuse'ün o günün sabahı öldüğünü öğrenir. Komiser şaşırır: "Bu sabah mı? İlginç..."

25. MABUSE'ÜN ADAMLARI, ARALARINDA KENT (İç, haydutların ini, gündüz)

Haydutlar "Şef"in, Doktor Mabuse imzalı mektubunu alırlar. Aralarından biri Kent'e budalalık etmemesini öğütler: "Doktor sizden güçlüdür."

26. BAUM, LOHMANN, MABUSE'ÜN CESEDİ, HASTABAKICI (İç, akıl hastanesi, gündüz)

Hastanede Mabuse'ün cesedinin yanında Baum ve Lohmann konuşmaktadırlar. "O olduğundan emin misiniz?" diye sorar Lohmann. Baum: "Ne yazık ki evet," diye yanıtlar ve övgü dolu bir konuşma yapar. Durumdan kuşkulanan Lohmann onu daha çok konuşması için teşvik eder. İyice heyecanlanan Baum, laf arasında "Vasiyet" sözü eder. Lohmann: "Hangi vasiyet?" diye sorar. Baum düzeltmeye çalışır: "Bir delinin elyazması, bilimsel araştırma dışında hiçbir işe yaramaz." Lohmann, Hofmeister'i görmek ister ancak Baum adamın çok ağırlaştığını ileri sürerek karşı çıkar. Hofmeister önceden Mabuse'ün yattığı odaya kapatılmıştır ve oradan hayali bir telefonla Lohmann'a ulaşmaya çalışıyordur. Öte yandan Mabuse'ün cesedi incelemeye gönderilir; onun tedavisiyle ilgilenen hastabakıcı bilgece "Ne kalıyor ki bizden geriye?..." der.

27. MABUSE'ÜN ADAMLARI, MABUSE'ÜN SESİS (iç, gizli oda, gece?)

Mabuse'ün adamlarını toplantıya çağıran mektubu görülür. Sonra adamları büyük bir odada beklerken görürüz. Sesli bir sinyal, "Şef"i görme sırası geleni çağırmaktadır. Sinyal çalar; "beş numaralı grup" çağrılmıştır.

28. BAUM, MABUSE'ÜN HAYALET(LER)İ (iç, Baum'un bürosu, gece?)

Duvarları çirkin maskeler ve sanrılı boyamalarla süslenmiş bürosunda Baum, Mabuse'ün elyazmasını okumaktadır. "Cinayetler İmparatorluğu" (Herrschaft des Verbrechens) başlığını görürüz. Burada halkı Büyük Yöneticinin Yasalarına boyun eğmeye hazırlamak ve bu amaçla, görünüşte bir işe yaramayan ve açıklaması olmayan şiddet olaylarıyla halkı korkutmak sözkonusudur. Baum yazıyı yüksek sesle okumaya başlamıştır, ancak biraz sonra onunla beraber bir fısıltı duymaya başlarız. Baum biraz sonra Mabuse'ün hayaletinin onunla beraber bu şeytansı söyleme katıldığını görür. Mabuse'ün bakışları onu hipnotize etmektedir. Hayaletin, Baum'un bedenine geri dönmeden önce üçleştiğini görürüz.

29. MABUSE'ÜN ADAMLARI, ARALARINDA KENT, MABUSE'ÜN SESİ (iç, gizli oda oda, gece?)

Çetenin iki grubu gizli odadaki perdenin önünde durmaktadırlar Şefin sesi onlara, bir kundaklama olayıyla ilgili bilgiler verir, daha sonra bir bankada gerçek paralarla sahte banknotları değiştireceklerini söyler, bankanın bekçilerini de vurmaları gerekmektedir. Bu işte görev alacak Kent, başını olmaz anlamında sallar. Buyruk yinelenir: "Bekçiler vurulacaktır."

30. KENT, LILY, (iç, Kent'in dairesi, gece)

Evine dönünce Kent, Lilly'nin bıraktığı notu bulur: "Seni seviyorum." Biraz sonra da Lily gelir. Kent'le kalmaya harar vermiştir.

31. MABUSE'ÜN ADAMLARI (iç, haydutların ini, gece-gündüz?)

Haydutlar bankadan aldıklan banknotların başında toplanmışlardır. Konuşmalarından Kent'in onlara katılmadığını öğreniriz. Kent gelmemeye devam ederse "2B"ye haber vermeyi düşünürler.

32 KENT, LILY (iç, Kent'in dairesi, gece?)

Kent, Lily'ye yaptığı işi açıklamıştır. Lily, komiser Lohmann'a giderek bildiklerini anlatmasını ister.

33. MABUSE'ÜN ADAMLARI (iç, haydutların ini, gece?)

Haydutlardan biri sonunda Kent'in gelmediğini bildirmek üzere "2B grubu"na telefon eder.

34. MABUSE'ÜN ADAMLARI, MABUSE'ÜN SESİ (iç, gizli oda, gece?)

... BU arada perdenin gerisindeki ses emirler vermeyi sürdürmektedir. "Saldırı planı, hainlere karşı yapılacaktır..."

35. LOHMANN, MÜLLER, BİR POLİS (iç, Lohmann'ın dairesi, gündüz)

Lohmann derin derin uyumaktadır. Bir ipucu elde ettiklerini bildirmek üzere gelen bir polis onu uyandırır. Çalınan mücevherlerden biri, Anna adında, polisin de tanıdığı bir sokak kadının üzerinde görülmüştür.

36. GRIGORIEV, ANNA (iç, Anna'nın dairesi, gündüz)

Lüks bir apartman dairesinde Grigoriev'le ANNA'yı (Camilla Spira) görürüz. Adamın üzerinde robdöşambr vardır. Anna: "Diğerleri nerede?" diye sorar. Adamdan "Kentle ilgileniyorlar," yanıtını alır.

37. KENT, LILY, 2B GRUBU (dış, sokak, gündüz)

Yolda kör taklidi yapan bir adam Lily'yle Kent'i silah zoruyla bir arabaya bindirir. Araba hareket eder.

38. LOHMANN, POLİSLER (iç, karakol, gündüz)

Lohmann, Anna'nın evine iki polis yollar ve çok dikkatli olmalarını söyler.

39. KENT, LILY, MABUSE'ÜN SESİ (iç, gizli oda, gündüz?)

Kent'le Lily gizli odaya kapatılmışlardır. Perdenin gerisinden gelen ses onlara ikisinin de öleceğini bildirir. Kent tabancasını çıkarır ve perdeye ateş eder; Lily'nin de yardımıyla perdeyi yırtar. Ancak, perdenin arkasında tahtadan bir insan silueti ve bir mikrofonla hoparlör olduğunu görürler. Ses hiç bir şey olmamış gibi konuşmasını sürdürür: "Üç saat içinde öleceksiniz." O sırada odada bir tik-tak sesi duyulur. Lily endişeyle: "Tom bu ne?" diye sorar.

40. GRIGORIEV, ANNA, HARDY, MABUSE'ÜN ADAMLARI, POLİSLER (iç, sahanlık, Anna'nın dairesi, gündüz)

Mabuse'ün adamları Anna'nın evinde toplanmışlardır. Kapı çalar, Anna açmaya gider. Gelen, havagazı memuru kılığına girmiş bir polistir. Bir kargaşa olur ve silahlar patlar. Polis evi sarar. 2B grubunun fanatik genci Hardy arkadaşlarına teslim olmamalarını, yoksa onları öldüreceğini söyler.

41. KENT LILY (İç, gizli oda, gündüz)

Buradan nasıl çıkacaklardır? Yeri kazarak bombanın mekanizmasını çözmeye çalışırlar, ancak hiçbir şey bulamazlar. Kent, odadaki tuğlayla örülü pencereyi yıkmaya çalışır.

42. MABUSE'ÜN ADAMLARI, POLİSLER (İç, Anna'nın dairesi, gündüz)

Anna'nın dairesinde polisle mücadele sürmektedir. Adamlar evin tabanını delerek kaçmayı denerler. Polislerden Lohmann adını duyunca paniğe kapılırlar. Aralarından ikisi teslim olmak ister ancak Hardy: "Kapıya giden kendini ölmüş bilsin!" diye bağırır.

43. KENT, LILY (iç, gizli oda, gündüz)

Duvarla örülü pencerenin arkasında çelik bir kaplama olduğunu görürler. Tik-taklar sürmektedir. İyice umutsuzluğa kapılırlar.

44. MABUSE'ÜN ADAMLARI, POLİSLER, LOHMANN (iç, sahanlık, Anna'nın dairesi, gündüz)

Hardy kargaşa sırasında bir kurşunla yaralanmıştır. Lohmann olay yerine gelir, haydutları uyarır: "Hiçbir şansınız yok, teslim olun!" Haydutlar silahlarını bırakıp teslim olurlar, Hardy ise beynine tetiği çeker. Lohmann Hardy'nin kendini öldürdüğü silahı yerden alır. Kramm olayında olduğu gibi bir Dreyse marka tabancadır bu!

45. KENT, LILY (iç, gizli oda, gündüz)

Çıkış yolu yoktur ve tik-taklar sürmektedir. Kent'in aklına çılgın bir fikir gelir: Odadan geçen su borusunu delerlerse odayı su basacak, bomba da su altında patlayacaktır. Kent bir çakıyla boruyu deler ve sular fışkırmaya başlar.

46. LOHMANN, MABUSE'ÜN BİR ADAMI (iç, karakol, gündüz)

Lohmann'ın sorguladığı bir haydut, Kramm olayına katılmadıklarını ve "Şef"lerini tanımadığını söyler. Lohmann güler: "Ah şu tanınmayan ünlüler!"

47. KENT, LILY (iç, gizli oda, gündüz)

Odayı su basmıştır. Odada Mabuse'ün silueti yüzmektedir. Kent ve Lily bombanın patlamasını beklemektedirler.

48. LOHMANN, MABUSE'ÜN ADAMI (iç, karakol, gündüz)

Lohmann, Kramm'ın beyninde bulunan kurşunla Harry'nin kafasına giren kurşunun aynı tabancadan çıktığını söyleyince Mabuse'ün adamı konuşmaya başlar; Kramm'ın öldürüldüğü yeri belirtince Lohmann önemli bir şeyin farkına varır. Bu yer hastanenin çok yakınlarındadır.

49. KENT, LILY (iç, gizli oda, gündüz)

Su yükselmektedir. Omuzlarına kadar gelen suyun içinde Kent ve Lily birbirlerine sarılmış beklemektedirler.

50. LOHMANN (iç, karakol, gündüz)

Lohmann Baum'a telefon ederek, onu tanıdığını söyleyen bazı kişileri saptaması için karakola kadar gelmesini söyler.

51. KENT, LILY (iç, gizli oda, gündüz)

Bomba patlar. Büyük bir hareket meydana gelir. Kent ve Lily perdenin rayına tutunurlar. Patlama sonucu bir delik açılmış ve sular dışarı akmaya başlamıştır. "İşte çıkış!" diye bağırır Kent.

52. LOHMANN, BAUM, MABUSE'ÜN ADAMLARI, ANNA, sonra KENT ve LILY (iç, karakol, gündüz)

Lohmann, Baum'u Mabuse'ün adamları ve Anna'yla yüzleştirir. Sonra "Onları tanıyor musunuz?" diye sorar. "Hayır," der Baum. Lohmann, bunun üzerine yandaki odaya geçmesini ve beklemesini söyler ona. Bu kez Mabuse'ün adamlarına Baum'u görüp görmediklerini sorar. (Çünkü gerçekte amacı Baum'u onlarla yüzleştirmektir.) Hiçbiri adamı önceden görmemiştir. "Tuhaf," der Lohmann. İçeride Baum'a "Kramm'ın saat 18:00-20:00 arası sizinle olduğunu söylemeniz gerekirdi. Bu afişi her yere astık," der. Baum, "Evden pek çıkmıyorum, gazeteleri de okumuyorum," diye yanıtlar komiseri. Lohmann onu bırakmak zorundadır. Profesör kapıdan çıkmak üzereyken sırılsıklam bir halde Kent ve Lily içeri dalarlar. Lohmann "Kent bu!" diye bağırır (bu versiyonda onu nereden tanıdığı hakkında bir bilgi verilmiyor) Baum şaşkınlıkla "Kent mi?" der. Lohmann "Adını bildiğinize göre tanıyorsunuz bu genç adamı," der. Kendisini toparlayan Baum, "Hayır Komiser, adını siz söylediniz," diyerek sakince oradan ayrılır.

Lohmann içeride Kent'e bu adamı tanıyıp tanımadığını sorar. Kent onu daha önce görmediğin, söyleyince Lohmann, "Hayret, onun sizi tanır gibi bir hali vardı," der. Kent Lohmann'a yaptığı yasa dışı işten anlatır. Komiser "Şefiniz kim?" diye sorar. "Mabuse" yanıtını alınca komiser şaşırır.

"Olamaz, onun ölüsünü gördüm ben..." Bunun üzerine Kent, Mabuse imzasını taşıyan mektubu gösterir. Lohmann düşünmektedir. "Bir başkası... Neden olmasın?" Olayı çözmüştür.

53. BAUM, UŞAK (iç, hastane, gündüz)

Baum bürosuna gelir ve kimsenin içeri alınmamasını söyler.

54. LOHMANN, KENT, LILY (iç, karakol, gündüz)

Lohman Kent'e, "Tüm olaylar hastanede düğümleniyor. Belki de haklısınız. Mabuse yaşıyor. Haydi gidelim," der.

55. LOHMANN, KENT, UŞAK (iç, hastane, gündüz?)

Lohmann'la Kent, Baum'u görmek için üstelemektedirler. Ancak uşak onları içeri almamakta diretir. Lohmann aradan sıyrılarak kapıya vurur, tokmağı çevireceği sırada, üçüncü kez: "Şimdi rahatsız edilmek istemiyorum," tümcesini duyarız. Kent "Şef"lerinin sesini duyduğunu söyler. İçeri girerler, oda da kimsenin olmadığını ve dipteki çıkış kapısının açık olduğunu görürler.

Lohmann kapı tokmağının ses bantıyla bağlantısını ortaya çıkarır. (Böylece içeri girmek üzere kapı tokmağını çeviren, 'şimdi rahatsız edilmek istemiyorum' sözüyle karşılaşıyordu.) Lohmann, Kent'in Baum'la karşılaştığında onu tanımamış olmasını doğal karşıladığını söyler. Birbirlerini hiç görmemişlerdir.

Baum'un çalışma masasında kimyasal madde üreten bir fabrikanın planıyla Mabuse'ün yeni bir saldırı hakkında bilgi veren elyazmasını bulurlar. Planda bir de tarih vardır. Buna göre o gece fabrika kundaklanacaktır.

56. LOHMANN, KENT, POLİSLER, İTFAİYECİLER, BAUM (dış, alevler içinde fabrika, gece)

Alevler içinde büyük bir fabrika. Siren sesleri ve koşuşan itfaiyeciler. Polislerle birlikte Lohmann ve Kent de aradadır. Projektörün ışığında kaçmakta olan Baum'u farkederler.

57. BAUM, MABUSE'ÜN HAYALETİ, LOHMANN, KENT (dış, yollar, gece)

Gece karanlığında Baum arabasıyla kaçmaktadır; Mabuse'ün hayaleti ona yol göstermekte ve kulağına "CİNAYETLER İMPARATORLUĞU" diye sürekli fısıldamaktadır. Lohmann'la Kent de bir arabaya atlayarak Baum'un peşine düşerler. Ancak yoldaki arabalar, beklemeli geçişler ve başka olaylar yüzünden geride kalırlar.

58. BAUM, MABUSE'ÜN HAYALETİ, HOFMEISTER, HASTABAKICILAR, LOHMANN, KENT (dış ve iç, Baum'un hastanesi, gece)

Baum'un arabası hastanenin parmaklıkları önüne gelir. (Hastaneyi ilk kez burada görüyoruz.) Mabuse arabanın içinden sinirli bir biçimde giriş kapısını açar; daha sonra içeride Baum'un bürosuyla Hofmeister'in hücresinin kapısını da aynı şekilde açar. Baum, bürosundan elyazmasını alarak Hofmeister'in hücresine gider. (Baum'un hareketlerini bilinçsizce yaptığını görürüz.) Alçakgönüllü bir tavırla: "Ben Doktor Mabuse'üm," der. Hofmeister korkunç bir çığlık atar: "MABUSE!"

Hastanenin görevlileri uyanarak yukarıdan gelen seslere koşarlar. O sırada Kent'le Lohmann da gelirler. İyileşen Hofmeister'i hastabakıcılar hücresinden çıkarmıştır. Hofmeister Lohmann'a sevinç içinde: "Komiserim! Adamın adı Mabuse, Doktor Mabuse," der.

Baum, hocasının bir zamanlar yattığı hücrede bitkin bir halde yere çökmüş, hiç konuşmadan vasiyeti yırtmaktadır. Lohmann ona bakar ve Kent'e: "Gidelim, bunlar kendi halinde bir komiserin işi değil," der. Bir hastabakıcı Baum'un... ve seyircinin üzerine hücre kapısını kapar.

IV) Efendi Sanşo, 1955

Yönetmen: Kenyi Mizoguçi
Senaryo: Yoşikata Yoda ve Yahiro Fuyi.
Ogai Mori'nin "Sansho Dayu" adlı romanından esinlenilmiştir.
Filmin Özgün Adı: Sansho Dayu
Yapım: Daiei, Kyoto, Japonya
Süre: 1 Saat 59 dakika

1) XI. Yüzyılda Japonya'dayız. İnsanlar Henüz Bir Değerleri Olduğundan Habersiz... (Sinopsis)

XI. yüzyılda Japonya'dayız. "İnsanın henüz değerinden habersiz olduğu bir çağ..."

Soylu bir hanım olan TAMAKİ (Kinuyo Tanaka), oğlu ZUŞİO, küçük kızı ANYU ve hizmetçileri köyde yürüyorlar.

Tamaki'nin kocası MASAUYİ (Masao Şimizu), yoksulların hakkını savunmak adına yönetimle ters düştüğü için yıllar önce buraya sürülmüştür. Bu iyi adam, o sıralar iyice küçük olan oğluna, bağışlayı-cılık simgesi kutsal bir heykelcikle bir doğruluk sözü bırakmıştır.

Açık havada çadır kuran yolcuların yanına yaşlı bir kadın gelir ve kendilerine yardım etmek istediğini söyleyerek onları götürür... ve haydutlara teslim eder. Tamaki'yi çocuklarından ayıran haydutlar, kadını Sado adasında, çocukları da çok uzaklarda, zengin ve acımasız Efendi SANŞO 'ya (Eitaro Şindo) esir olarak satarlar.

Burada çocukları güç günler beklemektedir. Kaçmaya kalkıştıkları an ceza olarak kolları ya da bacakları kesilecektir. Sanşo'nun oğlu

TARO (Akitake Kono) onlara acır ve adlarını Mutsu Vaka (Zuşio) ve Şinobu (Anyu) olarak değiştirir. Sonra da babasının yaptıklarından utanç duyduğu için babasının arazisini terkeder.

Aradan on yıl geçer. Zuşio (Yohiaki Hanayagu) ve Anyu (Kyoko Kagava) hâlâ esirdirler. Zuşio sert bir delikanlı olmuş, efendisinin buyruklarını bağlılıkla yerine getirmektedir. Anyu ise her zamanki gibi yumuşak ve iyilikseverdir; kurtulacaklarını umut etmektedir. Bir gün bir esir kız gelir. Sado adasında duyduğu bir şarkıyı söyler: Şarkıda Zuşio ve Anyu'dan söz edilmektedir. Anyu şaşkınlık içinde, şarkının annelerine ait olduğunu anlar.

Öte yanda anneleri kumulların üzerinde umutsuzca çocuklarını çağırmaktadır: "Zuşio... Anyu..." Kaçmak istese de yakalanır ve ayak bileğini keserler.

Bir gün Zuşio ve Anyu çiftlikten kaçma fırsatı bulurlar. Zuşio, kızkardeşinin üstelemeleri (ve uzaktan onları çağıran annelerinin sihirli sesi) yüzünden, bu fırsattan yararlanmaya karar verir; hasta bir esiri de sırtında taşıyarak çiftlikten kaçar. Kardeşinin kaçtığı anlaşılmasın diye çiftlikte kalan Anyu deniz kıyısına gider. Havada annesinin şarkısı yankılanmaktadır: Kendini dalgalara bırakır.

Sonradan keşiş olan Taro'nun yardımıyla Zuşio, Başbakan'ı bulur. Zuşio'nun elindeki kutsal heykelcik sayesinde onu tanıyan Başbakan, babasının öldüğü haberini verir delikanlıya ve onu bir vilayete vali tayin eder. Sanşo'nun toprakları da bu yönetim bölgesinde bulunmaktadır.

Zuşio önemli bir görev yüklenir: Esirleri özgürlüğe kavuşturacaktır. Bu amaçla köleliğin kaldırılmasıyla ilgili bir yasa yayınlar. Bunu haber alan Sanşo yasayı engellemeye çalışır.

Bunun üzerine Zuşio ordusuyla Sanşo'nun toprağını istila eder ve onu tutuklatır. Bu arada Zuşio, serbest bırakılan esirlerden, kızkardeşinin öldüğünü öğrenir.

Daha sonra Zuşio, Sanşo'yu tutuklayarak yasal gücünün sınırlarını aştığı için istifa eder. Artık sıradan bir vatandaş olan Zuşio, annesini aramaya çıkar.

Denizin yükselmesiyle harap olmuş, boş ve hüzünlü Sado adasına gelen Zuşio, annesini bulabileceğini sanmamaktadır.... O sırada pa-çavralar içinde kör ve yaşlı bir kadın görür: Annesidir bu. Tamaki de küçük heykelcik sayesinde oğlunu tanır. Aileden ikisi hayatta kalmıştır, babalarının sözünü anımsarlar: "Başkalarına hep iyilik et." Ağlayarak birbirlerine sarılırlar...

2) Melodramın Özü

Efendi Sanşo, Mizoguçi'nin senaryo yazarı Yoşikata Yoda'yla birlikte yazdığı birçok filmden biridir. *Yağmurdan Sonraki Soluk Ayın Hikâyeleri'nin* yaratıcısının, çevirdiği filmlerin senaryolarını çok sıkı ve eleştirel bir biçimde dikkatle denetlediği bilinir. Öyle ki, Mizoguçi'yi bu senaryoların ortak yazarı, ya da en azından bir sorumlusu olarak gösterirsek pek abartmış sayılmayız.

Yoda'nın uyarlamasını yaptığı özgün metni okumadık, ancak sözü edilen yapıtta talihsiz iki çocuğun öyküsünün anlatıldığını biliyoruz. Mizoguçi, bu yapıttan Yahiro Fuyi'nin yaptığı ilk uyarlamayı değiştererek, çocukların rolünün en aza indirgendiği yeni bir uyarlama yazmasını istemişti yazardan. Yoda: "Ogai Mori'nin romanındaki Anyu'yu, Zuşio'nun kardeşi yaptım (oyuncuları göz önüne alarak)" diyor ve sözlerini şöyle sürdürüyor: "*Efendi Sanşo*'nun ilk bölümü romana oldukça sadıktır ancak devamı, yani filmin en büyük bölümünü oluşturan Anyu'yla Zuşio'nun gençliği, neredeyse tümüyle benim kalemimden çıkmıştır." Mizoguçi filmin iki kahramanının köle olarak satılmasını göz önüne alarak, Yoda'dan köleliğin tarihini ve ekonomik işlevini araştırmasını istemiştir. Bu da filmde yönetmenin soyut düzlemde ahlâksal bir konumu göstermekle yetinmek gibi bir amacı olmadığını açıkça gösteriyor.

Yine Mizoguçi'nin isteği üzerine, Yoda çocukların babasının sürülmesine ilişkin bazı siyasal nedenler buldu: Baba, yoksulların hakkını savunduğu için uzaklara sürülmeliydi. Yoda, "Bu halk öyküsünü toplumsal bir dram düzeyine çıkarınak için feodalizm öncesi dönemi ve o çağın Budizmini araştırdık," diyor.

Özgün yapıtın sonunda, kutsal heykelciğin sihirli gücüyle annenin gözlerinin açıldığını belirten Yoda, Mizoguçi'nin uzun süre bu yan mutlu son üzerinde düşündüğünü ve sonunda kadının kör kalmasına karar verdiğini söylüyor. "Böylece *Sansho Dayu*'yu hüzünlü ve karamsar bir film yaptık."

Efendi Sanşo, hiç kuşkusuz bir melodramdır; bugün melodrama pek ciddi gözle bakılmıyor ama, edebiyat, opera ve sinemaya birçok önemli yapıt vermiş saygın bir türdür. Roman alanında Balzac, Dickens, Hugo; operada Verdi, Wagner, Puccini; sinemada da Griffith, Chaplin, Sirk, McCarey, Lang, Mizoguçi önemli melodramlara imzalarını atmışlardır.

Son olarak, melodramın dünya seyircisini etkileyebilen evrensel nitelikli dramatik türlerden biri olduğunu söyleyelim.

Efendi Sanşo'nun melodramsal özellikleri sayılmayacak denli çok:

— Çocuğa küçükken emanet edilen eşyanın (heykelcik) kaçırılan çocuğun yıllar sonra tanınmasını sağlaması,

— En uç toplumsal sınıfların, örneğin yöneticilerle sefalet içindeki esirlerin karşı karşıya gelmesi,

— Yaşam koşullarının aniden değişime uğraması: Bir yöneticinin soylu oğlu bir gün esir düşer, on yıl kaçak yaşar ve sonra bir vilayete vali olur.

— Bu değişime bağlı olarak ve gizlilik amacıyla yapılan ad değişiklikleri. Örneğin Efendi Sanşo, Zuşio adını duyduğu zaman bunun kaçan esiri olduğunu düşünemez bile, onu Mutsu Vaka adıyla tanımaktadır,

— Kişilerin tümüyle iyi ya da kötü olması ve bu ikisinin arasında önceleri kötülük yapan, sonra iyiye yönelen bir kişinin bulunması;

— Kişilerden birinin -çoğunlukla da kadın olanın- sevdiği uğruna kendini feda etmesi;

— Filmin sonundaki tanıma sahnesi (Aristoteles'in deyimiyle "anagnorisis"): Filmde kör olan yaşlı Tamaki, önce heykelciğe, sonra Zuşio'nun yüzüne dokunarak on yıl önce yitirdiği oğlunu tanır. Bu sahneden önce, yine geleneksel bir melodram sahnesi yer alır: Ana-babasının kimliğinin anlaşılamaması ya da yanlış anlaşılması. Örneğin bu filmde Zuşio'ya, adların yanlış anlaşılması sonucunda, annesi diye yaşlı bir sokak kadınını getirirler.

— Son olarak, aile bağlarının aşk ilişkilerine baskın gelmesi. *Efendi Sanşo*'da aşk öyküsü yoktur, her şey "aile içinde" geçer.

Yukarıda sıraladığımız her durumun okuyucuya, Homeros'tan ve Grek tragedyalarından modern dizi romanlara, en "soylu" türlerden en popüler türlere kadar binlerce örnek çağrıştırdığına bahse gireriz.

Efendi Sanşo'nun çok yalın ve yetkin bir senaryosu vardır (sinemanın en büyük yapımcılarından birinin imzasını taşıyan bu önemli yapıtın burada derinlemesine bir incelemesine girmeyeceğiz). Filmi ilk izlediğinizde senaryodaki ustalığı hemen hissetmeyebiliyorsunuz. Ancak yakından incelediğinizde[1] kuruluşundaki sağlamlığı, hiçbir ögenin boşa kullanılmadığını, her şeyin bir ağırlığı olduğunu farkediyorsunuz.

Filmle ilgili yaptığımız özete geçmeden önce, son bir noktaya daha dikkatinizi çekelim; filmin öyküsü, özellikle Zuşio'nun (bazen de

---

1) *Efendi Sanşo*'ya ayrılan *L'Avant-Scène Cinema*'nın 227. sayısı için Max Tessier'nin filmle ilgili yaptığı dekupajdan burada geniş ölçüde yararlandık.

iki kardeşin) *açısından* anlatılmıştır. Başlangıçta anneyi çocuklarıyla birlikte görürüz; birbirlerinden trajik bir biçimde ayrıldıktan sonra, anlatı Anyu'yla Zuşio üzerinde yoğunlaşır ve senaryonun son planındaki ana-oğulun karşılaşması dışında seyirci anneyi hiç görmez.

Daha önce de gördüğümüz gibi, *Doktor Mabuse'ün Vasiyeti'* ndeki olay birçok güne dağılıyordu, *Son Macera* filmindeki olay 60 saatten az, *Pauline Plajda* filmindeyse yedi günlük bir sürede geçiyordu... *Efendi* Sonşo'da anlatılan öykü uzun bir dönemi kapsar. Öykü kişilerini üç evrede; bebeklik, çocukluk ve gençlik çağında görürüz. Geniş bir zaman yelpazesinde yaşanan olaylar, ikişer günlük ya da birkaç aylık zaman dilimleriyle gösterilmiştir. (Örneğin filmin yolculuk ve kaçırılma planı iki günde geçer.)

3) Sahnelere Göre Senaryo

Olayın XI. yüzyılda, *"insanın henüz değerinden habersiz olduğu"* çağlarda geçtiğim belirten bir yazı belirir.

1. TAMAKİ, ZUŞİO (ÇOCUK), ANYU (ÇOCUK) HİZMETKÂR KADIN (dış, orman, gündüz)

Soylu bir aileden oldukları belli dört kişi ormanda yürüyorlar. Anne TAMAKİ (Kinuyo Tanaka), bir tomruğun üzerinde yürümekte olan on üç yaşındaki oğlu ZUŞİO'ya (Masahiko Tsugava) dikkatli olmasını söyler; yanlarında sekiz yaşında bir kız çocuğu ANYU (Keiko Enami) ve sonradan hizmetkârları olduğunu öğreneceğimiz yaşlı bir kadın vardır. Çocukların babası yakınlarda bir kasabada sürgündür. Zuşio, babası Masauyi ile ilgili bir soru sorar annesine. Annesi de: "Babanız çok iyi ve cömert bir insandır," der...

2. FLASH BACK: MASAUYİ, KÖYLÜLER, EFENDİ SADAYU, ZUŞİO (dış, Masauyi"nin malikanesi, gündüz)

Bu ilk *flash back*'te, küçük Zuşio, köylülerin çok sevdikleri efendileri MASAUYİ'nin (Masao Şimizu) sürgün edilmesi kararına karşı çıktıkları dramatik bir sahneye tanık olur. Masauyi, köylülere pirinç sağlamak için bir generalle tartışmış ve ona meydan okuyunca cezalandırılmasına karar verilmiştir. Daha sonraki planda köylülerin ayaklanmasının bastırılmasına karşı mücadele eden Masauyi'yi görürüz.

Bugüne döneriz: Düşlere dalmış Tamaki, bir ırmağın kenarında su içer. Sonra yeniden kocasını düşünmeye başlar.

3. FLASH BACK: MASAUYİ, TAMAKİ, ZUŞIO (ÇOCUK) (iç, Masauyi'nın malikanesi, gündüz)

İkinci flash back'te Masauyi'yi ailesiyle görürüz: Karısına, çocuklarla birlikte babasının evine gitmesini söyler. Sonra, küçük Zuşio'yu kucağına alarak öğretici bir konuşma yapar. *"Kendine karşı sert, başkalarına karşı cömert ol; her insan mutlu olmayı hak eder."* Bunları dedikten sonra oğluna bir aile yâdigarı verir. Bu, *Bağışlayıcılık Tanrıçası*'nın minik bir heykelciğidir. Babası, Zuşio'ya bunu yanından hiç ayırmamasını öğütler.

Bugüne döneriz: Zuşio'yu görürüz. Boynunda muskası, babasının sözlerini yineleyerek yürümektedir: *"Her insan mutlu olmayı hak eder."*

4. FLASH BACK: MASAUYİ, ZUŞIO (ÇOCUK) ANYU (ÇOCUK), TAMAKI, KÖYLÜLER (dış, Masauyl'nln evi, gündüz)

Üçüncü flash back: Masauyi'nin ailesine veda edişini gösterir; gözyaşları içinde birbirlerinden ayrılırlar. Köylülerin, çok sevdikleri efendilerini bırakmak istemediklerini görürüz.

Bugüne dönülür: Anne, çocuklar ve hizmetkârları bir ormanda, göl kenarında yürümektedirler. Yerlilerin yabancıları barındırması yasak olduğundan geceyi geçirecek kuytu bir yer bulmaları gerekmektedir. Ormanda, çalılardan bir barınak kurmaya koyulurlar.

5. MASAUYİ, ZUŞIO, ANYU, HİZMETKÂR KADIN, YAŞLI KADIN (dış, göl kenarı, gündüz)

Anneleri, Zuşio'yla Anyu'yu ağaç dalları toplamaya yollar, çocuklar iyice uzaklaşırlar. Anyu büyük bir ağaç dalını kırmak ister, ağabeyi ona yardım eder ve kırılan dalla birlikte yere düşerler. Kendi hallerine kahkahayla gülerler; o sırada uzaktan bir ses gelir. Zuşio sesin önce denizden geldiğini sanır. Aslında annelerinin uzaktan gelen hüzünlü bir şarkıyı andıran sesidir bu: "Zuşio... Anyu..."

Gece olur... Bir ateşin çevresinde toplanmışlardır. Karanlığın içinden yaşlı bir kadın çıkagelir ve kendisini bir rahibe olarak tanıtır. Onlara acıyarak ısınmaları ve geceyi geçirmeleri için evine çağırır.

Kadının evine gelirler, çocuklar uyurken kadın Tamaki'ye ertesi gün kayıkla yollarına devam etmelerini, hatta isterse onu kayıkçılara götürebileceğini söyler, Tamaki sevinç içinde teşekkür eder.

6. AYNI KİŞİLER, KAYIKÇILAR (dış, göl kıyısı, gündüz)

Ertesi sabah erkenden yaşlı kadın, Tamaki'yle çocukları ve hizmetkârlarını kıyıya götürür. Orada bulunan iki kayıkçı, anneyi bir kayığa, çocukları başka bir kayığa bindirir. Adamların kötü niyetli oldukları zor kullanmalarından bellidir: Tamaki'yi ve çocuklarını satacaklardır; yaşlı kadın da onların suç ortağıdır. Çocuklarla annenin yakarmaları bir işe yaramaz. Adamlar hizmetkârı denize atarlar, kadın boğulur.

7. ANYU, ZUŞIO, KAYIKÇILAR, KASABALILAR (dış, bir balıkçı limanı, gündüz)

Bir limana gelirler. Kayıkçılardan biri çocukları satmaya uğraşır ancak alıcı bulamaz. Bu arada da çocuklara, annelerinin Sado adasında fahişelik yapmak için satıldığını söyler. Oradan geçmekte olan bir adama çocukları satmak ister, ancak adam yanaşmaz onları almaya. Yalnız kayıkçıya Tango vilayetine gitmesini, orada yaşayan Efendi Sanşo'nun çocukları alabileceğini söyler.

8. ANYU, ZUŞIO, SANŞO, TAKO (dış ve iç, Sanşo'nun arazisi, gündüz)

Bir konak ve esir kulübelerinin bulunduğu ve yüksek ağaçlarla çevrili bir tür kampı andıran geniş bir arazi görürüz. Çocuklar zalim bir adam olan EFENDİ SANŞO'ya (Eitaro Şindo) getirilir. Esirler nefes almadan çalışmaktadır. Sanşo bu iki çelimsiz çocuk için boş yere para harcadığından yakınmaktadır. Efendinin oğlu TARO (Akitake Kono) çocukların korunmasını ister, ancak babası karşı çıkarak onların da diğer esirler gibi, yani acımasızca çalıştırılacaklarını söyler. Öte yandan çocuklar konuşmamakta diretirler ve adlarını söylemezler.

9. ANYU, ZUŞİO, NAMIYİ, TARO, BAKANLIK ELÇİSİ (dış ve iç, Sanso'nun çiftliği, gündüz ve gece)

Çiftliğin adamlarından biri çocukları çalıştırmaya başlar. Yaşlı esir kadın NAMİYİ (Kimiko Taçibana) çocuklara acır ve onlarla ilgilenir.

Daha sonra çocukları güç koşullarda çalışırken görürüz. O sırada bir alarm sesi duyulur çiftlikte. Namiyi, uzun süredir uzak kaldığı çocuklarının özlemiyle kaçmaya kalkışmıştır. Hemen yakalanan kadının alnına kızgın demirle işaret basılacaktır. Taro araya girerek kadının affını ister ancak babası oğlunun sözlerine kulak asmaz ve demiri zavallı kadının alnına bastırır.

Taro çocukları kulübelerine götürür; onlarla konuşup yardımcı olmak ister. Ancak çocuklar bir türlü adlarını söylemezler. Taro çocukların konuşmalarından soylu bir aileden geldiklerini anlar ve onlara yapılan bu haksızlığa üzülür ama çaresizdir. Bununla birlikte çocukları ailelerine kavuşturamayacağını bildiği için, büyüyene kadar çocuklara sabırlı olmalarını söyler ve oğlana Mutsu Vaka ("Mutsu yöresinden" anlamına geliyor), kıza da Şinobu ("Sabırlı") adlarını verir.

O sırada bir bekçi, Taro'ya babasının çağırdığını haber verir; Maliye Bakanının özel elçisi ziyaretlerine gelmiştir.

Görüşme sırasında elçi, Maliye Bakanının Sanşo'ya vergi toplama görevini başarıyla yerine getirdiği için teşekkür ettiğini iletir. Bu resmi ağızdan duyduğu övgüler Sanşo'yu sevindirir, elçiye armağanlar verir. Elçi, Taro'ya dönerek "Böyle bir babanız olduğu için çok talihlisiniz!" der.

Taro kimseye gözükmeden ziyafeti terkeder, çocukların kulübesine giderek uyumakta olan çocukları öper ve çiftlikten ayrılır.

10. (ON YILDAN SONRA) ANYU, (ON YILDAN SONRA) ZUŞİO, YAŞLI BİR ADAM; SANŞO (iç ve dış, çiftlik, gündüz)

Planda, *"Aradan on yıl geçmiştir. Zuşio 23, Anyu 18 yaşındadır,"* diye bir yazı belirir.

Bir delikanlı olan Zuşio/Mutsu Vaka (Yoşiaki Hanayagi) ve genç bir kız olan Anyu/Şinobu (Kyoko Kagava), kulübelerinde uyumaktadırlar. Tıpkı on yıl önce Namiyi'nin kaçmaya kalkıştığında olduğu gibi alarm sesi duyulur. Bu kez yaşlı bir adam kaçmak istemiştir. Sanşo kaçağı cezalandırması için Zuşio'yu (ona "Mutsu Vaka" demektedir) görevlendirir. Ve Zuşio'nun acımasız ve kararlı bir yüzle adamın alnını kızgın demirle dağladığını görürüz.

Bir süre sonra kadın esirleri görürüz. Mutsu Vaka'yı acımasızlığından dolayı kınamaktadırlar. Anyu ise bir köşede üzülmektedir.

11. ANYU, KOHAGİ, ESİRLER (iç, dokuma odası, gündüz)

Anyu dokuma tezgâhında çalışmaktadır. KOHAGİ (Yoko Kosono) adında genç bir esir kız getirirler. Anyu, kıza tezgâhı nasıl kullanacağını gösterir. (Anyu filmin bu bölümünde yumuşak ve yardımsever bir genç kız kişiliğiyle belirginleşir.) Esir kız çalışmaya koyulur, bir yandan da bir şarkı mırıldanmaktadır: "Zuşio, seni özlüyorum, Anyu, seni özlüyorum." Anyu heyecanlanmıştır, kıza şarkıyı nereden öğrendiğini sorar. "Bunu Sado adasında bir sokak kadını söylerdi," der kız. "Ona 'Hanım' diyorlar." Anyu bu kadının annesi olduğunu anlar ve kıza şarkıyı sürdürmesini söyleyerek göz yaşları içinde onu dinler.

12. TAMAKİ, GENELEV PATRONU (dış, Sado adası, gündüz)

Aynı şarkı kumsalda bir ses gibi yankılanır. Tamaki kumsalda koşmakta, kayıkçılara onu götürmeleri için yalvarmaktadır. Ancak kadın yakalanır ve bir ayağı bileğinden kesilir: Kaçmak isteyen genelev kadınlarına verilen uyarıdır bu.

Daha sonra Tamaki'nin topallayarak, iki kadının yardımıyla yeniden kıyıya geldiğini görürüz: Umutsuzca çocuklarını çağıran şarkısını söyler: "Zuşio, Anyu..."

13. ANYU, ZUŞİO (iç, kulübe, gündüz)

Zuşio ve Anyu kulübelerindedirler. Kız, Kohagi'den duyduğu şarkıyı mırıldanır. Zuşio kızgın bir tavırla kardeşini susturur: Ailelerini görmeleri olanaksızdır ve ömür boyu esir kalmaya yazgılıdırlar, umuda kapılarak kendini aldatmanın anlamı yoktur. En iyisi efendilerine yaranmaktır. Zuşio ani bir hareketle o zamana kadar üzerinde taşıdığı minik heykelciği alır ve yere atar. Anyu üzüntü içinde onu yerden alır.

14. ANYU, ZUŞİO, NAMİYİ, BEKÇİ (dış, arazi ve ormanda boş bir saha, gündüz)

Bu olaydan bir süre sonra, o sıralar demirhanede çalışan Zuşio'dan, hasta olan ve iyice yaşlanan Namiyi'yi arazinin dışına, dağın gerisine götürmesini isterler. Sırtında yaşlı kadınla Zuşio, Anyu ve bir bekçi sınırı geçerek ormana giderler. Anyu, kadını bu acımasız sona terk etmemesi için boşuna Zuşio'ya yalvarır.

Ormanda karanlık, ağaçsız bir yere gelirler. Yerde insan kemikleri vardır. Anyu *"daha iyi bir dünyada yeniden doğması"* için kutsal heykelciği ölmekte olan kadına verir ve ona bir sığınak yapmak için ağabeyiyle ağaç dalı toplamaya gider... On yıl önce olduğu gibi iki kardeş birlikte bir ağacın dalını kırarlar. Anyu o günü anımsar. Ve sihirli bir biçimde annelerinin o günkü gibi kendilerini çağırdığını duyarlar *"Zuşio! Anyu!'*

Zuşio yere oturur ve derin düşüncelere dalar. Delikanlı gözyaşlarını tutamaz. "Kaçalım buradan," der Anyu'ya. Anyu heyecan içinde: "Hayır," der, "ikimiz gidersek yakalarlar bizi! Sen Namiyi'yle git, ben kalıp bekçiyi oyalarım." Sonra beçinin yanına dönerek Zuşio'nun kulübeyi bitirip geleceğini söyler ve bekçiyle bu ürkütücü yerden ayrılırlar.

Açık araziye çıkarlar. Bekçi, Zuşio'nun gecikmesinden endişe duyar ve başka bir bekçiyi ormana yollar. O sırada Zuşio, sırtında Namiyi'yle dağa kaçmaktadır. Dağın arkasında bir tapınak görürler.

15. ANYU, BEKÇİ, KAYANO (dış, arazi ve su kıyısı, gündüz)

Zuşio'yu aramaya giden bekçi geri döner: "Kaçmış..." Bunun üzerine Anyu'yu suç ortağı olduğu için bir yere kapatırlar ve yaşlı bir kadın dan KAYANO'ya (Yukiko Soma) onu beklemesini söylerler.

Anyu kendine işkence edileceğinden emindir. Yaşlı Kayano kıza acır ve kendisini bir ağaca bağlayarak kaçmasını söyler. Kadını ağaca bağlayan Anyu kadına bu yardımseverliğinden ötürü teşekkür eder ve arazinin açık kalan giriş kapısından çıkar.

Anyu yakalanacağını bildiği için kaçmaya çalışmaz; bir su kıyısına iner ve kendini suya bırakır. Havada Tamaki'nin şarkısı yankılanmaktadır: "Zuşio seni nasıl özlüyorum, Anyu seni nasıl özlüyorum..." Ve Anyu suyun derinliklerinde kaybolur...

16. ASKERLER, BUDA BAŞRAHİBİ, ZUŞİO, NAMİYİ, TARO (dış ve iç, tapınak, gece)

Gece olmuştur. Zuşio'nun peşindekiler tapınağa zorla girmek isterler, ancak başrahip sert bir biçimde kaçak bir yabancının oraya gelmediğini söyler ve bu kaba adamları tapınağın kutsallığına saygısızlık ettikleri anda ağır cezaya çarptırmakla tehdit eder. O sırada bir rahip gelerek Zuşio'nun ne yöne kaçtığını gösterir. Sanşo'nun adamları aceleyle oradan ayrılırlar.

Rahip tapınağa girer ve kaçakların yanına gider. Bu saçları traşlı rahibin Taro olduğunu görürüz. Yaşlı Namiyi iyileşmiştir. Zuşio, kadını Taro'ya emanet eder ve Sanşo'yu Başbakana şikayet etmek niyetinde olduğunu söyler. Taro felsefesini söyler Zuşio'ya: "İnsanların yazgısını düzeltemeyiz, onun için en iyisi Buda'ya dua etmektir." Bununla birlikte Zuşio'nun Başbakanın yanına çıkabilmesi için bir mektup yazar.

17. ZUŞİO, BAŞBAKAN (dış ve iç, başbakanın malikanesi, gündüz)

Sabahın çok erken bir saati. Zuşio, Buda rahibi kılığında şehre iner ve Başbakanın oturduğu malikanenin bahçesinde bir köşeye saklanır. Başbakanın (Ken Mitsuda) korteji geçer. Zuşio saklandığı yerden kortejin önüne fırlar ve elinde Taro'nun mektubu ile bağırır: "Dinleyin beni! Ben Mutsu yöneticisinin oğluyum..." Başbakan başını bile çevirmez; Başbakanın koruyucuları Zuşio'yu yakalarlar ve boynundaki kolyesine çalıntı eşya diye el koyarak onu hapse atarlar. Zuşio onu bırakmaları için yalvarır ve çaresizlik içinde yere yığılır.

Biraz sonra bir bekçi gelerek Zuşio'yu Başbakanın görmek istediğini söyler. Başbakan kendi atalarına ait olan minik heykelciği tanımıştır. Zuşio'ya babasının inatçı ama erdemli ve cesur bir insan olduğunu ve sürgünde öldüğünü söyler. Bu kötü haberle birlikte Zuşio'yu Tango vilayetine (Sanşo'nun topraklarının bulunduğu bölge) vali olarak tayin ettiğini bildirir.

Zuşio vali olarak başa geçince esirlerin bırakılması için çalışacağını açıklar. Bunun üzerine Başbakan onu uyarır: Adalet Bakanlığının sorumluluğunda olan Sanşo'nun toprağı üzerinde Zuşio'nun hiçbir yasal gücü olmadığını söyler.

18. ZUŞİO, SANŞO, YARGIÇ (dış, değişik yerler, gündüz)

Zuşio babasının mezarını ziyarete gider. Masauyi'nin bir zamanlar yardım ettiği ve okuttuğu yoksullar mezara taze çiçek bırakmıştır.

Zuşio göreve başlar başlamaz köleliği yasaklayan bir yasa çıkartır. Yasayı yazdırdığı Yargıç (Kazukimi Ookuni) buna şaşırır ve bozulur. Esirlerin bakan ailesinin kişisel malı olduğunu ve böyle bir yasa için ısrar ederse görevden alınabileceğini söyler. Ancak Zuşio'nun kararı kesindir. Bu arada kızkardeşini aramak üzere birini görevlendirir.

Zuşio'nun elçisini bekçiler Sanşo'nun arazisine sokmazlar. Sanşo ise "Şinobu"nun neden arandığına akıl erdiremez.

Zuşio'nun emri halka duyurulur ve çeşitli yerlere ilanlar asılır. Sanşo bu ilanları söktürür ve Adalet Bakanına haber verilmesini, esirlere ise hiçbir şey söylenmemesini buyurur. Bu önlemleri alan vali kimdir?

Kısa planlarda (ingilizlerin *"montage soquence"* dedikleri) Sanşo'nun adamlarının ilanları söktüklerini ve ilanları asmakla görevlendirilen memurlarla tartıştıklarını görürüz.

19. ZUŞİO, SANŞO, ESİRLER (dış, Sanşo'nun arazisi, gündüz)

Yargıcın karşı çıkmasına karşın Zuşio yasayı şahsen bildirmek üzere Efendi Sanşo'nun arazisine adamlarıyla gitmeye karar verir.

Uzun yıllar esir olarak yaşadığı araziye gelir. Onu önce tanıyamayan Sanşo, bu yeni valiye boyun eğer, ancak bunun "Mutsu Vaka" olduğunu farkedince onu altetmek için dalkavukluk etmeye başlar. Ancak Zuşio onu tutuklayıp sımsıkı bağlatır. Sanşo ona bu hareketinden ötürü pişman olacağını söyler.

Zuşio esirlere özgür olduklarını söyler. Orada kalmak isteyenlere çalışmalarının karşılığı ödenecektir. Zuşio esirlerin arasında bir zamanlar alnını damgaladığı yaşlı adamı görür ve ondan özür diler. O sırada da kardeşinin öldüğü haberini alır.

20. ZUŞIO, ESİRLER, YARGIÇ (dış, su kıyısı, gündüz; iç ve dış, Sanşo'nun barınağı, gece)

Zuşio kardeşinin öldüğü suyun kıyısındadır. Dalgın ve hüzünlü: "Beni bambaşka bir insan yaptın. Ama niye beklemedin?" der.

Sanşo'nun arazisinde şenlik vardır: Esirler dans etmektedir.

Efendi Sanşo'nun evini alevler içinde görürüz. Yargıç, Zuşio'ya Sanşo'nun evinden zorla çıkarıldığını doğrulatır. Zuşio da Bakana yazdığı istifa mektubunu yargıca verir ve Sado adasına gideceğini söyleyerek ayrılır.

21. ZUŞİO, KAYIKÇI, GENELEV KADINLARI (dış, Sado adası, gündüz; iç, genelev, gündüz)

Sado adasında ıssız bir kumsalda kayıkçı gitme vaktinin geldiğini bildirir. Zuşio adada kalır ve "Hanım" diye anılan "Nagakimi" adlı sokak kadınını soruşturur. Yoksul giysiler içindeki Zuşio'yu bir geneleve yollarlar.

Genelevlerin bulunduğu sokakta bir adam Zuşio'yu aradığı "Hanım"a götürür. Çok yaşlı ve düşmüş olan bu kadını Zuşio tanımaz. Kadın "müşterisinin" tereddütü karşısında fazla beklemez ve onu dolaşmaya yollar.

O sırada genelevdeki başka bir kadın, Zuşio'nun aradığının eski "Hanım" olabileceğini söyler: Yalnız kadın ya kendini denize atmıştır ya da adayı mahveden deniz yükselmesiyle sürüklenip gitmiştir.

22. ZUŞİO, BALIKÇI TAMAKİ (dış, Sado adasında bir kıyı, gündüz)

Issız bir kumsalda yosun kurutan bir balıkçı, Zuşio'ya çok yakınlarda denizin yükseldiğini ve on kişiden dokuzunun öldüğünü anlatır.

O sırada iki büklüm, insandan başka her şeye benzeyen yaşlı bir kadının güçsüz sesi genç adamın kulağına gelir. Kadın, Zuşio'nun annesinin şarkısını mırıldanmaktadır. Zuşio bu pislik içindeki kör ve yaşlı kadına doğru yürür. Kadına uzun uzun bakar: Annesidir bu. Kadına sarılır. "Anne, benim, Zuşio!" Kadın inanmaz: "Hain... Benimle alay etme..." der. Bunun üzerine Zuşio minik heykelciği uzatır, kadın uzun uzun elleriyle heykelciği yoklar, sonra parmaklarını oğlunun yüzünde gezdirir ve onu tanır. "Anyu nerede? Baban nerede?" diye sorar. Zuşio ikisinin de öldüğünü söyler. Tamaki: "Başka bir şey söyleme... Kuşkusuz babanın sözünü dinlediğin için bugün birbirimize kavuştuk," der.

Ağlayarak birbirlerine sarılırlar. Kamera adanın hüzün veren görüntüsünde birbirine sarılmış ana-oğulla yosun kurutan balıkçıdan giderek uzaklaşır.

İkinci Bölüm

SENARYO YAZARLARININ DA KENDİ YÖNTEMLERİ VARDIR

V) Satranç Tahtası ve Taşları (Senaryonun Ögeleri)

Satranç oynamak için nasıl siyah ve beyaz taşlarla bir satranç tahtası gerekiyorsa bir senaryo için de kişiler, mekanlar, diyaloglar, zaman akışı... gerekiyor. Bunlar, aşağıda da sıralamaya çalıştığımız senaryoyu oluşturan ögelerdir. Hemen şunu söyleyelim, bu sıralamanın sınır çizgisi kesin değildir; hatta bazı ögelerin ilerdeki bölümlerde yer alması daha uygun olurdu, diye de düşünebilirsiniz; bunun çok büyük bir önemi yok. Sınırları belirlemek kuşkusuz gerekli, ancak kitabın okuyucuya daha yararlı olması amacıyla böyle bir bölümlemeye gittiğimizi de belirtelim.

1) Öykü ve Öyküleme

• Çok Önemli Bir Ayrım

Çok önemli bir ayrım da, *gerçek anlamda öyküyle* (yani senaryoda kronolojik sıraya göre "olup biten" her şey), öyküleme diye adlandıracağımız bir başka düzey arasındaki ayrımdır. Bazılarının anlatı, söylem, dramatik kuruluş vb diye de adlandırdığı öyküleme, *söz konusu öykünün anlatılış biçimiyle* ilgilidir. Bir başka deyişle, öyküdeki olayların ve öykünün verilerinin seyirciye aktarılış biçimidir (anlatı türleri, saklanan ve sonra açıklanan bilgiler, zaman kullanımı, eksiltiler, listelemeler, vb). Bu öyküleme sanatı, tek başına, sıradan bir öyküyü ilginç kılabilir. Ya da aksine, kötü bir öyküleme, iyi bir öykünün tüm çekiciliğini bozabilir, bu da elindeki "hoş bir öykü"yle başarı kazanmak isteyen birçok kişinin başına gelebilen bir durumdur.

Rus biçimcileri (Çlovski, Tomaçevski, Propp, Ayhenbaum), masallar ve halk öyküleriyle ilgili yaptıkları araştırmalarda fabl ("gerçekte olup biten") ve *konu* ("okuyucunun bu gerçeği öğreniş biçimi") adlı iki kavramı birbirinden ayırmışlardır. Emile Benveniste *(Problemes de linguistique générale, s. 237-250)*, bu ayrımı *öykü* (bugün *"diégèse"* denilen, kanıt, eylemlerin mantığı) ve *söylem* (anlatının zamanı, görünümleri, türleri) terimleriyle karşılamaktadır. Bir öykü türlü yollardan anlatılabilirken (roman, radyo, film, tiyatro oyunu, çizgi film, hatta mim), söylem, kullanılan araca göre özgül bir nitelik taşır *Bu düzlemde, önemli olan aktarılan olaylar değil, anlatıcının bize bu olayları anlatış biçimidir.* Böylece filmlerin konusu söylenceden, operadan ya da herhangi bir olaydan alınabilir, öykü bazen yalınlaştırılabildiği gibi (roman uyarlamalarında) bazen de geliştirilebilir (söylenceler, kutsal anlatılar).

• Eksiltileme ve Öyküleme

Alfred Hitchcock'un *Sapık (Psycho)* adlı filminin öyküsünde olduğu gibi çizgisel bir biçimde anlatılan, sırası geldikçe olan bitenin "açıklandığı" bir öykü (çıldıran bir adam, kendisini öldürdüğü annesinin yerine koyar ve ölen kadının kılığına bürünerek cinayetler işler), filme bir anlam kazandırmaktan uzaktır. Özellikle bu filmde kullanılan anlatı türü, sinematografik öyküleme-ye özgü gizlilik ve yan kapalılık işlemlerinin kullanılış biçimi, filmin etkili olmasını sağlamaktadır. Aynı biçimde, bu filmde esinlenilen Robert Bloch'un romanında da okuyucuyu annenin varlığına inandırmak amacıyla iki anlamlı ve yanıltıcı öyküleme işlemleri kullanılmıştı.

Bu filmde olduğu gibi anlatı çoğunlukla seyircinin önemli bir bilgiden yoksun olmasını sağlayacak bir eksilti üzerine kurulur.

Seçtiğimiz dört film arasında *Mabuse*, kısa planların koşut kurgulanışıyla seyirciden *saklanan* kişiler ve verilerin kullanılması açısından sinematografik öykülemenin belirgin bir örneğidir. Bununla birlikle *Son Macera*, *Efendi Sanşo* ve *Pauline* filmlerinin senaryosunda da şoklar, kaygılar, "küçük gizler" vb yaratmak amacıyla belli bazı öyküleme işlemleri sık sık kullanılmıştır.

2) Birlik

• Eski Bir Ölçüt

Birlik ölçütü (konu, biçim, olay, ton, vb birliği) Aristoteles ve onun izleyicisi birçok dram kuramcıları tarafından kurulup geliştirilmiştir. Aristoteles bu kuralı şöyle açıklar: "Tragedya, dolu ve bütüncül bir olayın taklidi olduğu için, bölümleri birbirlerine öylesine bağlı olmalıdır ki, aralarına yeni birini eklediğimizde ya da çıkarttığımızda oyunun tümü sarsılmalı ya da alt üst olmalıdır; çünkü oyuna eklenebilecek ya da eklenemeyecek ögeler belirgin bir sonuç doğurmuyorsa bir bütünün parçası olamaz." *(Poetika)*.

Buna bağlı olarak, yazarlar, senaryonun konu birliğini fazla sayıda yan konu *(subplots)* ve küçük ayrıntılarla bozmamayı öneriyorlar.

Diderot da *Entretiens sur le Fils Naturel** adlı yapıtında tiyatroyla ilgili olarak konu yoğunluğu ve birliği üzerinde duruyordu: "Toplumda yapılan işler yanlızca küçük olaylar aracılığıyla sürüyor. Bu olaylar romana gerçeklik kazandırabilir ancak dramatik bir yapıtın tüm ilginçliği de yok edilebilir; sonsuz sayıda değişik konu insanın dikkatini dağıtır. Gerçek yaşamdan özel anların gösterildiği tiyatroda herkesin aynı konu üzerinde yoğunlaşması gereklidir." Böylece, bu birlik kuralının konu bolluğu gerektiren diğer anlatı tür-

---

*) Diderot'nun 1757'de yayınladığı *Piç Oyunu Üstüne Konuşmalar*, yazarın tiyatroya ilişkin kuramsal görüşlerini kapsar. (ÇN).

lerinin aksine (destansı şiir, roman...) sınırlı bir zaman ölçüsü kullanan dramatik taklit türleri (tiyatro, sinema, opera) için geçerli olduğunu görüyoruz. Bununla birlikte Fransız klasik tiyatrosu dışındaki tiyatroların bunun tam karşıtı bir anlayışa, yani entrikalarla dolu oyun anlayışına sahip olduklarını da biliyoruz (örneğin Shakespeare'in oyunları).

Kitabın ilk bölümünde incelediğimiz *Doktor Mabuse'ün Vasiyeti* filminde, birliği Mabuse adlı karakter sağlıyor. Az ya da çok birbirlerini tanıyan diğer kişilerin çevrelediği bu ana kişilik kadar, içeriden kötülüğe karşı girişilen savaş teması da filmin birliğini oluşturuyor. *Son Macera*'da Harry Morgan rolü, tarihsel bağlam (Fort-de-France'taki Fransız yönetimi ve bu yönetimin direnişle çatışması) ve savaşa karşı kişisel tutum teması filmin birliğini sağlıyor. *Efendi Sanşo*'da hem Tamaki'nin ailesinin başından geçenler, ailenin dağılması, bireylerini yitirmesi, hem de kölelik ve baskı temalarıyla filmdeki birlik sağlanmış. *Pauline Plajda* filmindeyse birliği Pauline'le Marion'un erkek arkadaşlarıyla oluşturdukları çiftler ve aşkla ilgili bir yanılsama sağlıyor. Bu filmlerde yalnızca ana nitelikli bir olay ya da kişi değil, filmde olan biten her şeyin temel bir motifle yakından ya da uzaktan ilintili oluşu da birliği sağlıyor. Öte yandan bir kişiye ya da bir zaman dilimine göre mükemmel bir şekilde ayarlanmış bir öykünün ana temasının ya da motifinin olmayabildiği ve öyküde gerçek bir birlik sağlanamadığı da bir gerçek.

3) Önemli Olan, Temel Olan (Nedir?)

Bir senaryo yazarken ya da geliştirirken karşılaşılabilecek en büyük tehlikelerden biri de senaryoya canlılığını verecek *düşünce*'nin, *motif*'in, *temel yönelim*'in gözden kaçırılması ve bulanıklaştırılmasıdır. Olayı yoğunlaştırmak, umulmadık olaylar yaratmak ve olayları birbirine bağlamak isterken ayrıntılar çoğu kez temel düşünceyi örter, etkisini azaltır, hatta ortadan silebilir. Ya da filmin konusunu tam karşıtı bir yöne saptırabilir.

Böylece senaryo yazarının bulanık ve ikincil nitelikli uğraşlara boğulmaması için kendi açısından temel olanı belirlemesi; belirleyemediği durumdaysa, neyin hesabını yapacağını bilmesi gerekir (örneğin duygusallık, gerçeğe uygunluk, tarihsel gerçeklik, dramatik yoğunluk vb); bunlar, yazarın düşüncesini daha iyi gerçekleştirmesine yardımcı olur. Ancak, senaryonun gereğinden çok çizgisel ve tek bir düşüncenin ekseninde ilerleyen bir senaryo olma tehlikesi de her zaman vardır.

Temel düşünceyi sürekli göz önünde bulundurmak, senaryo yazarken karşılaşılan güçlükleri ve tehlikeleri basitten karmaşığa doğru sınıflandırmak, bu güçlüklerin yenilmesinde yazara yardımcı olur. Birçok kez, önemliyle önemsizi birbirinden ayırmayı bilemediğimizden ve drama ilişkin kural, işlem ve hileleri yerinde kullanamadığımızdan, kalabalık, yoğun ve temel çizgilerden yoksun bir senaryo ortaya çıkar. Sürekli olarak insanın kafasında senaryonun çıkış noktasını oluşturan temel bir düşüncenin olması, öyküyü zenginleştirmeye yarayan ögeleri (psikolojik ayrıntılar, beklenmedik olaylar, mekanların esinlediği hava, sahnelerin dramatik tonları, vb.) düzenli olarak bu temel düşünceye göre tasarlamaya zorlar ve böylece yazar, ana düşüncenin bu ögelerle güçlenip güçlenmediğini denetleyebilir.

Örneğin, çift kişilik üzerine bir senaryo yazılacaksa, bu çift kişilik düşüncesinin yazarın beyninde oluşmasının yanı sıra hem senaryonun en başında hem de öykünün ana çizgilerinde belirtilmesi, ayrıca senaryodaki tüm ayrıntılarda, beklenmedik olaylarda ortaya çıkarılması gerekmektedir. Olayların ve kişilerin (karakterlerin) yaratılması sırasında bu ana düşünce birçok nedenle gözardı edilebilir, yitirilebilir ya da bunun tersi olabilir; her sahneye, her beklenmedik gelişmeye, her kareketere ilişkin ayrıntılar bu ana temayı vurgulayıp belirginleştirir.

Temanın değil, tonunun önemli olduğu filmlerde -çoğunlukla güldürü filmlerinde- özellikle filmin tonu, sağlanacak ritmi üzerinde durulur ve ayrıntıların kuruluşu, beklenmedik olayların birbirini izlemesi, kişilerin belirlenmesi bu ton ve ritme göre ayarlanır. Pascal Bonitzer şöyle diyor: "Öykü anlatmayı çoğu insan 'boy meets girl' (erkek kıza rastlar) türünden bir çekirdeğin dramatik yoldan geliştirilmesi sanıyor. Bazı kişiler başkalarının bilmediklerini bilecek ve bu ikinciler birincilerin bildiklerini öğrenirken olup bitenler gösterilecek. Ya da bunları bilmeden neler yaptıkları gösterilecek... Oysa öykü başka şeydir. Belli bir fikrin değişik kişiliklerde cisimleşerek bir sorun olarak ortaya konmasıdır" (*Cahiers du Cinéma,* No: 369).

Şunu da hatırlatalım, usta senaryo yazarları ve usta sinemacıların sanatı, bir yoğunlaştırma, yalınlaştırma, öze indirgeme sanatı olduğu kadar, düşüncelerin ansızın doğması, rüzgârlarla savrulması ve tomurcuklanmasıdır. Örneğin *Efendi Sanşo*'nun senaryosu ilk bakışta çok "parlak" olmadığı izlenimini uyandırmakla birlikte, senaryoda iki temel motifin (bir yanda toplumsal eşitsizlik ve kölelik, diğer yanda aile bireyleri arasındaki sevgi) sağlam olup türlü kişiler aracılığıyla sürekli bir biçimde belirtilmesi ve bu temel motiflerin konuyu daha zengin kılmak amacıyla hiçbir yükle ağırlaştırılmaması ilgimizi çekiyor.

• Senaryonun Başlıca Ögeleri

Dwight V. Swain'e göre bir senaryoyu beş öge oluşturur: Baş kişi, güç bir durum, bir amaç, bir rakip (bu mutlaka bir kişi değil, bir nesne de olabilir) ve tehdit eden korkunç bir tehlike (çoğunlukla ölüm tehlikesi).

Sidney Field'e göre senaryo "belli bir yerde bir şeyler yapan kişi(ler)"dir. Field, senaryoyu şöyle tanımlıyor: "Dramatik bir sonuca giden, birbirine bağlı olayların çizgisel gelişimidir." Bunlar çok bilinen şeyler, diyebilirsiniz ancak kesinliği olan bazı şeyleri belirttiği de bir gerçek (olayların bağlanışı, dramatik gerilimin artışı). Field, bir senaryo yazmaya koyulduğumuzda kendimize şu soruları sormamız gerektiğini söylüyor: Baş kişi kimdir? Dramatik önermeler nelerdir? Konum nedir? Öykü nasıl bitiyor? (Şunu aklınızdan çıkarmayın: Öykü yazmak için sonunu bilmek gerekir.) Senaryo yazarken kendimizi işte bu temel ögelere göre sürekli olarak ayarlamalıyız.

Charles Spaak, senaryo yazarının yenmesi gereken başlıca güçlükleri şöyle sıralıyor: "Kahramanların sunuluşu, epizodların sıralanışı ve yerleştirilecekleri çerçeve, oyumların (sekans) düzenlenişi, sahnelerin uzunluk oranları ve kısaltımların yönü, kişilerin kendilerini yansıtan bir üslupla konuşturulması" (*Cinema*, no: 299).

4) Yan Konular (Düğüm)

Lewis Herman'a göre, yan konu yardımcı kişiler tarafından gerçekleştirilen ve ana olaydan ayrılan bir yan düğümdür. Yardımcı kişilerin hareketleri de bu ana olayla ve baş oyuncuların davranışlarıyla ilintilidir. Bu tür yan konular (İng. *subplots*), bazen filmi izlerken seyircinin "soluk alması"na (İng. *relief*: Dinlenme, soluklanma, rahatlama), bazen seyircinin dikkatini ve merakını bilerek dağıtmaya, başka yöne çekmeye ya da değiştirmeye, bazen de anlatının konusu olan temel düşünceyi, ana konunun gerçekleştiremeyeceği biçimde vurgulamaya yarar.

Bu "subplot"larla ilgili en önemli güçlük, bunların ana öyküyle üst üste gelmesi sorunudur. Özellikle güldürü filmlerinde ana olayla ikinci olayların karıştırılması en sık karşılaşılan yöntemlerdendir (yanlış anlamalar, yanılmalar).

Sanşo ve Son Macera filmlerinde yan konu yoktur. Bununla birlikte, Hawks'ın filminde Eddy ile Harry'nin dostluklarını gösteren sahnelerin (13. sahnedeki yanlış anlama) birer "subplot" olduğunu söyleyebiliriz; bu sahneler ana konuya önemli hiçbir değişiklik getirmemekte ve iki arkadaşın, filmin başından sonuna dek aynı düzeyde süren dostluklarını vurgulamaktadır (oysa Harry'nin işi ve duygusal yaşamı film boyunca büyük değişikliklere uğruyordu). Eddy'yi canlandıran Walter Brennan, filmde "relief" işlevi gören gülünç ya da duygusal sahnelerin pitoresk bir yan oyuncusu olarak sivriliyor ve bir bilmeceyi andıran replikleriyle Shakespeare'in soytarılarını anımsatıyor.

Mabuse'ü, öykünün ana çizgileri sonradan belirene kadar, görünürde sağa sola saçılmış parçalardan oluşan bir bulmaca oyununa benzetebiliriz. Filmde, birçok kişi aracılığıyla (bunlardan bazıları film boyunca baş kişi olarak belirginleşiyor) birbirine koşut çizgiler oluşuyor ve seyirci bu koşut öykülerin bir noktada birleşeceğini düşünmeye başlıyor.

Film, seyircinin dikkatini bilinçli olarak başka bir yöne çekerek başlıyor; yardımcı kişi, baş kişi gibi gösteriliyor ve ilk dakikalarda seyirci Hofmeister'i filmin kahramanı sanıyor... ta ki Hofmeister delirip oyunun dışında kalana kadar. Hofmeister'i bundan sonra yalnızca oyunun sonunda yeniden görüyoruz ve filmin başını göz önüne aldığımızda Hofmeister'in gerçek baş kişiden çok, anlatıda bir eklem, bir "araç" işlevi yerine getirdiğini görüyoruz.

Polisiye türü anlatılar çoğunlukla belirsizlikler üzerine kurulur. Herhangi bir olayın "birincil" ya da "ikincil" niteliğine göre bu belirsizlik filmde uzun ya da kısa tutulur. Karmaşık durumlar, çözümün gecikmesini ve ana olayın küçük ayrıntılar arasında bulanıklaşmasını sağlar. İkincil nitelikli ögelerin bolca kullanılması bu tür girift yapılı filmlerin bir ilkesidir.

5) Hareket

- **Derler ki; Sinema Önce Harekettir...**

Sonra diyalogtur. Peki hareket nedir? Hareket filmi diye nitelendirilen birçok filmde konuşma ve diyalogların sıkça, buna karşılık, en alışılmış anlamıyla "hareketlerin -kavgalar, ateşlenen silahlar, patlamalar, kovalamacalar, tehlikeli sahneler, zafer sahneleri- ise daha az kullanıldığını görürüruz.

Pascal Bonitzer: "Bir filmde, hareket açısından boş sahnelerle senaryodaki önemsiz anları karıştırmamak gerekir," diyor (*Cahiers du Cinéma*", "Senaryonun Amacı", s. 73).

- **Hareket Öykünün Kendisi Değildir**

Bir film, fiziksel anlamda birçok hareket içerebilir, ancak sönük bir öyküsü, yani gerçek konusu aynı oranda yüklü olmayabilir (Stempel, s.39), ya da tam tersi. Hawks'ın birlikte çalıştığı ünlü senaryo yazarı, *Empire Strikes Back*'i yazan Leigh Brackett, *Hatari* adlı filmiyle ilgili anılarını şöyle anlatıyor (Stempel, s. 39): "Howard Hawks, Afrika'ya bir ekiple gitmiş, altı ay kaldıktan sonra harika bir malzeme ile dönmüştü. Ancak bunlar, yalnızca 'İşte bir zürafa, haydi yakalayalım!' türünden sahnelerdi (Filmde özgür yaban hayvanlarını sirklere ya da hayvanat bahçelerine satmak üzere yakalayan insanlar gösteriliyordu.) Böylece filmde bu insanların ve aralarındaki ilişkilerin gösterildiği sahnelerin çekilmesi gerekiyordu." Rio Bravo'ya da imzasını atmış olan ünlü yazar, o zamana kadar yazdıklarının pek önemli olmadığını da sözlerine ekliyor: "Film renk renk kartlardan oluşmuş dev bir tabloyu andırıyordu; örneğin tablodaki kırmızı kartlar kovalama sahnelerini belirtiyordu... Şöyle bir baktığımızda kırmızı kartların çoğunlukta olduğu hemen dikkati çekiyordu. Kişiler arasında geçen konulu sahneleri yazarak bunları kovalama sahnelerinin arasına yerleştirmek gerekliydi."

Bir boğa güreşçisi, bir böksör, bir otomobil yarışçısı... gibi, zafer sahneleri üzerine kurulu filmlerin geleneksel sorunudur bu. Bu tür filmler, Stempel'in de belirttiği gibi, "*Race/Plot/Race/Plot*", yani Kovalama/Konu/Kovalama/Konu gibi bir monotonluğa düşerler. Genellikle müzikli bölümlerin konulu sahneleri izlemesinden oluşan müzikli güldürüler için de bu monotonluğa düşme tehlikesi sözkonusudur. Senaryo yazarı, bazen müzikli bölümleri konulu sahnelerin önüne getirerek bir denge kurmaya çalışır.

- **Senaryodaki Hareketlerin Betimlenmesi**

Hareketlerin önce açıklıkla ve somut olarak betimlenmesi gerekir. Diyelim ki kişi yürüyor. Nasıl yürüyor, hangi tavırla yürüyor (ağır, sinirli)? Uzun ve ayrıntılı betimlemelere girmeden, sıfat ve zarflar aracılığıyla yapılan hareketin özelliklerini belirleyebiliriz. Böylece hem açık seçik hem de kısa betimlemeler yapmamız gerektiğini görüyoruz.

Eğer aynı anda hareketle birlikte (ya da harekete yanıt olarak) bir şey söyleniyorsa, kurala göre, hareketi söylenen sözlerden *önce* yazmak gerekir. Herman'da şu örnek veriliyor (s.26): "Willa: (Joe'ya tokat atarak): 'İşte senin hakkında düşündüklerim!'"

6) Kovalamacalar

Başlangıcından bu yana sinemada kovalama sahneleri eksik olmamıştır. Noel Burch, bu sahnelerin ortaya çıkışıyla sinematografik anlatının *çizgiselliği*, yani zamana bağlı olarak sürekli ilerleyen çizgisel bir öyküleme üslubunun oluşması arasındaki ilişkiyi göstermiştir (bunu da sinemanın, anlatıya yer vermeden, canlı tablolar yansıtma gibi bir amacı olmadığını vurgulamak için yapmıştır) (*Communications*, no: 38).

- **Kovalamaca ve Diyalog**

Çoğunlukla kovalamaca sahnelerine *fazla* diyalog gitmez, diye düşünülür. Lewis Herman, "diyalogun kovalamacayı yavaşlatacağını" belirterek kovalama sahnelerine kısa ve öz replikler konulmasını önerir. Bu tür sahnelerin en belirgin özelliği, sahnenin kısa planlara, kısa hareketlere ve kısa repliklere bölünmesidir. Sessiz sinemanın ilk yıllarında Griffith'in, koşut kurguyla kovalamaca sahnelerini geliştirdiği bilinmektedir.

- **Kovalanan ve Kovalayan**

Bir kovalamacada kovalananın (katil ya da yabancı) kimliği yalnızca sonda açıklanabilir; kovalayanın kimliği de bize silahlı bir kişiyi göstermeden onun bakışını yansıtan öznel kamerayla açıklanabilir.

- **Kovalamacanın Çerçevesi**

İki tür kovalama vardır: Birinde, ıssız ya da sıradan bir yerde, yalnızca kovalayan/kovalananlar gösterilir; diğerindeyse kalabalık bir çerçeve söz konusudur. Fuar, toplantı, balo, tören vb ve bunlar kovalama sahnelerine az çok karışırlar.

Mabuse'ün sonundaki arabalı kovalama sahnesi geceleyin, kent dışında bir yolda geçmektedir ve bu sahnede engelleme ve gerilim yaratmak amacıyla alışılmış ögeler kullanılmıştır. Diğer arabalar, beklemeli tren geçidi, bir araba arızası vb. Sahnenin önemi, bizi filmin önemli mekanına, Baum'un hastanesine götürmesinden ileri gelmektedir.

7) Kişilerin Düşünceleri

• Sinemanın Bir Sorunu

Kişilerin düşüncelerinin açıklanması sinema senaryolarının özgül bir sorunudur. Romanlarda kullanılan "kahraman şöyle düşünüyordu..." türünden açıklamalar sinemanın dışında kalıyor. Kaldı ki, yazınsal kuram, anlatıcının roman kişilerinin düşünceleriyle ilgili her şeyi bilmesini çoğu zaman tartışmıştır. Gérard Brach (Christian Salw, s. 33): "Kişiler romanda düşünürler; oysa filmde dış ses *(off-voice)* kullanmıyorsanız, onları ancak düşünürken gösterebilirsiniz," diyor.

• İç Ses

Bu arada, sinemada, İngilizlerin bilinç akımından esinlenerek, *stream-on-consciousness* dedikleri içinden konuşma tekniğiyle (Herman, *dikkatli kullanın* diye uyarıyor, s.212) oldukça eski *memory recall thoughts* yöntemlerinin var olduğunu belirtelim. Örneğin, kendisine "sen bir zavallısın, hiçbir zaman başaramayacaksın" denilen film kahramanı, karşılaştığı bir güçlükte, dramatik bir biçimde yankılanan bu tümceyi defalarca duyacaktır.

Mabuse'de "içinden konuşma"nın özgün biçimi kullanılmıştır: Doktor Baum'un beyninde kendi bilincinin, daha doğrusu içindeki kötülüğün sesi gibi yankılanan Mabuse'ün sesi kullanılmıştır. *Memory recall thoughts* tekniğiyle kullanılan bu ses, filmin sonundaki "cehenneme koşuş" sahnesinde, Baum'un kulağına

Mabuse'ün vasiyetinin başlığını, "Herrschaft des Verbrechens", yani "Cinayetler İmparatorluğu" sözlerini fısıldayan sestir. Yine bu ses kişinin kendi sesi değil, *başka bir kişinin*, birisinin beyninde yankılanan ve onun düşüncelerine egemen olan sesi olabilir. Örneğin aileden birinin, bir arkadaşın, örnek bir kişinin, bir rakibin, sevgilinin vb sesidir.

- **Sinemanın Gücü mü Güçsüzlüğü mü?**

Düşüncelerin doğrudan dile getirilmesindeki bu güçlüğü göz önüne aldığımızda, bunu sinemanın bir eksikliği ya da yetersizliği olarak düşünebiliriz. Bununla birlikte, Rohmer'in filminde olduğu gibi, bilinçlerin bu kapalı niteliğini dramatik bir öge olarak filmin lehine kullanabiliriz: Kişilerden biri kendisine ya da başkalarına içini döküp itiraflarda bulunduğunda, hem kendisine hem de başkalarına karşı dürüst olup olmadığını bilmediğimizden, bu karmaşıklık filmi ilginç kılabilir. Burada, Rohmer'in "Öğretici Öyküler"inin bazılarında kulanılan dış sesin (*voice-off*) de yüzde yüz güvenilir olmadığını belirtelim.

Örneğin Eric Rohmer'in *Koleksiyoncu Kız* filminde dış sesle anlatıyı yönlendiren (Haydée Politoff'un canlandırdığı) baş kadınla baş erkek oyuncu "çok içten" bir konuşma yaparlar ve seyirci onların bu içtenliğine gönülden katılır. Ancak hemen sonra, anlatıcının sesi bu konuşmanın yalan ve hileli olduğunu söyler; zaten kim dıştan-sesin doğru olduğunu söylüyor ki? Hatta: İçtenlik nedir? Bir film kişisinin "düşüncesi" ne olabilir?

Bazı acemi senaryoların bizde uyandırdığı saflık (naiflik) izlenimi, bu senaryolarda diyalogların düşünceleri dile getirme aracı olarak kullanılmasından ileri geliyor; öyle ki kişiler sanki gizleyecek bir şeyleri yokmuş ve yaşadıklarıyla hissettiklerinin tümüyle bilincindeymiş izlenimini uyandırıyor.

8) Diyalog

• Diyalogun İşlevleri

Sinemanın en "görsel" türlerinde bile diyalogun işlevi önemini korumaktadır: Bu arada "sessiz" sinemada da diyalog kullanıldığını belirtelim. Buradaki diyaloglar, sesli değildi ve seyirciye oyuncuların mimikleriyle ve "ara yazılar"la aktarılıyordu. Sessiz sinemanın oyuncuları kesinlikle dilsiz değildi.

Field'e göre sinema diyaloglarının işlevleri şunlardır:
- Filmdeki olayın ilerlemesini sağlar,
- Seyirciye olayları ve çeşitli bilgileri aktarır,
- Bunların arasındaki ilişkileri kurar,
- Kişiler arasındaki çatışmaları ve kişilerin ruh durumlarını ortaya koyar,
- Filmde geçen olayı yorumlar.

Ancak tüm bu işlevleri senaryoda diyalog dışında başka bir öge de yerine getirmelidir.

Swain ise diyalogların işlevlerini şöyle sıralıyor.
- (Hareketin hızını kesmeden) bilgi verir,
- bir duyguyu ortaya çıkarır (Swain, "sözcüklerin kendisinden çok yansıttıkları durum değişiklikleri önemlidir" diyor),
- konunun ilerlemesini sağlar (diyalog filmden ayrı, kendi başına bir öge değildir),
- konuşan kişiyle onu dinleyen hakkında bilgi verir. Stempel'e göre diyalog, inanılır *(believable)*, ilginç ve hoş *(funny)* olmalı, filmin hareketini ilerletmeli, kişileri belirginleştirmeli, gizli bir boyut, yani "*subtext*" boyutu (satırlar arasındaki anlam) içermelidir.

Son olarak Herman (s. 144): "August Thomas'ın şu formülü senaryo yazarının her zaman aklında olmalıdır: Bir replik öyküyü ilerletmeli, kişiyi betimlemeli ya da güldürmelidir," diyor.

Bu öğütler hep aynı şeyleri söylüyor gibi gelebilir. Ancak bunlar, senaryo yazarının diyalogları boşa kullanmasını engellemek gibi bir amaca hizmet etmektedir.

- **Diyalog Devingen (Dinamik) Olmalıdır**

Dural (statik) değil; yani soru ve yanıtlar birbirini mekanik bir biçimde izlememelidir. Mizoguçi, senaryo yazarı Yoda'ya bir çalışma notunda şöyle yazmıştı: "Diyaloglarında yalnızca sözcük alışverişi ve sorularla yanıtlar var. Bazı olumsuz anlatımlar ya da replikler bulamaz mısın?"

Gerard Brach, (Sale, s.35) kötü bir diyalogla ilgili "-Saat kaç? - Saat sekiz; aç mısın? - Evet, bir şeyler yiyebilirim - İyi, bir lokantaya gidelim," örneğini vererek daha ilginç bir diyalog başlangıcı için şu örneği öneriyor: "Saat kaç? -Ayaklarım ağrıyor, vb..."

Field, bu soru yanıt işleminde, konuşmanın ille de gerekli olmadığını, onun yerine kişilerden birinin bir hareketinin, sessiz ya da tepkisiz kalmasının etkili olabileceğini belirtiyor.

Swain'e göre diyalog mantıklı olmaktan çok, bir heyecanı yansıtmalı; bir amaca yönelik olmalı (kişiler konuşmuş olmak için konuşmamalıdırlar); birtakım tereddütler ve kopukluklar içermelidir. Örneğin; Hawks, *Son Macera*'nın çekimi sırasında, Furthman ve Faulkner'in diyaloglarını daha devingen hale getirmek için çekim senaryosunda değişiklikler yapmıştı...

Herman'a göre konuşmaları belli bir devingenlik içinde birbirine bağlamanın bazı yolları vardır

- Basit bir sözcüğün yinelenmesi ("- Gidiyorum, elveda! - Elvada mı?"),

- Tümcenin bir bölümünü yineleyerek karşıdakinin sözünü sürdürmek,
- Soru ve yanıt yöntemi,
- Soruyu soruyla yanıtlama "- Niye bunu yapmadın? - Yapmalı mıydım?"),
- Aynı anda iki konuşmanın gerçekleşmesi; konuşmaların ilerlemesi; karşıdakinin sözünü kesme.

• Diyalog Kişiliği Yansıtmalıdır

Aristoteles'in önce Horatius, daha sonra Boileau tarafından benimsenen görüşüne göre, "gençler genç gibi, yaşlılar yaşlı gibi" konuşmalıdırlar; bir başka deyişle kişileri kendilerine uymayan bir dille konuşturma yanlışlığına düşülmemelidir. Böylece diyalogların kişiliklerin yansıtılmasında önem kazandığını görüyoruz.

Diyalog yerine söz (şarkı sözü gibi) terimini yeğleyen Jean Aurenche şöyle diyor: "Diyalogların, tıpkı giyinme biçimi gibi, kişiliği yansıttığına inanıyorum." (Sale, s. 18). Field (s.31): "Diyalog, belli bir hareket biçimiyle tanımlanan kişiliğe bağlıdır," derken Jean-Loup Dabadie ise: "Diyalog makyaj gibidir, kişilerin özelliklerini tümüyle örtmemelidir," diyor (Sale, s.85).

• Kişilerin Her Şeyi Söylemesi Gerekmez

Swain ısrarla, belli bir ölçüde suskunluk payı üzerinde duruyor (*a factor of normal reticence*). Başka bir deyişle, kişiler birbirlerine bildikleri her şeyi, gerçeğin tümünü söylememelidirler; niye söylesinler ki? Bildiklerinin ancak bir kısmını söyleyebilirler, bu illede yalancı olmalarını gerektirmez. Düşündüklerini olduğu gibi karşısındakine anlatan kişiler, acemi senaryolara özgü bir saflığın sonucudur.

• Diyalogla "Gerçeklik'in Bir Üslubu Olmalıdır

Senaryo yazarları ve bu konuyla ilgili elkitaplarının sahipleri, diyalogların gerçeği körü körüne yansıtmaması gerektiğini söylüyorlar. Yaşamdaki gerçek diyaloglar çoğu kez yerinde sayan, aynı şeyleri yineleyen ve konudan konuya atlayan sözlerdir. Sinema diyalogu ise "çok daha kısa ve çok daha özlü" olmalıdır (Jean-Claude Carriere, Sale, s.58).

Öte yandan iyi bir diyalog, "yazılı dil" ya da "edebiyat" üsluplarına göre yazılmamış olan diyalogtur. Nash-Oakey'in belirtiği gibi, "okumak için yazılmış sözlerle, söylenmek için yazılmış sözler ayrı ayrı seçilmelidir." (s. 76).

Vale, diyalog metninin yazılı metin gibi yoğun olmaması gerektiğini söylüyor: "Konuşma düzlemindeki sözcükler (yazılı metindekiler kadar) kolay özümsenmez (...) Seyircinin sözcükleri kavrama gücü film boyunca azalabilir." (s.27).

Diyalogun orta noktası böylece, yoğun üsluplu yazı diliyle yüzeysel konuşma dili arasında yer almalıdır.

Yeni bir senaryo yazarı, yazdığı diyalogların uzunluğu üzerinde genellikle çok düşünmez. Bunlar okunduğunda uygun bir süreyi kapsar, ancak diyaloglar konuşulmaya başlandığında hiç bitmeyecekmiş gibi gelir ve yinelemelerle dolu olduğu görülür.

Aynı zamanda, izlenen filmlerdeki diyalog sayısı hakkında edinilmiş yanlış bir düşünce vardır. Amerikan filmleri çok gevezedir, günlük konuşmalara uygun yazıldığı için seyirciyi yormazlar. Buna karşılık Fransız sinemasında genellikle diyaloglar daha az sayıda olmakla birlikte, kullanılan sözlerin anlamca yüklü olması istendiğinden, diyaloglar zor anlaşılır.

• Diyalog ve Durum (Sitüasyon)

Bazı senaryo yazarları ve yazarlar, diyalogları ayrı bir düzlemde, sözlü bir alıştırma gibi görmemek gerektiğini, bunların kişilere ve durumlara bağlı olduğunun bilinmesi üzerinde dururlar. Bir diyalog, kendi başına parlak repliklerle "iyi diyalog" olmaz, belli bir durumda diyalog vardır. Örneğin Amerikalı senaryo yazan ve yönetmen Paul Schrader kendisiyle *Cinematographe* dergisinin 53. sayısında yapılan görüşmede, diyalog yazarıyla senaryo yazarının işlevlerinin uzun süre birbirinden ayrı tutulduğu Fransız sinemasında özellikle diyaloglara ayrıcalık tanınmasına karşı çıkıyor: "Kişileri ilginç bir durum içinde gösterdiniz mi, söyledikleri her şey ilginçleşir." Bir başka deyişle iyi bir diyalog, bir durum içinde anlam, duygu ya da üstü kapalı bir anlam kazanan sıradan tümceler arası bir alışveriş olabilir. ("Kahven var mı? Hava ne güzel.")

Francis Veber de Fransız sinemasında Guitry, Pagnol, Carné-Prévert geleneklerinde söz konusu olan diyalogu filmden ayrı bir öge olarak görme eğiliminin giderek kaybolduğunu söylüyor. (Sale, s.123)

Richard Corliss'in *Talking Pictures* adlı yapıtında Norman Krasna: "Güldürülere yazdığım diyaloglarla bir ün kazandığım doğrudur, ancak bunun, diyalogların uygun durumlara yerleştirilmesinden ileri geldiğini düşünüyorum. Uygun duruma yerleştirilmediği sürece iyi bir diyalog yazmak olanaksızdır," diyor (s.264). Aynı yapıtta bir başka ünlü senaryo yazarı, *Casablanca*'yı yazan Howard Koch şöyle bir açıklama yapıyor: "Diyalog isterse sihirli olsun, eğer senaryonun kuruluşu hatalıysa hiçbir şeyi kurtaramaz. Hâlâ bazı yapımcılar inatla bunun aksini savunuyorlar." (s.260).

Diyalogun, sahnenin anlamıyla hareketini oluşturmasını beklemek yerine, uygun bir durumda kullanmasını sağlamak. İşte Hitchcock'un uzun süre üzerinde düşündüğü buydu: "Çekim senaryosunu yazarken, diyalogları görsel ögelerden açıkça ayırmak çok önemlidir. Olanaklar elverdiğince görsel olanı ön plana almalıyız. (...) Sinemada bir öyküyü anlatırken, ancak başvurulacak başka bir yol kalmadığında diyalog kullanılmalıdır.") (*Hitchcock-Truffaut,* Afa, 1987, s.57). Tine de bunlar, Hitchcock'un filmlerinde Amerikan filmlerinin laf kalabalığını aratmayacak denli bol konuşmaya ve türlü diyalog biçimlerine başvurmasını engellemiyor (esprili sözcükler, ustalıkla yapılan söz oyunları, uzun konuşmalar, üstü kapalı konuşmalar).

- **Diyalog-Karşısürüm (Kontrpuan)**

Diyalog mutlaka filmdeki olayı yorumlamayabilir, başka bir konuyla ilgili bir kontrpuan işlevi de yerine getirebilir. Dolaylı bir diyalog tekniği olan kontrpuanın özelliği sahnede geçen olaya tümüyle kayıtsız bir konuşma olmasıdır (dramatik bir sahnede son derece sıradan ve soğuk bir diyalog). Bu yöntemin bir diğer ilginç türü de üstü kapalı konuşmalar aracılığıyla, çiftlerin birbirlerine sarılarak başka şeylerden konuştukları aşk sahneleridir. (Hitchcock'un *Aşktan da Üstün* filminde olduğu gibi). Arthur Hiller'in *Yıkılış* filmindeki kahramanların bir yataklı vagonda sevişirken bahçecilikten konuştukları sekans oldukça ünlüdür. Burada replikler, kullanıldıkları duruma göre çift anlamlı olacak biçimde yazılmıştır.

9) Üstü Kapalı Konuşma, Dolambaçlı Konuşma, İmalı Konuşma, ("Understatement")

- **Bir Sinema Sanatı**

Üstü kapalı konuşma, bir şeyi dolaylı ve imalı bir yoldan ve böylece daha kolay ve güzel bir biçimde söyleme sanatıdır. "Az sözle çok şey anlatma"ya yarayan bu yöntemin *Son Macera* türünden Amerikan filmlerinde önemli bir yeri vardır. Bu konuşma türünün özelliği, kişilerin ve seyircinin zeka kıvraklığına yönelen incelikli üslubundan ileri gelmektedir.

Hawks'ın filmini ele alırsak

- Harry, kıskançlığa kapılan Marie'ye, Hélène'e ilgi duymadığını doğrudan anlatmaz. Kızın sorusunu yanıtlamak için, "çevremde şöyle bir yürür müsün?" der. Kız şaşkınlıkla Harry'nin çevresinde yürümeye başlar... ve Harry'nin ne demek istediğin anlar: "Evet, anladım... *çevrenizde yürünüyor*" (Harry'yi bağlayan bir şey yoktur).
- Tutuklandıklarında Marie, Eddy'nin nerede olduğunu sormak için Harry'ye ölü arıyla ilgili ünlü tümceyi söyler.
- Senaryoda bazı replik oyunları da oldukça başarılıdır. Marie: Kim bu kız?/ Harry: Kız mı?/ Marie: Kadınlar hakkında böyle düşünmenize neden olan kız, vb.

Üstü kapalı konuşmalar yalnızca diyaloglarda değil, sitüasyonlarda da kullanılabilir. Ernst Lubitsch bu konunun önemli ustalarından biriydi.

10) Yalanlar

• Sinemada Yeterince Yalan Söyleniyor mu?

Eric Rohmer'in aşağıda andığımız tümceleri ünlü olduğu kadar önemlidir de: "Renoir'ın *Bay Lange'ın Cinayeti* filminde Reni Lefevre'in Maurice Boguet'ye pazar öğleden sonrasını nasıl geçirdiğini anlattığı bölüm iki nedenden ötürü mükemmeldir: Bir yandan filmin belli bir sahnesine gönderme yapar, diğer yandan anlatılan şey yalandır. Güldürüler dışında sinemada yeterince yalan söylenmiyor (...) (Sinemada) sözün gücünü azaltmak ya da denetlemek için, anlamı yansızlaştırmak değil, aldatıcı kılmak gereklidir." ("Güzelliğin Tadı", *Editions de l'Etoile-Cahiers du Cinema*, s.39).

Senaryo yazarları, kişilerin isteyerek ya da istemeyerek yalan söyleyebileceklerini ve bu yalanların senaryonun etkin bir ögesi olabileceğini bazen gözden kaçırıyorlar. Film boyunca verilen bilgilere göre, seyirci yalanı olduğu gibi görebilir (film kişilerine yanlış şeyler anlatılan sahneye tanık olmuştur) ya da yalan olduğundan kuşkulanır veya gerçeği ancak filmin sonunda öğrenir... Bunun başka biçimleri de vardır.

Asıl sorun bir kişinin anlattığı olayla ilgili *flash back* yapıldığında ortaya çıkar; anlatılan gerçek midir, yalan mıdır ya da olay kişinin iyi niyetiyle çarpıtılmış mıdır? Yine böyle bir sorun da bir kişiyle ilgili olarak "düşünsel görüntü" ya da "dıştan ses" kullanıldığında ortaya çıkar.

Sahne Korkusu filminde Hitchcock'un yalnız aldatılması gereken kişiyi değil, seyirciyi de kandırmaya yönelik bir *flash back* kullanması oldukça eleştirilmişti. (Filmde seyirci, geçmişle ilgili "görüntü"lerin gerçek olduğuna inanıyordu.)

- **Polisiye Filmlerde Yalan**

Yalana ilişkin yöntemlerin bazı film türlerinde sıklıkla kullanıldığını belirterek Rohmer'in sözlerini tamamlayalım: Yalan, yalnız güldürü filmlerinde değil, ilkece polisiye filmlerde de kullanılmaktadır. Stempel, Roman Polanski'nin *Chinatown*'ında (senaryo: Robert Towne), Faye Dunaway'in canlandırdığı kadın kahramana, gereğinden çok yinelemeli ve sık bir biçimde yalan söyletilmesini eleştirir. Kadın, erkek kahramana yeni yalanlar söylemek için sürekli olarak eskiden söylediklerini değiştirir. Her seferinde de, "Size artık gerçeği söyleyeceğim"... der. "Femme fetale" kadın kişiliği, yalana sonsuz bir eğilimi olan, erişilmez hain kadın tipi olarak, polisiye filmlerin en önemli ögesidir.

Eric Rohmer, yukarıda andığımız sözlerini uygulamaya koymuş ve *Pauline Plajda* filmini yalan üzerine kurmuştur. Filmde, diğerleri Marion'a, Marion da kendine yalan söyler. *Son Macera*'da ise yalan, Komiser Renard'ın şantajlarına, tehditlerine ve baskılarına karşı blöf yapmak zorunda kalan Harry ile direnişçilerden yana kullanılmıştır.

11) Adlar

• Adları Bilmenin Önemi

Çoğu kez bir film izledikten sonra filmde geçen adların hiçbir çaba harcamadan aklımızda kaldığını farkederiz. Bu, kullanılan adların film boyunca rolünü doğru olarak oynamasından ileri gelir. Bazı filmlerde kişinin adının seyirciye verilmemesi ya da akılda tutulamaması öykünün anlaşılmasını etkileyecek bir ihmal, bir kusurdur; ya da tam tersine öykünün işleyebilmesi için bir gerekliliktir.

Gizli Teşkilat filminde, seyircinin (Gary Grant'ın canlandırdığı Thornhill adını iyice öğrenmesi gerekir, çünkü Thornhill bir başkası sanılarak yanlışlığa kurban gidecektir. Bunun için sürekli "Günaydın, Bay Thornhill," diyen asansör görevlisinin ya da sekreterinin repliklerinden yararlanılır.

Eğer seyirciye kişinin adı belirtilmemişse ya da filmde kişi başka bir adla çağrılmışsa seyirci bazı şeyleri yanlış anlayabilir. Kişiye bir ad verilmesi ve seyircinin bu adı ne zaman öğreneceği sorununun kesinlikle ihmal edilmemesi gerekir.

• Kişilerin Adlarını Ne Zaman Öğreniriz?

Pauline Plajda filminde sırayla Pauline ve Marion adlarını ikinci sahnede öğreniriz. Ve ilk dakikalarda seyirci iki kızdan hangisinin filmin adında yer alan Pauline olduğunu merak eder. Henri'yle Pierre'in adlarını sahnede göründüklerinde, Sylvain'in adını ise ikinci kez plaja Pauline'i görmeye geldiğinde öğreniriz.

Aslında bu filmde ad olarak yanlızca kişilerin ön adı kullanılıyor, soyadları seyirciye verilmiyor: Çünkü film bir tatilde geçen özel bir öyküyü işliyor ve toplumsal bir işleve yönelik değil.

Son Macera'da kişiler ortaya çıktıkça -ya birbirlerini çağırarak ya da resmi soruları yanıtlarken (soruşturmalar, formaliteler)- adlarını öğreniriz. Bunlann aralarından bazılarının hem adı hem soyadı belirtilir, Harry Morgan gibi; bazılarının yalnızca adı verilir (Eddy, Marie -kızın Browning olan soyadı filmde kullanılmamıştır); bir kısmı takma adlarıyla tanıtılır (Piyanist Cricket); son olarak bir kısmı da yasaların, toplumun temsilcisi olarak seyirciye yalnızca soyadlarıyla tanıtılır (Komiser Renard). Bir polisiye film olan *Doktor Mabuse'ün Vasiyeti*'nde kişiler soyadlarıyla birbirini çağırır *(Pauline Plajda*'dakinin tersine), aralarında yanlızca genç çiftin ve Anna' nın ön adları kullanılır. Lily'nin soyadı filmde hiç geçmezken, Harry Morgan örneğinde olduğu gibi Tom'un bazen adı bazen de soyadı (Kent) kullanılır. Filmdeki Mabuse adı, bazı dinsel ve batıl inanışlarda adı anılmayan tanrısal güç gibi, filmin dramatikliğini yönlendiren bir ad olarak kullanılmıştır. Hofmeister, Lohmann'a telefon ettiğinde adamın adını yediği darbe sonucu söyleyemez ve ancak filmin sonunda adı açıklayabilir; bu arada da kaybolmadan önce adı, gizli bir şifre gibi cama yazar. Mabuse'ün çetesindeki adamlara gelince, bunlar da başkalarının adlarını aldıkları mektuplardan öğrenirler ve onlar da gizli tabuya uyarak başkanlarından adıyla değil, "Şef" ya da "Doktor" diye sözederler.

- **Adların Seçimi**

Amerikan filmlerinde kişilerin belli bir göçmen topluluktan olduğunu belirtmek amacıyla kullanılan soyadlar (İtalyan, Polonyalı, Yahudi, İrlandalı, İsveçli, vb) genellikle film kişilerinin özelliklerini de yansıtmaya yarar. Amerikan senaryoları "etnik" özelliklerin karşılaştırılması üzerine kuruludur: Örneğin, İtalyan, ailesine son derece bağlı ve dindardır, İrlandalı, inatçı, içkici ve çenebazdır. Değişik göçmen topluluklarından oluşan Amerikan toplumunun bu ilginç kökeni, ABD'yi -Yahudi aleyhtarı olmadan- Yahudilerin adlarıyla tanındığı, kişisel özelliklerin adlarından anlaşıldığı bir ülke durumuna getiriyor (Amerikan filmlerinde Yahudiler genellikle aydın kişiler, ruh doktorları, vb. dir).

Fransız filmlerinde kişilere konacak adlar başlı başına bir sorundur: Çoğu kez Fransız asıllı yabancı adlan kullanmaktan kaçınırız (oysa Fransızların çoğu İtalyan ya da Polonyalı göçmenlerdir), çünkü bunların karikatürlere konu olan soyadları vardır (Martineau, Michalon... gibi).

Yeni dalgaya da diğer akımların egemen olduğu yeni Fransız sinemasında da kahramanlar yalnızca ön adlarıyla çağrılırlar, soyadları filmde geçmez. Bu da, toplumun iş yaşamının, toplum yaşamının, iş dünyasının daha az önem taşıdığı duygusal öyküler üzerine kurulu dramaturji biçimine uygun düşüyor. Godard'ın *Çılgın Pierrot* filminde, Maria'nın partnerine inatla "Pierrot" dediği ve erkeğin bıkmadan "Benim adım Ferdinand" dediği yinelemeli replikler, örneğin bir Amerikan filminde pek bir şey ifade etmezdi.

12) Kişiler

Sidney Field, bir film kişisini üç düzeyde tanımlıyor: Profesyonel düzey ("kişiliği oluştururken saptanan çıkış noktası", tipik bir Amerikan düşüncesi), kişisel düzey (aile, arkadaşlar) ve özel düzey: "Kişi senaryonuzun temelidir (...) Kişiyi iyice tanımadan kâğıda hiçbir şey yazmamak gerekir" (s.25).

Bazılarının yaptığı biçimde, kişiye bir buz dağı gibi ancak bir bölümünün filmde gözüktüğü düşsel bir yaşam öyküsü vermek gerekir mi? Sale'de Jean-Loup Dabadie bunu yapmamız gerektiğini söylerken (s.85) Gerard Brachbu oldukça yaygın çalışmanın gerekli olup olmadığı konusunda kuşkucu davranıyor.

Field, kişinin doğumundan filmdeki olayın başlangıcına kadar olan ve kişiliğini belirleyen bir evre ile filmin başından sonuç bölümüne kadar olay boyunca kişinin davranışlarını kapsayan bir evre saptamış ve bunlardan ilkini "iç dünya" diye, diğerini "dış dünya" diye adlandırmış (s.23). Bu formülde tartışılabilecek yönler olsa bile içerdiği ayrım hayli ilgi çekici.

Andığımız elktiplarının yazarları, kişinin, özellikle de ikincil kişinin seyircide bir "temel izlenim" uyandırması gerektiğini savunuyorlar. Bu, bir sözcükle özetlenebilen bir izlenim olmalıdır. Soğukluk, kurnazlık, kural tanımazlık, yetkinlik, buyurganlık, vb; öte yandan kişiye belirleyici özellikler ve tikler, bazı durumlarda da gizemli bir yön verilebilir.

Nash-Oakey, senaryo baş kişisinin ilginç olması; iyi kalpli sokak kadını türünden bildik kalıpların dışına çıkması; büyük tepkilere yol açması; rakipleriyle güçlü çatışmalara girebilecek bir kişiliğe sahip olması (yani kişilikli olması), son olarak da tutarlı ve kararlı olması gerektiğini belirtiyor (s.46).

Son olarak, kişilerin birbirleriyle *karşıt* tipler olması ve karşılıklı olarak birbirlerinin değerini belirlemesi gerektiğini söyleyelim. Kişiler, bir anlatıcının onlar hakkında söyledikleriyle değil (romanda olduğu gibi), davranışlarıyla belirginleşirler. Ruhbilimsel bir deyimle, sinema *davranışçı* bir sanattır.

- **Bir Filme Kaç Tane Baş Kişi Gereklidir?**

Field'e (s.22) ve Nash-Oakey'e göre baş rolde yalnızca tek bir kişi gereklidir. Yani, bir çiftin öyküsünü anlatan filmlerde eşlerden biri ayrıcalıklı olmalıdır. Swain baş kişilerin çok sayıda olmaması gerektiğini, Jorge Semprun da (Sale, s.114) bir filmde romana oranla daha az kişiye izin verilebileceğini belirtiyor. İkincil kişiler ise filmin "feda edilmiş" kişileri olmamalı (Herman, s.37), yani çok yüzeysel bir biçimde taımnlanmamahdırlar.

Vale ise şunları öğütlüyor: "Baş kişilerin diğerleriyle karşılaştıkları sahneler filmde uygun bir biçimde dağılmalıdır. (Olanaklar çerçevesinde baş kişilerden her biri en azından bir sahnede diğer kişilerle biraraya gelmelidir" (s.274).

• Hareket Filmleri, Kişilik Filmleri

Kimilerine göre sinemada hareket/kişi, beklenmedik olaylar/kişilerin psikolojisi türünden ikili bir ayrım sözkonusudur. Buna göre de iki tür film tanımlanır: Temel olarak, harekete dayalı filmler ve duygusallığın daha ağırlıklı olduğu, hareketin ise aza indirgendiği filmler. Ancak birçok kişi böyle bir ikiliği yadsır.

Bir kişinin ruhsal varlığının hareketlerinden bağımsız olup olmaması, dramaturjinin eskiden beri tartışılan bir konusudur. Aristoteles *Poetika*'sında şöyle diyordu. "Kişiler karakterlerine (*ta ethe*, alışkanlıklar anlamında) göre şöyle ya da böyledirler; ama mutlu olup olmamaları kişilerin yaptıklarına bağlıdır. Yani kişiler karakterlerine göre hareket etmezler: Karakterlerini sonradan ve hareketlerine bağlı olarak edinirler." Roland Barthes, "Anlatıların Yapısal Çözümlemesine Giriş"inde *(Communications*, No: 8) şöyle bir yorum yapıyor: "Aristotelesçi *Poetika*'da kişi kavramı tümüyle hareket kavramına boyun eğen ikinci bir kavramdır. Aristoteles, 'kişi'siz fabl olabilir, ama fablsız kişiler olamaz' diyor (...) Böylece, o zamana kadar bir addan, bir olayın aracından başka bir şey olmayan kişi, sonradan bir birey, bir 'kişilik', kısaca, eksiksiz bir varlık haline gelmiştir." Biz, yine de "tip" ve "öz" sözcükleriyle de anılan kişi tanımının Antik Çağda varolduğunu düşünüyoruz. (Homeros'un *Kurnaz Ulixes*'i gibi).

Vladimir Propp'un masalla ilgili incelemesinde, masal kişisinin ruhsal bir yoğunluğu olmadığı, yalnızca kendi hareket dairesi içinde varolduğu belirtilir: Masal kişisi, arayan, savaşan ya da bilgi veren kişidir.

Diderot, *Entretiens sur le Fils Naturel*'inde klasik tiyatrodaki karakter komedilerine oranla *Cimri* gibi harekete ve durumlara dayalı bir tiyatro anlayışını savunur (s.96). "Eskiden komedilerde işlenen entrika, karakterden kaynaklanıyordu. Genellikle de bu tür entrikalarla ilgili durumlar üzerinde duruluyordu. Oysa kişilerin düşünen kişiler olmaması gerekir; tiyatroda önemli olan, onları düşündürecek durumlarda göstermeyi bilmektir."

Herman, bu klasik ikilemi şöyle belirtiyor (s.30): *Plot* ve *Character*, yani konu/karakter karşıtlığı. Herman'a göre Amerikan filmleri daha çok birer "*plot*" filmi, Avrupalı filmler ise daha çok birer "*character*" filmidir. Buna karşılık Vale, asıl bunun "senaryo yazarının sürekli olarak karşılaştığı ikilem" olduğunu söylüyor. Bir filmde çok sayıda hareket varsa, kişiler adeta birer kuklaya dönüşüyor, ruhsallık üzerinde çok durulduğunda da filmin hareketi ağırlaşıp önemini yitiriyor. Aslında en uygunu, karakterle hareketin birleştirilmesi ve birbirini tamamlamasıdır; bu da gerçekler düzleminde değil ancak soyut düzlemde tasarlanabilecek bir ülküdür.

Hitchcock, Truffaut'yla söyleşisinde, bu sorunla sık sık karşılaştığını belirtiyor: "Gerilim, (*suspense*) öykülerinde kişilerin karakterlerinin yeterince güçlü olmayışı, çalışmalarımın önemli bir zayıflığı; bu günlerde bunu düzeltmeye çalışıyorum. (...) Güçlü karakterlerle çalıştığınız zaman da bu kez onlar sizi peşlerinden sürüklerler. 'Ama benim gitmek istediğim yer orası değil' diye itiraz etmelerine karşın küçük izcilerin zorla caddenin karşı tarafına geçirmeye çalıştıkları yaşlı kadınlar gibi hissederim kendimi (*Hitchcock-Truffa-*

ut, s. 321). 1972'yılında Truffaut, ünlü yönetmene aynı soruyu yeniden soruyordu: "Derinlikli bir durumla yüzeysel kişileri olan bir senaryo mu yoksa tam tersi bir senaryoyu mu çekmek istersiniz?" Hitchcock ise: "Güçlü durumları yeğliyorum. Bu tür durumları görselleştirmek daha kolay. Oysa bir kişiyi incelemek için çok fazla sözcük gerekiyor," diye yazıyordu (*Hitchcock-Truffaut*, Editions Ramsey, s.288) Böylece Hitchcock'un kaçınılmaz biçimde bir seçenek karşısında olduğunu ve birinden birine ağırlık vermesi gerektiğini görüyoruz.

Vale ise karakterle hareket arasında bir seçeneğin sözkonusu olmadığını ileri sürerek "ikisinin birbirine ayrılmaz bir biçimde bağlı olduğunu" söylüyor (s. 141). "Kişiyle olay arasında karşılıklı bir bağ olduğu her zaman akılda tutulmalıdır (...) Senaryo yazarı, öyküyü oluşturan olaylarla kişilerin karakterlerini ayrı ayrı düşünmemelidir." Bu saptama, psikolojik dram ve komediler için doğru olabilir, ancak çok sayıda beklenmedik olay üzerine kurulu, dramatik etkiyi sağlamak amacıyla basit ve yüzeysel tepkiler gösteren kişiler gerektiren filmler için aynı ölçüde geçerli değildir (örneğin bir tehlikeden korunma, bir başarıyı kutlama... gibi durumların konu edildiği filmler).

Field, bu sorunla ilgili olarak iki yol öneriyor. Ya önceden, senaryonun dayandığı temel düşünce oluşturulur ve bu düşünceleri canlandırmak, gerçekleştirmek üzere kişiler tasarlanır, ya da öncelikle bir kişi yaratılır ve bu kişiden yola çıkarak filmin hareketi oluşturulur. Durum senaryosu/karakter senaryosu seçeneğinden yola çıkılarak pek bir yere varılmadığını belirtelim.

Yine Field'de, soyut düzlemde oldukça çekici olan şöyle bir önsav var: "*Action is character*", hareket karakterdir ya da başka bir deyişle, kişiyi belirleyen, tanımlayan, harekettir. Field'e göre, önce kişinin amacını, isteğini, gereksinimini belirlemeli, ondan sonra da gereksindiği şeyle arasında bir engel yaratılmalıdır. Yine de senaryo yazarken, bu durum/kişi birliğini gerçekleştirmek oldukça güç bir deneyimdir.

- **Kişinin Değişime Uğraması**

Klasik tiyatroda kural gereği kişi bir kez tanımlandı mı artık hiçbir biçimde değişemezdi. Örneğin Aristoteles'e göre kişilere verilen karakterler, kişilerin yaşlarına, cinsiyetine vb *uygun* olmalı, tarihsel ya da söylensel (mitolojik) bir örneğe *benzemeli* ve *hep aynı kalmalıydı*. Boileau da aynı kuralı tiyatro kişileriyle ilgili olarak belirlemişti: "Kişi her konuda kendi kendiyle uygun düşsün."

Bununla birlikte, kopuk ve ani bir biçimde olmamak koşuluyla kişilerin değişebilecekleri, bugün tiyatro ve sinemada kabul edilen bir olgudur. Hatta kişinin olay sırasında değişik bir tepki göstererek başkalaşması, baştaki rolüne oranla umulmadık bir boyut kazanması olumlu bir ilke olarak görülür. Korkak bir kişinin cesur olması, bencil bir kişinin cömertleşmesi *(Son Macera'daki* Harry Morgan) ya da kahramanın ummadığı bir tehlikeyle karşılaşması gibi...

Filmlerde yapılmaması gereken tek değişiklik, senaryo yazarının isteğine göre yapılan keyfi ve umulmadık değişikliklerdir (Herman, s. 73).

Bazı durumlarda, bir deneyim geçiren kişinin hiçbir değişmeye ya da değişikliğe uğramaması senaryoda açıkça bir kusur, bir ihmal olarak değerlendirilir. Frédéric-Albert Lévy'nin Pierre Richard'la, Yves Eobert'in *İkiz* filmiyle ilgili *Saorfix*'te (No:20) yaptığı eleştiri şöyle: "Film, kendine her gün bir ikiz yontan ve bu kurmaca ikizle haftalarca yaşamak zorunda olan bir adamın öyküsünü anlatır. Ama film boyunca adamın bu yaşadıklarıyla ilgili hiçbir iz taşımadığını görürüz, ikizi gittikten sonra her zamanki kişiliğine bürünür. Ama ne kendisi ne de başkaları ondaki bu değişikliği farkeder." Eğer filmde tümüyle komik bir bakış açısı yansıtılmak istenseydi,

(Buster Keaton'ın değişmez tipleri gibi) ya da kişilerin yaşadıkları bu deneyime tepkisiz kalması öykünün verilerinden biri olarak düşünülseydi, Levy bu yargısında yanılmış olabilirdi. Ancak söz konusu filmde bu saydığımız durumlarda ne birinin ne de diğerinin geçerli olduğu söylenebilir, yani filmde kişilerin yeterince belirgin kılınamadığı ve kahramanın değişime uğramamasının anlatının etkin bir verisi olmadığı görülüyor.

"Hamburg Dramaturjisi"nin yaratıcısı Lessing, bir piyeste kişinin "birden değişim"e uğramasını eleştiren bir Fransız eleştirmenin düşüncesine katılıyor ve böyle bir değişimin inandırıcı olmadığını ve yazarın keyfine göre oyuna konduğunu belirtiyor. Aslında, film kişilerinin düşünce ve davranışlarında bir değişiklik yapmak karmaşık bir durumdan kolayca sıyrılmanın cazip yoludur. (Kahraman) önceden istemiyordu şimdi istiyor: önceleri yalnızca kendi çıkarını düşünüyordu, şimdi örnek bir dayanışmacı; ya da (kadın) önceleri onu seviyordu şimdiyse sevmiyor...

İncelediğimiz dört filmden üçünde erkek kahramanlar, derin olsun yüzeysel olsun bir değişim geçirir: *Mabuse*'de Kent, Sanşo'da Zuşio, *Son Macera*'da Harry Morgan. Öte yandan bu üç filmin az çok ülküselleştirilmiş kadın kahramanları (Lily, Anyu ve Marie) filmin başından sonuna kadar hep aynı kalmaktadırlar, özellikle Lang'ın ve Mizoguçi'nin filmlerindeki kadınlar, sürekliliği, Goethe'nin deyimiyle "bizi yükseklere çeken" *(zleht uns hinan)* ölümsüz kadını simgeler.

Harry Morgan, başlangıçta kuşkucu, alaycı ve bireyci bir kişiyken, sonradan daha cömert ve kişisel sorunlarla daha az ilgilenen bir kişi olur. Filmin başında teknesine zarar gelmesin diye kendisine yapılan öneriyi geri çevirirken, sonradan daha tehlikeli bir görevi, üstelik bu kez para için de değil, sadece bir şeref sorunu olduğu için kabul edecektir. Böylece Harry Morgan'ın yazgısı, onu, alıştığı çarktan çıkararak sürekli değişen bir konuma getirecek ve kişiliğinin değişmesine yol açacaktır.

Mabuse'de Harry Morgan'ınki kadar belirgin olmasa da, Kent'in, "kurtarıcı" kadın Lily'nin de desteğiyle, çeteyi terk etmesi kahramanın bir değişim geçirdiğini gösterir (Kent çeteden ayrılmadan önce de 'kararsızlık içindeydi). Böylece, Hofmeister'in değişimiyle birlikte film çift taraflı bir "yenilenme" içermektedir. Filmindeki değişim kişinin gerçek kişiliğini yansıttığı sürece inandırıcı ve canlı olabilir. Örneğin Zuşio filmde sağlam kişilikli, kararlı ve iradeli bir genç olarak gösterilmiştir. Efendi Sanşo'nun buyruğunda çalışırken de, sonradan ona karşı olduğunda da davranışları hep bir bütünlük ve tutarlılık gösterir.

Aynı şekilde filmin başında Harry'nin konuşmalarından, onun alaycı ve içini dökmekten hoşlanmayan bir kişi olduğunu düşünürüz. Ancak hemen ardından yasalara saygılı ve derin dostluklar kurabilen (Eddy'le) bir kişi gibi gösterilmesi Harry'nin "değişimini" seyircinin gözünde mantıklı ve etkileyici kılar.

Bu açıdan baktığımızda, bu tür öykülerin öğretici, bilgilendirici ve bir değişim içeren öyküler olduğunu görürüz. Pascal Bonitzer: "Senaryonun başlıca sorunu belki de kişilerin nasıl yaşlandığı ya da bilgilendiği sorunudur (...) Bir senaryo her zaman bir yaşlanmanın ya da gençleşmenin öyküsü olabilir. Ama her durumda 'bir şeye dönüşüm'dür" (*Senaryo'nun Amacı*, s.74).

Görüldüğü gibi bir öykü çok ilginç olabilir ama kişileri bir şey öğrenmiyor ya da bir değişime uğramıyorsa boş ve buruk bir tat bırakır seyircide.

- **Kişiler Nasıl ve Ne Zaman Gözükmelidir?**

Bir film kişisi *ilk sahnesinden başlayarak* karakteriyle ve işleviyle gösterilebilir -çoğunlukla- ve *gösterilmelidir*. Öte yandan kişiler bir tür karakterler zinciri oluşturarak birbirlerine göre belirlenirler.

Örneğin Zuşio'nun babası Masauyi, kesinlikle Sanşo'nun karşıtıdır: Biri sonuna kadar iyiyken diğeri aynı oranda kötüdür. Bununla birlikte ikisinin de ortak nitelikleri bu karşıtlığın daha belirgin bir biçimde işlemesini sağlar: Örneğin ikisi de babadır ve ikisinin de aynı toplumsal üstünlüğü vardır. Öte yandan bu değişmez kişilerin arasında bölünmüş, değişken, kararsız iki genç kararkter vardır: Sanşo'nun oğlu Taro ve Masauyi'nin oğlu Zuşio. Bunların değişkenlikleri babalarının sabit kişiliğiyle ters düşerek daha çok belirginleşiyor. Taro da Zuşio da kötülük karşısında iki tavrı, iki seçeneği simgeliyorlar. Taro toplumsal eşitsizliğe ve babasının hainliklerine baş kaldırıyor ancak bunlara karşı doğrudan bir savaşa giremeyeceği için kaçmayı ve keşiş olmayı seçiyor. Onun bu zayıf iradesi, Zuşio'nun kötülüğe karşı gelen, iradeli, kararlı ve yasalara aldırmayan kişiliğini belirgin bir biçimde ortaya çıkarıyor.

Efendi Sanşo'daki her kişi *ilk göründükleri andan başlayarak* karakteri ve işleviyle belirgindir. Aralarından hiçbiri başkalarının sözleri aracılığıyla, soyut olarak "iyi", "zalim" ya da "insancıl" olarak belirtilmiyor; hepsi de ilk sahneden başlayarak etkin bir biçimde, rolleriyle beliriyorlar.

Anne Tamaki'yi daha ilk anda oğlunu endişeyle uyarırken görüyoruz: "Zuşio, bu çok tehlikeli." (sahne 1).

Zuşio'nun bağımsız kişiliği yine sahne 1 'de, daha çocukken kadınların yanından ayrılarak ırmağın üzerinden uzanan ağaç gövdesinin üzerinde yürümesiyle vurgulanıyor.

Filmin başındaki *flash back*'te Masauyi'yi eşitlik ve yardımseverlik için çalışırken görüyoruz (Sahne 2). Sanşo'nun ise daha ilk sözlerinden acımasız bir kişi olduğunu görüyoruz: "Çocuklar da diğerleri gibi çalışacak! Acıma yok!" Bu sözler aynı zamanda hemen gerçekleştirilen birer buyruktur.

Taro'nun yetersiz kalan iyi niyeti de hemen ilk sahnelerde belirir. Yine ikinci sahnede babasından çocukların işe koşulmamasını ister ancak babası buyruğunu yinelediğinde susar.

13) Kadınlar

Erkeklerle ilgili bir madde yazılmadığına göre kadın kişilikleri üzerine neden özel bir madde yazdığımızı soracaksınız. Bunun nedeni de senaryo yazarlarının ve bu konuyla ilgilenen yazarların "çiftlerin öyküsü"nü işleyen filmlerin dışında kalan senaryolarda kadın kişiliğini özel bir sorun olarak ele alarak bu konuya özel bir yer ayırmaları. Kadını, galip gelenin ödülü, savaşçının ikramiyesi ya da bir öykünün yalnızca bir süsü olarak kullanmak genellikle senaryo yazarının bir tembelliği olarak nitelendirilmektedir.

Cinématographe'te (No: 53) Sydney Pollack şunları söylüyor: "Senaryo yazarları kadın kişileri sorunların kaynağı olarak görmeye alışmışlardır, çoğunlukla da haklıdırlar çünkü kadınlar senaryoda 'cinsellik ve geçici aşklar' için vardır ve filmin omurgasında önemli bir yer tutmazlar." Gerçekten de bunu örnekleyen ne çok modern film vardır... (Bu konuda filmlerin afişlerine bakmak yeterli: Kadın oyuncu ya hiç yoktur ya da erkek kahramana oranla çok küçük bir rolü vardır).

Şimdi bizim dört filmimizde kadınların nasıl kullanıldığına bir bakalım.

Son Macera'da Lauren Bacall'ın oynadığı Marie Browning, kendine olan güveni, erkeksi davranışları ve erkeklerin arasındaki rahatlığıyla tipik bir "Hawks kadını"dır. Filmin ikinci kadını, Hélène, kırıtkan tavrıyla Marie'nin tam karşıtı bir tipi canlandırır. İlkin budala ve beceriksiz bir kadın olarak gözüktükten sonra kendini beğenmiş tavrından vazgeçerek yavaş yavaş alttan almaya başlar. Marie'ninse, Hawks'ın filmlerinin yere göğe koyamadığı cesaret, akıl ve diğer tüm "yetkinlik" niteliklerini taşımasına karşın siyasal düşüncesini açıkça ortaya koymadığını görürüz. Doğal olarak erkeğinin benimsediği görüşü paylaşıyor gibidir. Harry'nin arkadaş grubuna katılabilmesi için Eddy'nin ölü arı bilmecesinin simgeleştirdiği bir tür sınavdan geçer.

Efendi Sanşo, kadınların (anne Tamaki; kızı Anyu ve iki esir; Namiyi ve Kayano) önemli ve etkin bir rol oynadığı "aile" melodramıdır. Hemen hepsi yazgılarının kurbanı olan bu kadınlar insanlık ve acıma duygularıyla doludurlar. Aile bağları üzerine kurulmuş olan film (filmde aşk entrikası yoktur), kadınların savaşmak için sessiz direnişleriyle özverilerinden başka hiçbir silahı olmayan bir toplumda geçer.

Pauline Plajda, üç cilt üzerine kurulu duygusal bir oyundur ve burada kadınlar erkekler kadar, hatta onlardan önemli ve girişkendirler. Üç kadın; Marion, Pauline ve Louisette, yaş, karakter ve toplumsal koşullar açısından birbirlerinden ayrılırlar. Bu kadınlardan yasal olarak çalışacak yaşta olan ikisi, ailesel ve parasal özgürlüklerini elde etmişlerdir; Marion stilist olarak, Louisette de satıcı olarak çalışmaktadır.

Mabuse'de kadın kahramanı Lily'nin, sevgilisi Kent'e oranla kişisel olarak gerçekleştirmek istediği özel amacı yoktur. Erkeğinin güç durumlarda yanında olan Lily, kurtuluşun simgesidir. Diğer kadın Anna ise kötülerin tarafındadır ve çetenin haydutlara yataklık eden kadınsı üyesi Grigoriev'in metresidir.

Mabuse ve *Son Macera* filmlerinin kadınları, erkeklerin dünyasında ve yalnızca davasını benimsedikleri erkeğin yanında bir yere sahip olabilmektedirler. *Mabuse*'de Lily'nin bir iş sahibi olması (*flash back*'te Lily'yi iş bulma bürosunda çalışırken görmüştük) bu işin filmde etkin bir rol oynamasından ileri gelir. Bununla birlikte bu iki filmde ve *Sanşo*'da kadınların insancıllaştıran bir rolü vardır: Erkek ya kadınla olan ilişkisinde ya da onu örnek alarak daha insancıl, anlayışlı ve cömert bir insan olur.

14) Topluluk, Çete

Birçok film, kuruluşu, görevi, yıkılışının iç ve dış etkenleri... gibi yönleriyle bir topluluğun öyküsü üzerine kurulmuştur. Örneğin Charles Spaak'ın senaryoları *(La Belle équipe, La Kermesse héroi-que)*, bu "ortak bir amaç çevresinde toplanmış ve bu amacı dıştan ve içten tehdit eden, yakıp yıkıcı tüm tehlikelere karşı savaşması gereken topluluk" teması üzerine kurulmuştur.

Bu topluluğun -özellikle erkeklerden kurulu bir topluluksa- yıkılmasında en klasik etken kadındır *(La Belle équipe)*. Bununla birlikte, geçen zaman (Lawrence Kasdan'ın *The Big Chill'i)*, birbiriyle uzlaşması olanaksız amaçların ardında koşma ya da tam tersine, paylaşılamayan bir mal, sınıfsal ayrılıkların ortaya çıkışı, yanlış anlamalar gibi önemli etkenleri sayabiliriz.

Mabuse'ün Vasiyeti filminde, Mabuse'ün kurduğu erkekler çetesinin dağılmasına iki kadın neden olur: "Temiz" bir kadın olan Lily ile "hafif" bir kadın olan Anna. Birincisi iyiliğiyle, Kent'e olan aşkıyla; diğeriyse, çalınan mücevherlerden birini üzerinde taşıyarak çetenin dağılmasmdaki ana etkenlerden ikisini oluştururlar... Yine bu iki kadından birincisi, girmemesi gereken bir ortama girmiştir; diğeriyse saklanması gereken şeyi dışarıya göstermiştir.

- **Bir Topluluğun Kuruluşu ya da Dağılışı**

Bir senaryoda bir topluluğun kuruluşu anlatılıyorsa, başvurulacak püf noktası, üyeler birer birer topluluğu oluştururken meydana gelen düzenli ritmin dışına çıkmaktır: Örneğin, kişilerden birinin yerine son anda başka birisi alınır ya da iki üç kişi birarada çeteye alınır... (Akira Kurosava'nın *Yedi Samuray*'ı, John Sturges'in *Yedi Silahşör*'ü, Robert Aldrich'in *Oniki Kahraman Haydut*'u, Henri Georges Crouzot'nun *Dehşet Yolcular*'ı ve filmin Amerikan kopyası, William Friedkin'in *Büyücü*'sü, John Huston'un *Zafere Kaçış*'ı vb).

Aynı durum topluluğun dağılması sözkonusu olduğunda da geçerlidir (Ridley Scott'un *Alien*'ı (Yaratık), Walter Hill'in *Southern Comfort*'u, Bernardt Wicki'nin *Köprü*'sü, Andrey Vajda'nın *Kanal'ı)*. Bu tür filmlerde topluluğun üyelerinden biri hain, hatta insan dışı bir yaratık olabilir *(Alien)*; ya da bir varlık, üyeleri ikişer üçer ortadan kaldırır.

Genişleyen ya da azalan bir topluluk anlatılırken, bu topluluk oluşurken ya da yok oluşu sırasında seyircinin edindiği düşüncelerin şaşırtılması, öğütlenen bir ilkedir. Pierre Kast'ın *Paskalya Adaları Güneşi*'nde dünyayı kurtarma amacıyla seçilmiş kişilerin bir topluluk oluşturmaları çok fazla düzenli ve tekdüze bir biçimde anlatılması açısından eleştirilebilir.

• Toplulukta Gerilim

Senaryo yazarı, bir topluluğu dramatik yönden daha canlı kılmak amacıyla bu topluluğun içindeki gerilimi azaltıp çoğaltabilir. Ancak bu iç gerilimlerle fazla oynandığında seyircinin toplulukla özdeşleşmesi tehlikeye düşer (özellikle film, topluluğun birliği üzerine kuruluysa) ve seyirci kişilerden hiçbirine yakınlık duymaz, sonlarının ne olacağıyla da ilgilenmez.

Aile öyküleri genellikle aile bireylerinden birinin yokluğu ya da ayrılması ve bu bireyin oynadığı *rol* üzerine kurulur.

• Zoraki Topluluklar

Bazı filmlerde özel bir topluluk türüne rastlarız. Bu, yaşları, düşünceleri, koşulları, kişilikleri açısından birbirinden farklı ancak dramatik bir olayın ansızın bir araya getirdiği ve birlikte yaşamalarını zorunlu kıldığı insanların oluşturduğu zoraki topluluktur. Bir bombalama, bir doğal felaket, bir savaş (Renoir'ın *Harp Esirleri)*, bir çıkmaz durum ya da herhangi diğer bir olay... Genellikle bu tür senaryolar, gündelik yaşamın bir araya getirmediği insanları birbirine karıştırarak toplumsal bir mikrokozmos *örnekçesi* oluşturma ilkesine dayanır.

15) Simgesel Nesneler (Aksesuar)

Bir senaryoda yalnızca kişiler değil, belli bazı önemli ya da anlam taşıyan malzemeler kullanılabilir: Bir giysi, sigara, kişisel eşyalar, silahlar, taşıtlar, aynalar, not defterleri, vb.

Bu tür eşyaların senaryoda ayrı ayrı ya da aynı anda iki rolü olabilir.

- Araç olarak *işlevsel* bir rol: Adam öldürmek için bir silah, yürümek için bir baston, bir çalar saat;

- Bir kişiyle ya da durumla ilgili *anlamsal,* hatta *simgesel* bir rol. Aksesuar, görünümü ya da kullanılış biçimiyle bir kişiliği ortaya koyabilir (sahne oyunlan, tikler) ya da simgesel olarak birtakım görevleri, durumları, amaçlan anlatır. Bunlar, elde etmek için ardına düşülen ve iktidar, zenginlik, bilgi ya da talihsizlik, anılar, çocukluk *(Yurttaş Kane*'in "yitirilen nesne"yi simgeleyen kızağı) gibi manevi değerleri simgeleyen nesnelerdir. Yine *Yurttaş Kane*'de, yaşlanan kahramanın elinden düşmeyen bulmaca *(puzzle)*, hem yazgısının hem de filmin yapısının saydam bir simgesi olarak kullanılmıştır.

Vale, "*prop*" (durağan aksesuar) ile "*object*" (devingen aksesuar) diye iki tür aksesuar tanımlar. Bunlardan birincisi edilgen ve oynatılabilen niteliklidir, ikincisi ise daha etkin, hareket edebilen (örneğin araba gibi) nesnelerdir (s.23-24).

- **Aksesuarların Kullanılışındaki Kalıplar**

Aksesuarlar çoğunlukla bazı alışılmış kalıplara, geleneklere göre kullanılır: Çift kişilik, kişilik arayışı ya da kişiliğin yitirilmesi... gibi durumlar sözkonusu olduğunda çoğunlukla aynalar kullanılır. Kişilerden biri bir yere kapatıldığında, dekorda bir kuş kafesi kullanılır (Robert Aldrich'inj *Küçük Bebeğe Ne Oldu?* filmi). Akvaryum, genellikle bilinçaltına, uyuyan itkilere gönderme yapar. Bir de Herman'ın belirttiği, ışıklı ilanlar vardır: Yanıp sönen ışıklar, odadaki kişileri aydınlatır (s.240)

Bütün bu kalıplar, usta bir senaryo yazarının ya da yönetmenin elinde yepyeni biçimlere bürünebilir.

Kişilerin ellerine onları oyalayacak bir sigara, içki bardağı ya da golf sopası tutuşturup "sinema yapılabilir". Ancak, bu sıradan hareketlere yeni ve güçlü bir anlam, özgün bir dramatik işlev verilmesi ya da sıradan bir harekete sahnenin ve filmin bağlamında yepyeni bir vurgu kazandırılması önemlidir. Örneğin *Son Macera*'da Marie'nin, Johnson'ın önünde Harry'nin sigarasını yakması (sahne 7) sahneyi süslemek amacıyla kullanılmamıştır: Burada Marie, Harry'ye olan bağlılığını, hatta onun buyruğunda olduğunu; aynı zamanda Harry'nin sigarasını yakış biçimiyle de ona sakinleşmesini söylemektedir. Bu arada da, Harry'yle Marie'nin tanışmalarının kibrit arama bahanesiyle gerçekleştiğini anımsatalım. O andan başlayarak Harry ve Marie arasında sigara istemek ve yakmak, anlamca yüklü bir sahne oyunu haline gelir. Harry'nin kıza içkisini ya da sigarasını kullanması için eliyle işaret etmesi de kızı kendine yakın gördüğünü gösterir. Marie'nin içinde tabanca bulunan çekmeceyi açmasını sağlamak amacıyla da kızdan sigarasını yakmak için kibrit ister; bu aynı zamanda ilk karşılaşmalarına bir göndermedir.

Rohmer'in filminde diyalogları süslemeye yarayan bol aksesuarlı, gereksiz sahne oyunlarının yokluğu dikkati çeker. Örneğin, aşk üzerine neler düşündüklerini açıkladıkları, sahne 7'yi bir başka senaryo yazarı yemek sırasında ya da bulaşık yıkarlarken kullanırdı (bununla ilgili olarak Lawrence Kasdan'ın *The Big Chill* filmine bakın). Oysa Rohmer'in filminde bu sahne, yemek bittikten sonra, kişilerin konuşmaktan başka hiçbir işleri olmadığı bir sırada geçer. Aynı şekilde, Pauline'le Pierre'in lokantada konuştukları sahne (sahne 24) ya da iki kızın sabah kahvaltısı yaptıkları sahne de aynı özelliği taşır. Rohmer bu sahnelerde, alışılmış sahne oyunlarına, örneğin yemek ısmarlama, yemek yeme, ikram etme, güzel olup olmadığını söyleme, ekmeğe reçel sürme, tuzu ya da çaydanlığı uzatma... gibi haraketlere başvurmuyor.

Buna karşılık, *Pauline*'de filmin konusu için kaçınılmaz nitelikli birtakım aksesuarlar kullanılmıştır.

- Pierre'in sörfü: Hem Pierre'in verdiği dersler sayesinde Marion'la "yakınlığı" sürdürmesine yarar hem de Sylvain'le Pauline'in birbirleriyle konuşmaya başlamaları için bir vesile olur.

- Henri'nin evindeki televizyon: Sylvain'in evdeki etkisiz varlığının, diğerininse yukarıya Louisette'le sevişmeye çıkışının bir kanıtıdır.

Mabuse'de kullanılan önemli aksesuarlar iletişim ve iletişimsizliği gösteren nesnelerdir: Hofmeister'in sayıklamasında önemli bir rol oynayan ve film boyunca kişilerin elinden düşmeyen telefon ve görüntüsüz, sesli bir iletişim sağlayan perde, filmde önemli ve simgesel bir rol oynar. Filmde ayrıca, iyi polisiyelerde olduğu gibi filmin entrikasında bir iz ya da belirti olabilecek nesneler de kullanılmıştır: Hofmeister'in delirmeden önce cama çiziktirdiği, Lohmann'ın da incelemeye yolladığı okunaksız yazı; Hardy'nin ve Kramm'ın kafataslarında bulunan aynı marka tabancadan çıkmış kurşunlar ve son olarak Lohmann'ın haydutların peşine düşmesini sağlayan Anna'nın boynundaki kolye, işte bu simgelerle yüklü kolye sayesinde polis başlangıçta ilintisizmiş gibi gelen üç değişik olayı -Kramm'ın öldürülmesi, mücevher soygunu, Hofmeister olayı arasındaki ilişkiyi-, ortaya çıkarır; filmi oluşturan ve o zamana kadar birbirinden görece olarak bağımsız kalan olaylar da birbirlerine böylece bağlanır.

Son Macera'da bir anlam taşıyan nesneler sanki elden ele dolaştırılmak için konmuştur.

- Johnson'ın cüzdanı: Johnson'ın Harry'ye ödemesi gereken paraların içinde olduğu cüzdan filmde önemli bir rol oynar (filmin özgün adıyla karşılaştırın): Önce, cüzdanı Marie çalar; Harry Marie'den cüzdanı alır; sonra cüzdanı Johnson'a geri vermesi için yeniden kıza verir. Müşterisi kazayla ölünce, Harry adamın cebinden cüzdanı alır fakat cüzdan en son polisin eline geçer: Komiser Renard, Harry'nin sahip olduğu cüzdana el koyar.

- Yine cüzdan gibi elden ele dolaşan içki şişesi: Marie şişeyi bir denizciden yürütür, Harry'ye verir. Harry de şişeyi kıza geri verir, vb. Duygusal sahnelerde içki şişesi kişilerin konuşması için bir vesile olur.

Efendi Sanşo'da tek önemli, eşya, *Son Macera*'daki gibi elden ele dolaşan bir nesnedir: Öykünün geçtiği yirmi yıllık bir sürede hiçbir değişikliğe uğramayan, Bağışlayıcılık Tanrıçası'nın minik heykelciği.

- Masauyi heykelciği bir aile yadigarı ve insanlığın simgesi olarak hep üzerinde taşısın diye oğlu Zuşio'ya verir.

- Yıllar sonra, bir köle olan Zuşio umutsuzluk içinde, artık kendisi için bir anlam taşımadığını söyleyerek heykelciği bir kenara atar.

- Babasının sözlerinin "koruyucusu" Anyu, heykelciği alır ve ölmekte olan yaşlı köle Namiyi'ye, bundan sonraki yaşamında mutlu olsun diye verir.

- Ancak Zuşio yaşlı kadını da yanına alarak kaçmaya karar verdiğinde, heykelciği geri alır.

- Zuşio Başbakan'la konuşmak isterken hapse atıldığında, Başbakanın askerleri heykelciğe çalıntı diye el koyarlar.

- Heykelciği gören Başbakan, Zuşio'nun Masauyi'nin oğlu olduğunu anlar ve onu vali yapar.

- Zuşio, istifa ederek annesini aramaya koyulduğunda sahip olduğu tek şey bu heykelciktir: Kör olan annesi oğlunun uzattığı bu heykelciğe dokunarak Zuşio'yu tanır. Görüldüğü gibi nesne yalnızca simgesel değildir. Aynı zamanda öykü boyunca bir tanınma işareti olduğu için öyküde etkin bir işlevi vardır. Zuşio toplumun yasasına başkaldırdığında da ona emanet edilmiş olan heykelciği çıkarıp atar. Böylece, heykelciğin Zuşio'nun gözünde anlam kazanması için, öne ondan ayrılması sonra yeniden boynuna takılması gerekliydi.

Bu tür nesnelerin filmde önemli bir rol oynaması için mutlaka görselleştirilmesi ve ısrarla seyirciye gösterilmesi gerekmez. Johnson'ın cüzdanı ya da Zuşio'nun heykelciği filmde sık sık gösterilmemiş ve bir fetiş gibi kullanılmamıştır; bunlar sadece oyunun içinde etkin bir biçimde yer almıştır.

16) Zaman

• Zamanın Gösterilmesi

Filmin zamanını (geçmiş, şimdi, gelecek) göstermek için sinema, dilbilgisel zamanları kullanamaz. Bu da bizi, sinemada her şeyin *şimdiki zamanda geçtiğini* düşünmeye yöneltiyor.

Tüm olanaksızlıklara karşın sessiz sinemada, çizgi filmlerdeki gibi ara yazılar kullanarak bir olayın sürekli olarak önceki olaydan ne kadar zaman sonra gerçekleştiği belirtiliyordu. Bu ara yazı yöntemi ("ertesi gün", "on yıl önce" gibi), sesli sinemaya geçildiğinde tümüyle terkedildi, yalnız *Sanşo* gibi çok uzun bir süreyi kapsayan filmlerde zamanın geçtiğini bildirmek amacıyla kullanıldı (örneğin *Sanşo*'nun 10. sahnesi bir arayazıyla başlar: "On yıl sonra").

Nitekim, bir olayın başka bir olaydan önce ya da sonra geçtiğini belirtmek ayrı bir şey, bir hareketi şimdiki zamanda ya da geçmiş zamanda anlatmak ayn bir şeydir. Böylece sinemada "geçmişe dönüş"leri sağlayan bazı yöntemler kullanılsa bile (bak. *flash back*) zaman zincirlerine yerleştirdiğimiz her anlatı parçası -her zaman için- şimdiki zamanda anlatılmaktadır. Sinemada:

a) Anlatıda geçen bir sahneden önce gelen bir sahneyi (*flash back*) *ya* da büyük bir olasılıkla aynı anda gerçekleşen bir sahneyi göstermek için);

b) Sahneler arasındaki boşlukları -*time lapses*- belirtmek için de özel kodlar ve yöntemler geliştirilmiştir.

- **Önce ve Sonra**

Vale, zamanla ilgili unutulan şu gerçeği de belirtiyor (s.70): "*Flash back*'in çok açık belirtildiği sahneler dışında, bir sahneyi izleyen başka bir sahnenin genellikle kronolojik, açıdan sonra geldiğini düşünürüz." Yani, böyle durumlarda sahnelerin birbirini izlemesiyle ilgili özel bir koda ya da yönteme gerek yoktur: Yalnızca sahneler arasında akan zamanı belirtmek için belli bir kod ya da yönteme gerek vardır.

İşte bu açıdan bazı filmlerde umulmadık *flash back*'lerle seyirci şaşırtılmak istenir. Geriye dönüldüğünü anlayana kadar seyirci bir şaşkınlık, bir kararsızlık geçirir. Bunun da nedeni, kendini "sonraki" sahneye hazırlamış olmasıdır.

- **Sahne Arası Süreleri**

Tiyatroya oranla sinemanın özel sorunlarından biri de sahnenin ya da bir filmin içerebileceği sayıda sahne arasında geçen zamanın uzunluğudur *(time lapses)*. Başka bir deyişle, öyküyü bö lümleyen saniyelik, dakikalık, saatlik, günlük, aylık, yıllık sürenin nasıl belirtileceği sorunudur.

Bu güçlüğü karşılamak için sinemada önerilen alışılmış yöntemler arasında da denenmiş kalıplar vardır. Kimilerince bunlara başvurulmaması gerekir. Akrebi ve yelkovanı dönen duvar saati, yapraklan uçuşan takvim, dolan kül tablası ya da boşalan şişe, vb. Aslında bunların oldukça pratik ve kullanılması gerekli yöntemler olduğunu biliyoruz.

Nitekim Vale: "Özü gereği soyut ve görünmez olan zaman, yalnızca somut bir biçimde gerçekleşmiş biçimiyle gösterilebilir," diyor (s.71). Bu durumda da zamanı maddeselleştirmemiz gerekiyor. Sinemada Herman'ın, *"dialogues time lapses"* (sahne arası süreye ilişkin konuşmalar, s.37) diye adlandırdığı yöntem de kullanılabilir. Bu tür diyaloglarda, önceden ya da sonradan söylenen bir replik iki sahne arasında geçen süreyi belirtir. Örneğin *Pauline'de* kişilerden biri diğerine *"bu akşam görüşmek üzere"* der; daha sonra bu iki kişiyi gördüğümüzde aynı günün sürdüğünü anlarız; tabii böyle bir replik seyircinin tahminlerini yanıltmak için kullanılmamışsa.

Seyirci bu tür *"time lapse"*leri farkına varmadan ve bilinçsiz olarak değerlendirir. Bir yandan sahnelerin uzunluğu ve ritmi, diğer yandan arasındaki *"time lapse"*lerin uzunluğu filmin gizli ritmini ve akışını oluştururken, kurgulamayla (dekupaj) kurgunun da (montaj) ritmini belirler.

- **Tam Zamanında Yetişmek...**

Sinema dediğimiz şey, çoğunlukla gerilim *(suspense)* ve bir yere tam zamanında yetişme düşüncesi üzerine kuruludur. Bu da büyük bir olasılıkla sürekli değişen yorumlara ve mizansenlere bağlı olan tiyatro metinlerinin aksine, filmin daha ilk andan başlayarak *maddeselleştirilmiş zaman* aracılığıyla perdede somut bir biçimde gösterilmesinden ileri geliyor.

Bizi her yere götürebilen sinema, kendi üstünlüğüne ters düşse bile, yine de olayın geçmesi için çoğunlukla tek bir yer kullanan tiyatroya özenir. Kameranın çektiği zaman parçalarının biraraya getirilmesiyle oluşan filmler de gerçek zamanı kullanan oyunlara özenir. Örneğin Hithcock'un *Ölüm Kararı* filmi iki saat boyunca New York'ta bir apartman dairesinde geçen olayı anlatır. Filmde gerçek zamanın kullanılmasına Agnes Varda'nın *5'ten 7'ye Cleo*'sunda (bir kadının yaşamının iki saati, iki saatlik filmde anlatılır) ya da Nina Companeez'in senaryosundan Michel Devüle'in çektiği *Ya bu Gece Ya da Hiç* adlı filmlerde rastlanır.

Fazla uç örneklere gitmeden, sinemada bir olay, bir günlük (Fred Zinneman'ın *Kahraman Şerif)*, iki günlük *(Asi Gençlik* - Nicholas Ray), üç günlük *(Son Macera)*, dört günlük *(Mabuse'ün Vasiyeti)* vb sürelerde gösterilebilir. Böyle bir seçim de filmin bizi her an heryere rahatça götürebileceğinin neden olacağı gerilimin azalmasını ya da dağılmasını önlemek amacıyla yapılır. Zamana karşı mücadelenin *(fight against time)*, "saate karşı yarışma"nın sinemanın en çok kullanılan konularından olması boşuna değildir.

Efendi Sanşo'nun İlk Bölümünde Kullanılan "Sahne Arası Süreleri"

Filmin başında, Zuşio'nun ve annesi Tamaki'nin anılarını göstermek amacıyla üç *flash back* yer alır ve her geriye dönüş bir önceki sahnenin kararmasıyla başlar ve yine kararak sona erer. Bu *flash back*'lerde anne Tamaki'yi aynı kişi canlandırırken aradan geçen zamanı vurgulamak için Zuşio' yla Anyu çocukluk çağında gösterilirler. Bu arada sahnenin yavaş yavaş kaybolması bir *flash back*'in kullanıldığını yeterince anlatmaz kaygısıyla, arada diyaloglar, yeni bir sitüasyon ya da göndermeler kullanılmıştır. Anlatının şimdiki zamana kesin olarak döndüğünü ve günün bittiğini Tamaki' nin sözlerinden anlarız: "Şimdi yatacak bir yer bulmalıyız." Daha sonra Tamaki'yle çocukları barınağı kurarken görürüz ve *time lapse* diyalogu sayesinde aynı günün akşamında olduğumuzu anlarız. Çocukların barınak için çalı çırpı topladığı ve sahte rahibenin geldiği sahneler de birbirini doğal zaman akışında izliyormuş gibi gösterilir. Rahibe'nin yolcuları evine yemeğe çağırmasından sonraki sahnede, bir evde kadınla Tamaki'yi görürüz. Çocuklar uyumuşlardır ve kadın "Çocukların karnı doydu..." der. Bu yeni *time lapse* diyalogu hem belli bir sürenin geçtiğini (aynı günün gecesi olmuştur) hem de yemeğin yenilip bittiğini göstermeye yarar. Bu aynı sahnede "rahibe" gelecekten de söz eder: "Bir kayık tutmalısınız... Tanıdığım kayıkçılar var." Bunu izleyen sahnenin sabah sisler içinde bir göl kenarında başlamasından ve rahibenin sözlerinden ertesi günün olduğunu anlarız. Bundan sonraki sahne çocukların ve annelerinin kaçırılışına kadar doğal zaman akışına uygun olarak geçer ve kaçırılma sahnesi yavaş yavaş kararararak sona erer. Sonraki sahne kayıkçılardan birinin çocukları satmaya uğraştığı bir kasabada başlar. Kayıkçı bu arada çocuklara annelerinin satıldığını söyler. Bu yalnızca bizler için bir bilgi değil, aynı zamanda da belli bir sürenin (birkaç gün?) geçtiğini bildirir. Bundan az bir süre sonra, bir adam kayıkçıya Tango vilayetine gitmesini ve çocukları Efendi Sanşo'ya göstermesini öğütler.

Bu sahnenin çabuk kaybolmasından, öncekilere oranla daha az bir sürenin geçtiğini anlarız. Sonra gördüğümüz geniş arazi, sözü edilen ünlü efendinin topraklarında olduğumuzu gösterir. Efendi Sanşo göründüğünde de çocukların satın alınmış olduğuna gönderme yapar (böylece çocukların bu arada satıldığını öğreniriz) ve "hemen" çalışmaya koyulmalarını buyurur. Yaşlı Namiyi'nin yine aynı gün, belli bir saatte kaçmaya kalkıştığı, "Bu çocukları görünce kendi çocuklarımı hatırladım," sözlerinden anlaşılır.

Bundan sonra, sırasıyla, Namiyi'nin alnının kızgın demirle dağlanışı, Taro'nun çocukları sorgulayışı, Sanşo'nun adamlarından birinin Taro'yu babasının davetine çağırması, bakanın elçisi onuruna Sanşo'nun verdiği davet, Taro'nun gizlice oradan uzaklaşarak uyuyan çocukları görmeye gitmesi (gece olmuştur) gösterilir ve davette çalınan müziğin uzaktan duyulması hem mekansal bir birlik hem de zamansal bir süreklilik kurar.

Sonunda Taro'nun araziden çıkarak bilinmeyen bir yöne gidişini görürüz ve bir arayazı seyirciye aradan on yılın geçtiğini bildirir.

Yeri gelmişken, Sanşo'nun arazisinde geçen ilk güne (sahne 8-9) önemli, anlamlı birçok durumun aracılığıyla anlatının devamı için gerekli çok sayıda izlenim, bilgi ve olayın sıkıştırıldığına dikkat çekelim. Filmde şu noktalar oldukça açık seçik belirtilmiştir:

- Anneyle çocukları birbirinden ayıran uzaklık (Taro'nun: "Sado adası -annenin satıldığı ada- çok uzakta" dediği replikle);

- Sanşo'nun acımasızlığıyla oğlu Taro'nun çekinik kalan iyi niyeti;

- Sanşo'nun siyasal gücünün kaynakları (Sanşo eksiksiz vergi topladığı için bakan tarafından ödüllendirilir);

- Kölelerin içinde bulundukları güç koşullar ve kaçmalarının olanaksızlığı (on yıl sonra da yinelenenen damgalama işlemi);

- Çocukları elinden alınan, aynı zamanda da on yıl sonra hastalanarak Zuşio'ya kaçması için bir fırsat yaratan Namiyi'nin anne rolü;

- Olayların akışı sırasında suniliğe kaçmadan çocukların adlarının değiştirilmesi. Bu da senaryo düzeyinde gerçekleştirilmiş bir sanattır. Saydığımız bütün bu olaylar filmin ikinci bölümüne (Zuşio'nun kaçışı) gereken sağlamlığı, tutarlılığı vermek için vazgeçilemeyecek ögelerdir.

- **Okuma Aşamasında Senaryodaki Zaman Akışı**

Bir senaryo zaman akışı açısından okunurken, sinemadaki bir geleneğe göre okunan her sayfaya perdedeki belli bir süre denk getirilir (örneğin her sayfa için bir dakika, 45 saniye ya da bir buçuk dakika). Böyle bir şeyden amaç, seyircinin hem sahnelerle sahneler arasındaki süreyi hem de filmin ritmini hissetmesini sağlamaktır. Okumanın uzamaması ve film tamamlandığında bir iki saniye olması gereken bir sahnenin uzunca bir sürede donup kalmaması için başvurulan bu geleneksel yöntem aynı zamanda betimlemelerin sınırlı ve olabildiğince özlü olmasını zorunlu kılar.

17) Gece ve Gündüz

- **Farkına Varılmadan Yapılan Bir Hesap**

Bir senaryo belli bir süreye dağılmış bir öyküyü anlatır: Bu bazen aylar, hatta yıllar, bazen de bir iki günde toplanır. Örneğin *Mabuse* üç ya da dört gün, *Son Macera* üç gün, *Pauline Plajda* ise tam bir hafta sürer.

Seyircinin bu süreleri (günler, haftalar) farkına vararak hesaplaması oldukça ender rastlanan bir olaydır, hele çoğu kez olduğu gibi senaryoda gece ya da gündüzler atlanıyorsa... Seyirci her zaman için günleri farkına varmadan sayar.

- **Gece Sahneleriyle Gündüz Sahneleri Arasındaki Oran**

Gece ve gündüz sahnelerine ilişkin sorunun bir başka yönü de ikisinin birbirine oranı ve dönüşümlü olarak birbirlerini izlerken oluşturdukları ritmdir. Burada bazı filmler gece boyunca sürer. Bir de filmlerde çoğunlukla olay, günün sonunda değil, sabah olunca (gecenin sonunda) biter.

- **Gün Değişimi**

Senaryo yazarı, akşamları ya da geceleri eksilterek zaman içinde bir atlama yapıyorsa, seyirciyi düşünerek bir sonraki sahnenin aynı günün içinde mi yoksa ertesi gün mü (ya da iki üç gün sonra) geçtiğini belirlemek zorundadır: Bu, sahneler arasındaki "zaman arası", *time lapse* sorunudur (bak. Zaman)

Pauline'de günlerin değişimiyle ilgili bilgiler küçük ayrıntılarla verilir:

Birinci günden ikinci güne: Kişiler ilk gece birliktedirler, gece eve dönmeden dansa giderler. Evde Pauline yatmaya gider ve sabah uyandığında ikinci günün başladığını anlarız.

İkinci günden üçüncü güne: ikinci gün, bir gündüz sahnesiyle sona erer. Üçüncü günün başladığı, Pauline'le Marron'un kahvaltı ettiği 8. sahnedeki diyalogdan anlaşılır (Marion, Pierre'e: "Kahvaltı ettin mi?" diye sorar).

Üçüncü günden dördüncü güne: Üçüncü günde akşam ya da gece sahnesi yoktur. Dördüncü güne geçiş, Saint-Michel Tepesine yapılan -bir gün önce Marion'un Henri'yi davet edişiyle seyirciye bildirilen- araba gezisine ilişkin bazı kısa planlarla belirtilir. (Marion'un Henri'ye "Yarın Saint-Michel Tepesine geliyor musun?" diye sorduğu tümcedeki 'yarın' sözcüğü iki sahne arasındaki *time lapse*'i belirtmeye yeter).

Dördüncü günden beşinci güne: Burada da akşam ya da gece sahnesi yoktur. Beşinci güne geçişi Pierre'in Marion'a söylediği bir tümce belirtir: "Sabah uğrarım, çünkü seni akşam görmek istemiyorum."

Beşinci günden altıncı güne: Üçüncü günde olduğu gibi, Pauline ve Marion bahçede kahvaltı etmektedirler; Marion telgrafı alınca: "Bu akşamüstü Paris'te olmam gerekiyor," der. Birinci günde olduğu gibi altıncı gün de, akşam Pauline'in yatmaya çıkmasıyla biter.

Altıncı günden yedinci güne: Henri'nin uyanmasıyla yedinci ve filmin son günü başlar... ve seyirci bu günün ancak bir kısmını izler.

Filmin sonuç bölümünün başlangıç noktasına döndüğü dairesel biçimi bir *simetriyle* vurgulanmıştır. Filmde dört kişi arasında geçen ve filmin başından sonuna dek yankısını sürdüren iki önemli gece sahnesi var. Her iki sahne de Henri'nin evinde geçen açıklama sahnesidir. Bunların gece geçmesi aradaki günler üzerinde etkisini daha belirginleştiriyor. Gece ve gündüz sahnelerindeki ritmin burada çok iyi hesaplanmış, kesinlikle rastlantıya bırakılmamış olduğu açık.

Mabuse'de Fritz Lang'ın, büro, hücre, kapalı odalar gibi iç mekanlarda geçen sahnelerde dışarıya açılacak en küçük bir pencereye bile sistemli olarak yer vermemesi de ilgi çekicidir. Öyle ki seyirci olayın gece mi gündüz mü geçtiğini karıştırabilir. Gündüz ya da gece geçen bazı sahneler de böylece daha belirginlik kazanır.

18) "Montage-Sequence" (Kurgu-Ayrım)

İngilizcede *"montage"* terimi Fransızcaya geçerken anlam değişikliğine uğramıştır. İngilizcede "kurgu-ayrım" deyimi, "belli bir zaman diliminde yer alan bir dizi hareketi gösteren kısa planların ayrımı (sekansı)" (Stempel, s. 76) diye tanımlanır ve yapay bir biçimde kişilerden birinin başarıya ya da düşüşe doğru ilerlemesini, mutlu ve sakin yaşayan bir çiftin geçirdiği günleri, herhangi bir yapının ya da yapıtın kuruluşunu, günler süren bir yolculuğu, vb anlatır.

İncelediğimiz filmler arasında yalnızca *Sanşo*'da *montage-sequence* kullanılmıştır. Zuşio'nun çıkardığı yasayı ilan ederken

Sanşo'nun adamlarının bu ilanları sökerek tepki göstermeleri... hep bu çabuk çabuk geçen, kısa planlarla anlatılmıştır. Bu planlar, bir olayın belli bir sürede ve birçok yerde geçtiğini gösterecek biçimde kurgulanmıştır.

Montage-sequence teriminin Fransızcada kesin bir karşılığı yoktur, ancak Christian Metz'in sinematografik dil üzerine yaptığı çalışmalar sırasında önerdiği "bazı örneklerin bir araya getirilmesiyle oluşan eksiksiz bir süreç" diye tanımlanan "sıklık dizimi" *(syntagme fréquentatif) terimine uyar.*

Christian Metz'e göre bu sıklık dizimleri üçe ayrılır:

a) Dolu sıklık dizimi *("görüntülerin birbirini bir sıra gözetmeden izlemesi");*

b) Yan sıklık dizimi *("yavaş ilerlemeyen sürekli bir gelişim");*

c) Birleştiren dizim *("aynı gerçeğe ilişkin olayların kısa kısa gösterilmesi").*

Bildiğimiz nedenlerle, sessiz sinemada gerçek ve ilerleyen bir zaman izlenimi seyirciye yeterince verilemediği için bu birleştirici dizim, sıklıkla kullanılmıştır.

Amerikan Anglo-Sakson kökenli *montage* terimi için Metz'in bir başka dizim tanımını da karşılık olarak kullanabiliriz: "Zamansal bir sıra gözetmeden aynı mekanda birarada bulunan ögelerden oluşan betimsel dizim." Metz bununla ilgili olarak, ilerleyen bir sürüde çobanın, köpeğin, koyunların vb gösterilmesini örnek olarak veriyor.

19) Mekanlar

Genellikle tiyatronun tersine, sinemanın özünün (kuramsal olarak) her yere gidebilmeyi, sonsuz sayıda hareket mekanını ya da yer değiştirmeyi olanaklı kıldığı söylenir. Oysa sinemada bunun tam tersi bir arayışın sözkonusu olduğunu; yani kısıtlı bir mekan sayısının, hatta bazen *yer birliği* kuralının uygulandığını görüyoruz. Dramatik bir etki sağlamak için senaryo genellikle özel bir çekim ve hareket yerinde ya da karşıt iki yerde çekilir. Hatta bir yolculuğun, bir kaçışın konu edildiği filmlerde bile bu yolculuk ya da kaçışın geçtiği durum sahnesi kendi başına mekanı oluşturur... Filmlerimiz de bu durumu doğrulamaktadır:

- *Efendi Sanşo*'daki ana mekan Efendi'nin arazisidir: Burası, Birinci bolüm sonunda gençlerin gönderildiği ve oradan kaçmaya çalışanın acımasızca cezalandırıldığı bir yerdir. Filmin sonunda ise burası kahramanın (Zuşio'nun) girmesinin önlendiği bir yer olur. Birinci zamanda: Kahraman(lar) zorla kötülüğün barınağındadır ve buradan kaçar(lar). İkinci zamanda oraya geri döner ve kötülükle kendi topraklarının üzerinde karşı karşıya gelmek ister. Hareket filmlerinin alışılmış yapısı bu lanetli kötülük barınağının ihtişamlı bir biçimde yok edilişiyle doruk noktasına ulaşır. Bu filmde de bunun bir örneğini görüyoruz.

- *Pauline Plajda* filminin ana mekanı olan Henri'nin evi de önceki filmdeki gibi bir tür "barınak" niteliğindedir. Burası gerçekten de filmin anahtar sahnelerinin geçtiği mekandır (özetimizde 3. ve 25. sahneler). Filmin tüm kişileri kurnaz ev sahibi nin çağrıları üzerine birer birer eve gelirler ve filmdeki tüm çiftler burada bir kez birlikte olurlar. Olayın temelini oluşturan yanlış anlama da yine burada gerçekleşir. Evin sahibi Henri, yaşamında yalnızca bu evle bir bağı olduğunu ve buranın gelen geçen herkese açık olduğunu söyler. Gerçekten de Henri'nin evi etkin gücü olan bir yer durumundadır. Öte yandan, Marion'la Pauline'in oturduğu diğer yazlık evin içinin filmde gösterilmemesi de Henri'nin evinin önemini vurgular.

- *Son Macera*'da, insanları biraraya getiren ve karşılaşmalarını sağlayan yer, bu kez kötülerin değil, iyilerin "barınağı", Marie'yle

Harry'nin kaldığı ve mahzeninde Paul de Bursac'ın saklandığı Marpuis Oteli ve kahvesidir. "Acımasız" komiser Renard saklanan direnişçileri yakalamak amacıyla buraya üç kez baskın düzenler, öte yandan, Renard'ın Hélène'i ele geçirmek üzere Harry'nin odasına geldiği filmin en önemli karşılaşma sahnesi (filmin doruk noktası) yine bu otelde geçer. Bu önemli sahneler dışında, Hoagy Carmichael'in piyanosu eşliğinde gerçekleştirilen müzikli sahneler otelin kahvesinde çekilmiştir. Son olarak Harry'nin, otelin Vichy'liler tarafından yakılma tehlikesini Gerard'a (otelin işleticisi) haber verdiği filmin son diyalogu burada geçer. (Bu sahne *Efendi Sanşo*'da özgürlüklerine kavuşan esirlerin Sanşo'nun evini ateşe verişini anımsatır.)

- *Mabuse*'de hem gizli hem de barınak niteliğinde önemli iki anahtar mekan vardır: Birincisi, içinde perde olan gizli oda (özellikle de perdenin gerisinde kalan yer), ikincisi de profesör Baum'un bürosudur. Bu iki mekanda da gizli bir ses egemendir ve filmin sonunda bu sesin her iki mekanda sahibinin anlaşılması Mabuse'ün düşüşünü simgeler. Ancak filmde sırasıyla Mabuse'ün, Hofmeister'in ve Baum'un kapatıldığı (bu sonuncusu kendi kendini kapatır) hücreyi de unutmamak gerekir. Filmi son planında bir hastabakıcının hücrenin kapısını seyircinin üzerine kapattığını görmüştük.

• Mekanların Sayısı

"Entretiens sur la Fils Naturel" adlı yazısında Diderot birden çok mekanın kullanıldığı bir tiyatro tasarlıyordu: "Keşke sahnedeki mekanın her değişmesi gerektiğinde dekorun değişebileceği tiyatrolarımız olsaydı! (...) Gösteri kuşkusuz daha renkli, daha ilginç ve daha anlaşılır olurdu." Aynı yazıda, değişik mekanlarda geçen sahnelerin aynı anda gösterilmesi olanağından da sözediliyordu. Bu da bizim bugün koşut-kurgu (*monta-*

ge parallele) dediğimiz, aynı anda dönüşümlü olarak farklı mekanları göstermeye yarayan kurgu biçiminin bir tasarımıdır. (*Mabuse*'ün son bölümündeki gizli oda ve kuşatılan haydut barınağı arasında gidip gelmelerle yaratılan gerilim buna bir örnektir.) Diderot bu düşünceleriyle kuşkusuz Fransız klasik tiyatrosunun bir mirası olan yer birliği kuralına karşı çıkıyordu; yine de bu yazısının birçok yönüyle sinema ilkelerini haber verdiği bir gerçek. Örneğin olayları tek bir mekanda yoğunlaştırmanın yollarını araması dikkatimizi çekiyor (Hitchcock'un filmlerinden *Lifeboat*, bir kurtarma sandalında; *Cinayet Var, Ölüm Kararı, Arka Pencere* bir apartman dairesinde geçer). Fazla usta olmayan yönetmenler, filmde değişik mekanların kullanılmasının "sinematografik" bir gereklilik olduğunu düşünürler. Özellikle de tiyatro yapıtlarından yapılan uyarlamalarda bol bol mekan değişikliği istenir. Oysa Hitchcock, bir tiyatro oyununun sağlamlığının oyundaki yoğunluktan ileri geldiğini söyler. Bu konuyla ilgili olarak Jean Cocteau'nun *Les Parents Terribles* oyununu beyazperdeye uyarlaması üzerine Andre Bazin'in yazdığı denemeler oldukça aydınlatıcıdır.

- **Mekanların Özellikleri**

Vale'e göre bir mekanın özellikleri şunlardır: Biçimi (*"type"*: Büro, çiftlik, hastane...); türü (*"kind"*: Kalabalık, tenha, yoksul, zengin); işlevi (*"purpose"*: Bir fabrikaysa bir şeyler üretmek, bir tapınaksa bir inanışı kutlamak); konumu (*"location"*: Paris'te, bir çölde) ve bir ya da birçok kişiyle olan ilişkisi ("kişilerin buluştuğu barınak, saklandıkları bir yer, güçlerini simgeleyen bir yer, örneğin bir haydut barınağı, vb). Bu ögelere, mekanın esinlediği havayı da ekleyebiliriz (sıkıntı verici, büyüleyici, iç kapayıcı, neşelendirici, vb). Mekanın esinlediği hava tıpkı bir kişiyi belirlemeye yarayan özellikleri andırır.

Yazarlar senaryoların çoğunda öyküyü daha canlı ve somut kılmak amacıyla mekanlara birtakım özellikler vermeyi unuturlar.

• **Mekanların İşlevi**

Mekanların normal işlevleri şunlar olabilir:

- Ya mekan alışılmış işleviyle kullanılır (bir kiliseyi bir ayin sırasında, bir müzayede salonunu müzeyede sırasında göstermek) ve bu işlev dramatik olarak filmde işlenen olaya katkıda bulunur (Hitchcock bunu düzenli olarak filmlerinde kullanmıştır);

-Ya da tam tersine, mekanla geçen olay arasında bir şok, bir çelişki yaratılır. Sıradan bir örnek verelim, kaba ve gülünç ya da şaşırtıcı bir sahne "soylu" ve kutsal bir mekanda geçebilir.

Bu iki durumda da mekan ve yerine getirdiği işlev, senaryoda oldukça önemlidir ve mekan edilgen bir dekor, hatta dekoratif bir öge olarak ele alınmaz.

VI) Bir Filmde Kişilerin Hareket Etmesini Sağlayan Nedir?

Bu bölümde ele alınacak konu senaryonun kendisi değil, anlatılan öyküdür; başka bir deyişle, bundan önceki bölümde andığımız ikili ayrım doğrultusunda (öykü/öyküleme) senaryonun anlatılış biçimini değil, olan bitenin kendisini inceleyeceğiz. Bir öykü, roman, çizgi film, radyo, sinema, tiyatro, sözlü anlatı gibi yollarla anlatılabildiğinden, burada oldukça eski yöntemlerden söz etmemiz sizi şaşırtmasın.

Zaten, en iyi filmler de öyküyle öykülemenin (özellikledе sinemasal öyküleme) birbirinden ayrılmayacak denli kaynaşmış olduğu filmler değil midir?

I) Özdeşleşme

• Özdeşleşmenin Oluşturulması

Seyircinin film kişisiyle özdeşleşmesini ve etkinin sürmesini sağlamak amacıyla başvurulan birçok yöntem vardır. Burada bunlardan bir bölümünü ele alacağız.

a) Genellikle öykü kişisine sevimli, sevecen, çekici, saygı ya da hayranlık uyandırıcı nitelikler verilmelidir. Öte yandan seyircinin bir azizle olduğu kadar bir serseriyle de özdeşleşebileceği unutulmamalıdır: Senaryoda serserinin kötü yanları "törpülenebildiği" gibi azizin kutsallığından da ödün verilebilir. Zaten Boileau da: "Yüce ruhlara bazı zayıflıklar verin," diye öğütlüyordu *(Art Poetique)*.

b) Kişiler bir tehlike ya da mutsuzluk anında gösterilebilir. Örneğin Mizoguçi, senaryo yazarı Yoda'ya, seyircinin Sumako'ya yakınlık duyması için Sumako'nun hastalık geçirmesini öğütlemişti (*Cahiers du Cinema: Mizoguçi Özel Sayısı*, s.69).

Bugün seyircinin hiç yorulmadan kahramanla doğrudan özdeşleşmesi ve film süresince kahramanın bütün eylemlerini haklı gösterilebilmesi için çok sık başvurulan bir yöntem daha vardır: Filmin başında kahraman sevdiği bir kişiyle ilgili çok büyük bir talihsizlikle karşılaşır, örneğin karısı, çocukları ya da çok sevdiği kızı vurulur, böylece seyirci en şiddetli tepkilerinde kahramanın yanındadır.

Claude Chabrol, *Bu Hayvan Ölmeli* adlı filminde bu tür bir özdeşlemeden yola çıkmasına karşın (kahramanın küçük oğlunu acemi bir şoför ezer), kişileri bir karmaşada göstererek özdeşleşmenin dengesini bozar ve böylece "meşru savunma" düşüncesine uzak düşerek seyirciyi bir rahatsızlığa iterek düşündürür. Burada Chabrol'un değerli ustası Fritz Lang'ı örnek aldığı görülür (karşılaştır: Son bölümde, baştaki görünümlerin alt üst olduğu gerçeğe aykırı doğruluk). Özdeşleşmeyi, mutlaka seyirciyi etkilemek ya da uyutmak için kolaycı bir yöntem olarak görmemek gerekir, özdeşleşme ancak sinemada kullanılışı sırasında yönetmene ya da yazara bağlı olarak bir basitlik gösterebilir.

c) Filmde kişileri hafif bir suç işlerken de (örneğin bir yeri karıştırırken, gözetlerken ya da bir şeyi aşırırken) gösterebiliriz. Hitchcock: "Bir şeyin peşindeki kişinin sempatik birisi olmaya gereksinimi yoktur, çünkü seyirci hep onu yanındadır ve onun için endişe eder," diyor (*Hitchcock-Truffaut*, s.58).

Bir de herkesin yaşadığı belli bazı durum ya da duygular vardır; açık ya da gizli Oedipal aşk üçgenleri (kişilerin mutlaka baba-kız olması gerekmez), yalnızlık duygusu, kıskançlık (yeni doğmuş kardeşi kıskanma), terkedilmişlik duygusu vb.

Anlatıda öykü, bilinçli ya da bilinçsiz olarak kişilerden birinin *bakış açısıyla* seyirciye aktarıldığında özdeşleşmenin daha kolay gerçekleştiği bilinir (bak. Bakış Açısı). Ancak özdeşleşmenin oldukça karmaşık bir işlem olduğunu da belirtmekte yarar var. Seyircinin aynı anda birçok kişiyle ya da film boyunca yalnızca bir durumla özdeşleşmesi gibi...

Filmlerde bir toplulukla da özdeşleşilebilir. Bu topluluk, iki düşman ya da rakip gruba bölündüğü ve iki taraftan birini tutmamız için özel bir neden belirmediği sürece senaryo için büyük güçlükler ortaya çıkar (William Friedkin'in *Büyücü*'sü gibi). Seyircinin özdeşleşmesine ilişkin olarak iki temel sorunun söz konusu olduğunu düşünüyoruz. İlk önce seyircinin sempatik bulduğu iki kişi (ya da topluluk) arasında bir anlaşmazlık olduğunda seyirci hangi tarafı tutacağını bilemez.

- **Özdeşleşme ve Karşılaştırma**

Vale: "İki kişinin arasında sürekli karşılaştırma, özdeşleştirmenin değişmeyen bir ögesi, bir işlevidir," der (s. 246). Karşılaştırma yoluyla seyirci olumlu ya da olumsuz olarak kendini film kişisiyle özdeşleştirir. Vale'e göre, çirkin ya da komik kişiler seyircinin olumlu bir karşılaştırma yapmasını sağlar. Hemen şunu da ekleyelim, bazı filmlerde bir *karşıt özdeşleşmeye* de rastlarız. Bu, seyircinin kendini kahramandan daha becerikli, daha kurnaz, daha sevimli hissetmesi ilkesine dayanır. *Pauline*'de kendini beğenmiş, kendi kendiyle çelişen Marion ve Pauline ile seyirci arasında bir karşıt özdeşleşme oluşur.

Özdeşleşmenin temel etkenini oluşturan olumlu karşılaştırma, bir kişi zayıf ya da beceriksiz bir durumda gösterildiğinde bazen senaryoya bir hareket getirir. "Kişinin zayıflığının seyirciye sempatik bir biçimde gösterilmesi, filme oldukça olumlu bir katkıda bulunur," diyen Vale (s.246), Georges Stevens'in *Yılın Kadını* filminde Katharine Hepburn'un eli ayağı birbirine karışarak mutfakta bir şeyler hazırladığı sahneyi buna örnek göstererek, günümüz sinemasında da Robert Benton'un *Kramer Kramer'e Karşı* filminde Dustin Hoffman'ın beceriksizlikle yumurtaları yerlere saçtığı sahnenin temelinde de bu tür bir özdeşleştirme düşüncesinin bulunduğunu söylüyor.

Mabuse'de genel olarak seyirci filmin iki genç oyuncusuyla, Kent ve Lily ile özdeşleşir. Ancak filmin başında takip edilirken ve saldırıya uğrarken gösterilen ve sonra deliren Hofmeister'in de bir özdeşleşme kişisi olabileceğini söyleyelim.

Seyircinin diğer iki filmde bir çiftle özdeşleşmesi sözkonusudur: Son *Macera*'da Harry ve Marie'yle, *Sanşo*'da güçlükler karşısında kalan Zuşio ve Anyu'yla özdeşleşir. Bu tür filmlerde, daha çok talihsizliğe uğrayan aileyle ve tüm bireylerin içine düştükleri durumla özdeşleşme sözkonusudur.

2) Korku

• Korku ve Korkudan Arınma

Aristoteles, tragedyanın ruhunda temel olarak korku *(phobos)* ve acıma *(eleos)* duygularını uyandırması gerektiğini ve böylece "insanın bu tür ruh tutkularından arındığını" söyler. Bu sözlerle ilgili binlerce yorum ya da açıklama yapılmıştır günümüze değin. Peki korku ya da acıma duyguları kışkırtılarak insan ruhu bunlardan arınabilir mi? Sonra sözkonusu olan ne tür bir korkudur? Yazgının ya da Tanrıların gücü ya da şiddet eylemleri -cinayet, işkence- karşısında duyulan korku mu? Bunları daha ayrıntılı incelemek için Antik ve Klasik tragedyayla ilgili bütün çalışmaları gözden geçirmek gerekir.

• Sinema ve Korku

Mekansal sınır tanımayan ve gösterilmeyen ögelere dayanan sinema sanatı özellikle korku ögesini geliştirmiştir: Sinemada ürpertiden dehşete (endişe ve ürkme duygularını da unutmadan) korkunun binlerce biçimi kullanılmıştır. Gerek gösterim koşulları (tümüyle karanlık bir salon), gerekse görülmeyenle henüz görülmeyen üzerine kurulu (insan gördüklerine oranla görmediklerinden daha çok korkar) anlatım biçimi açısından sinema diğer tüm dram sanatlarından daha donanımlıdır.

Dört filmimizden üçü korkuyu az çok işlemiştir: *Doktor Mabuse'ün Vasiyeti*'nde özellikle ürkütücü Mabuse kişiliği, hayaleti ve emirler veren sesi; *Son Macera*'da Renart'ın acımasız ve sadist kişiliği; *Sanşo*'da da Efendi Sanşo'nun kişiliğini gösteren cezalandırma sahneleri (kızgın demirle iki esirin dağlanması ve Tamaki'nin ayağının kesilmesi).

• Korku Uyandırma

Seyircide bir korku uyandırmak için mutlaka kahramanı tehlike anında göstermek gerekmez; önemli olan seyircinin bu tehlike duygusuna katılmasını sağlamaktır. Bu yüzden bazı senaryolarda, sürekli korku içinde yaşayan, temelde bu korkuyu seyirciye iletmekle yükümlü bir kişi kullanılır. Örneğin Clouzot'nun *Dehşet Yolcuları* filminde Charles Vanel'in canlandırdığı panik içindeki Serseri Jo kişiliği böyle bir amacı yerine getiriyordu. Bir başka örnekte, Ridley Scott'un *Yaratık*'ında, Veronica Cartwright'in canlandırdığı korku içindeki astronotun anlatıdaki tek işlevi duyduğu korkuyu, çeşitli biçimlerde dışa vurarak (çığlıklar, ölü gibi solgun yüzü ya da kimsenin kurtulamayacağını sık sık yinelemesiyle) seyirciye aktarmaktadır.

3) Acıma

Aristoteles'in acıma duygusu *(eleos)* ve korkuyu, tragedyanın insanlarda uyandırması gereken iki temel duygu olarak gördüğünü belirtmiştik *(Poetika).*

Dört filmimiz arasında bir melodram oluşuyla *Sanşo,* kahramanın uğradığı talihsizlikler karşısında bir acıma duygusu uyandıran tek film. Mizoguçi ve senaryo yazarı Yoda büyük bir titizlik ve ciddiyetle esir yaşamının güç koşullarını yansıtarak bunların dayanılmaz olduğunu seyirciye hissettiriyorlar.

Örneğin yazar, Anyu'nun yeni gelen esire tezgâhın nasıl kullanılacağını gösterdiği 11. sahnenin şiirsel yönüne ağırlık vererek (dokumacı kızların sakin bir kulübede çalışmaları) seyircinin gözünü boyayabilirdi. Oysa Namiyi'nin, "Burada ancak öldüğümüz zaman işimizi bırakabiliriz," sözleri esirlerin, buradan kurtulamayacaklarını seyirciye anlatıyor.

- **Bir Kişinin Yazgısı Karşısında Duyduğumuz Acıma O Kişiye Duyduğunuz Yakınlıkla Orantılıdır**

Dramın acımasız bir kuralıdır bu: Seyirci az tanıdığı bir kişinin ölümü ya da acıları karşısında hiçbir şey duymazken *(Son Macera*'nın Johnson'ı gibi) daha iyi tanıdığı bir kişi yaralandığında, aşağılandığında ya da başkaldırdığında ondan yanadır;

Efendi Sanşo'da kaçmaya kalkışan esirlerin kızgın demirle işaretlendiği iki sahne vardır: Bunlardan birincisini öykünün acımasız kişisi Sanşo, ikincisini de o sıralar emir altında olduğu için öykünün kahramanı Zuşio gerçekleştirir.

Burada senaryo yazarı için en önemli sorun, aynı eylemi gerçekleştiren iki kişiden Sanşo'nun son derece kötü bir adam olarak gösterilmesi, Zuşio'nun ise seyircide nefret duygusu uyandırmaması gerektiğidir. Bunun için de Sanşo'nun eylemi sırasında seyirci esire karşı bir acıma duygusu besler; Zuşio ise seyircinin daha az tanıdığı, daha "soyut" bir esiri cezalandırır.

Sanşo'nun kızgın demirle dağladığı köle Namiyi, çocuklara ilgi göstermesiyle seyirciye yakınlaşmış bir kişidir. Kaçmaya çalışırken yakalandığında "çocuklarımı düşündüm bir an" diyerek yaşamına, kişiliğine ilişkin bir bilgi verir ve böylece seyirci özdeşleşme yoluyla kadına karşı bir acıma duyar.

Zuşio'nun dağladığı yaşlı adamsa seyircinin gözünde bir resimdir. Seyircinin bu esire karşı bir şeyler duymasını engellemek, böylece de Zuşio'yu antipatik bir kişi durumuna düşürmemek için bu kölenin filmin başlarında gösterilmesinden özenle kaçınılmıştır.

4) Yazgının Değişmesi

• Eski ve Evrensel Bir Öge

Yazgının değişmesi, film ve öykülerde kullanılan eski ve evrensel nitelikli bir dram ögesidir. Örneğin çoban kızının prenses olduğu (ya da tam tersi) peri masalları, efendi ve uşakların yer değiştirdiği melodram ya da güldürüler, sakin bir yaşam süren bir adamın kötülüğe kurban seçildiği endişe ya da gerilim öyküleri vb bu ilke üzerine kurulur.

Aristoteles'in *metabasis* dediği yazgının değişmesi, tragedyanın temel dayanaklarından biridir ve çoğu kez *yeniden tanınma* (bak. madde 6) ve *beklenmedik olayı* da beraberinde getirir.

Hitchcock'un filme aldığı birçok senaryo, kahramanlardan birinin yazgısının değişmesi üzerine kurulmuştur: "Sıradan bir adam kendini olağanüstü bir durum içinde" bulur ve suçsuzken bir cinayet zanlısı yerine konur. Hitchcock bunun, herkesin etkili bulduğu bir yöntem olduğunu belirterek, seyircinin kendini bir gangster ya da bir polise oranla böyle sıradan bir kişiyle daha iyi özdeşleştirebileceğini söylüyor.

Yazgı değişikliği genellikle beklenmedik bir nedenle koşulların değişmesi -alçak, hatta düşük bir düzeyden mükemmele doğru ya da tam tersi yönde bir değişiklik- olarak tanımlanabilir. Melodramda bu yazgı değişikliği en uç noktalara ulaşır. (Basit bir rütbe değişikliğinden çok farklı boyutlardadır!)

Efendi Sanşo'da birbirini izleyen üç yazgı değişikliği vardır: Küçük Zuşio önce genç bir soyluyken her haktan yoksun bir köle olur; on yıl sonra da eski soylu durumuna kavuşur, hatta vali olarak atanır. En sonunda da ülküsel amacını tamamladıktan sonra kendi isteğiyle görevinden ayrılarak sade bir vatandaş olur.

Zuşio'nun ilk uğradığı değişiklik bir talihsizliktir; ikinci değişiklik adeta bir telafi niteliğindedir; ancak üçüncü değişiklik Zuşio'nun kendi isteğiyle gerçekleştirdiği bir reddetme eylemidir. Böylece Zuşio'nun yazgısının insanlık ve ahlâk değerleri açısından bir değişim yolu izlediğini söyleyebiliriz.

Son Macera'da Sanşo'daki kadar belirgin olmasa da yine belirleyici bir işlevi olan yazgı değişiklikleri vardır: Teknesini balık meraklılarına kiralayarak macerasız, kendi halinde, ölçülü bir yaşam sürdüren Harry Morgan'ın günün birinde teknesine, kimliğine, hatta parasına el konur.

5) Yeniden Tanıma

• Bilinmeyenden Bilinene Geçiş

Aristoteles'e göre önceden tanınmayan ya da başka bir insan sanılan kişinin sonradan gerçek kimliğinin anlaşılması, bir başka deyişle yeniden tanıma (*anagnorisis*), tragedyalardaki en önemli durumlardan biridir.

Aristoteles, *anagnorisis*'i "bilinmeyenden bilinene doğru bir mutluluk ya da mutsuzluğa yol açacak bir geçiş" olarak tanımlıyor. Bu anlamıyla ele alındığında yeniden tanıma yalnızca kişileri değil, yanlış anlaşılmış duyguları da kapsar. Aristoteles ve Antik Çağ yazarlarına göre bir oyundaki en trajik durum, kahramanın bilmeden bir akrabasını öldürmesi ve sonradan gerçeği öğrenmesidir (trajik tanıma).

Buna karşılık, örneğin kaybolduğu sanılan ya da hiç karşılaşılmamış bir akraba ya da annenin sonradan bir "mutluluğa" yol açacak biçimde tanınması da sözkonusudur. Melodramlarda kullanılan çok yaygın bir temadır bu: "*Baba! Anne!*" Örneğin *Sanşo*'nun son bölümü, birbirlerini on yıldır görmeyen anneyle oğulun birbirlerini tanımasını gösterir. Zuşio artık tanınmaz halde olan annesini mırıldandığı şarkısından, kör olan Tamaki de oğlunu boynundaki heykelcikten tanır. Buradaki tanıma, çoğu filmde olduğu gibi fiziksel (yüzünü, sesini tanıma) ya da "kan bağı" düzleminde değildir, arada somut bir nesne vardır.

• Tanımayı Sağlayan Nesneler

Aristoteles bir dizi tanıma nesnesi sıralar: Eşyalar, yara izleri, sepetler, kolyeler, anı eşyaları... ve mantık yürütme.

Odyssea destanında Penelope, eşi olduğunu iddia eden kişinin kocası olmadığını, sadece kocasıyla paylaştığı bir sırrı onun bilememesinden anlar. Oysa aynı adam Ulixes'in yayını başarıyla kullanarak Penelope'yi şaşkınlığa düşürmüştür. Bu, kovboy filmlerinde sık rastlanılan bir tanıma belirtisidir. Yalnızca kahramanın beceriyle kullandığı bir silah söz konusudur.

Charlie Chaplin'in *Şehir Işıkları*'nda (City Lights, 1931) sinemada eşine az rastlanılır tanıma sahneleri vardır. Bir zamanlar kör olan kız, mahalleli çocukların alay ettiği garibanın, kendini milyoner diye tanıtarak ona bakan adam olduğunu sezgileriyle "tanır", işte o sırada ikisinin birbirine bakışmalarındaki yoğunluk bugün dayanılır gibi değildir: Bu da sinemanın bir cilvesi.

Jean-Marie Thomasseau, romantik melodramda tanımanın "konunun gelişmesini sağlayan bir dizi yanılgının açığa kavuşturulması" olduğunu ve bizi heyecanın doruğuna ulaştırması gerektiğini söylüyor. (*Le Melodrame*). Tanımanın gerçekleşebilmesi için zorunlu olarak bir yanılgının da öyküde yer alması (bak. madde 6) ve anlatının son bölümünde çözülmesi gereklidir.

6) Yanılgı, Yanlış Anlama, Ters Anlama

Bunlar dram sanatının temel ögeleridir. Öykülerde çoğunlukla bir kişiye kendini bir tehlikeye karşı koruması için değişik bir kimlik ve karakter, değişik davranışlar verilir (kişi, bir yanılgının ortaya çıkması için kendi kendine de bir kimlik değişikliği yapabilir). Bazen de bunun tersi olur, kişi zorla ona verilen kişiliğe uymak zorundadır.

Son Macera'da en azından iki sahnenin bir yanılgı içerdiğini söyleyebiliriz: bu yanılgıların ikisi de kişilikler düzeyinde değil, duygular düzeyindedir. 10. sahnede Harry, Marie'nin bir "sürtük" olduğunu düşünür (klasik bir "haksız yere kuşkulanılan kadın durumu"); 17. sahnedeyse Marie, Harry'yle Hélène arasında bir şey olduğunu sanır (bu da vodvillere özgü bir yanlış anlama durumudur).

Pauline Plajda öyküsü de vodvil tarzı yanlış anlamalara ve haksız davranmalara dayanır. Pauline ve Marion, Sylvain'i haksız yere sadakatsızlıkla suçlarlar; Marion Henri'yi kendine aşık sanır; bunlara Louisette'le Sylvain'in Marion'la Pierre'i kardeş ya da kuzen sanmasını da ekleyebiliriz (aile ilişkileriyle ilgili yanılgılar): Yalnız, bir vodvil yazarı kişileri olabildiğince biraraya getirerek bu yanlış ya da ters anlamaları çoğaltmaya çalışırken Rohmer, kişilerin karşılaşmalarını hem az sayıda tutmayı hem de kişilerin birbirlerinden uzak kalmasını yeğeler.

Sanşo'da ise Tanaki diye "Hanım" adıyla Zuşio'ya gösterilen kadının yaşlı bir genelev kadını olduğunu görmüştük. Buradaki yanılgıya neden olan bir (takma) addır ("Hanım"). Görüldüğü gibi, yanılgı tanımanın bir diğer yüzüdür.

- **Küçük Düşme**

Yanılgının ya da yanlışlığın kişinin küçük düşmesine yol açan özel bir dramatik biçimi de vardır. Kadın ya da erkek sevdiği uğruna katil, korkak ya da sokak kadını durumuna düşer. Örneğin *Kamelyalı Kadın*'da Marguerite Gautier, sevgilisi Armand Duval'in daha saygın bir geleceği olması için çıkarcı ve ihanet eden kadın kişiliğine bürünerek genç adamı kendinden uzaklaştırmak ister. Vincente Minelli'nin Blasco Tbanez'in yapıtından esinlendiği *Mahşerin Dört Atlısı*'nda Glenn Ford'un canlandırdığı kahraman, Alman istilacılarının arasına kolaylıkla sızabilmek için dostlarının, hatta sevgilisinin gözünde havai, boş gezen bir adam kimliğine bürünür. (Olay, Alman istilası altındaki Paris'te geçmektedir.) Böylece kişiler, sevdiklerinin ve sevenlerinin gözünde küçülerek, gerçekteyse onlardan kat kat üstünleşerek son derece büyük bir fedakarlıkta bulunurlar.

- **Yanlış Adam Öldürme**

Antik, klasik tragedyada daha sonra da melodram ve operada sıkça kullanılan bir yanılgı türü de yanlışlıkla, özellikle de başkası sanarak yakın bir akrabayı öldürmektir. Oedipus'un bilmeden babasını öldürmesi gibi. Aristoteles bu durumun en dramatik ve en etkili yöntem olduğunu övgüyle belirtir.

• Cinsiyete Bağlı Yanılgılar

Özelikle güldürü filmlerinde kullanılan cinsiyete bağlı yanılgılara da (kılık değiştirmeler) yeri gelmişken değinelim. Kahraman, kadın kılığına girmiş bir erkek de olabilir (Billy Wilder'ın *Bazıları Sıcak Sever*'i, Sydney Pollack'ın imzasını taşıyan, Dustin Hoffman'ın oynadığı *Tootsie* gibi); erkek kılığına girmiş bir kadın da (Rouben Mamoulian'ın *Kraliçe Kristin*'i, Blake Edwards'ın *Victor Victoria*'sı ya da Barbara Streisand'ın *Yentl* filmi gibi). Bu tür öykülerde geleneksel olarak erkek yerine geçen kadın, bazı özelliklerini gizlemek zorundadır: Göğüslerini, saçlarını saklar, erkek ise takma saçlarla büründüğü kadın kimliğini belli eder.

• Güçlü Bir Erkek

Yine çok klasik bir öykü türü de "sıradan adamın" ya da "orta halli adamın" önemli ya da tehlikeli bir kişi olarak görüldüğü ya da kendini öyle gösterdiği anlatılardır Hitchcock'un *Gizli Teşkilat*, Yves Robert'in *Siyah Ayakkabılı Sarışın*, John Landis'in *Into the Night* gibi filmleri, casus sanılan ancak bir şeyden haberi olmadığı halde baş kalarının doğallıkla "ne kadar güçlüsünüz..." dediği kahramanın başından geçen öykü türlerine bir örnek oluştururlar. Yine bunlara benzer filmler olarak Roberto Rosselini'nin *Il General della Rovere*, Kurosava'nın *Kagemuşa* adlı filmlerinde de "sıradan bir adam" kendinden çok üstün bir kişinin görünümüne ve kişiliğine bürünür.

Gazeteci rolünde Jack Nicholson'ın bir silah tüccarı maceraperestin adını ve kişiliğini aldığı Antonioni'nin *Yolcu*'su başkasının kimliğine bürünerek (hatta bu başkası çok hareketli bir yaşam sürdürse bile) kaçmanın olanaksızlığını anlatan yalın bir örnektir.

Trajik ya da gülünç olsun, yanılgı, yanlış anlama, dramda başvurulan en evrensel ve etkisi en güçlü olan durumdur. Bunun nedeni de, diğer dramatik durumlara oranla bunların, bilinçaltı gerçeklerini, yorumlama yanlışlarını en iyi biçimde ortaya koymalarından ileri gelir. Tabii, insanın öz benliğinden bazı temel yönlerinin yansıtılmasının, açığa vurulmasının, ortaya çıkarılmasının da dram sanatının temel gereklerinden biri olduğu unutulmamalıdır.

7) Borç

Yine dram sanatının evrensel nitelikli ögelerinden biri de verilen ya da alınan borçtur (para borcu, yapılan bir iyiliğin borcu, yaşam borcu...) Eski ya da gizli tutulmuş bir borç birçok öykünün çıkış noktasını oluşturabilir. Bizim dört filmimizden üçünde öykü öncesine, yani *anlatı başlamadan önceki zamana* ilişkin somut ya da simgesel borçlar vardır. Filmlerin ikisinde de borç *flash back*'lerle gösterilir.

Doktor Mabuse'ün Vasiyeti'ndeki bir yıl önceye dönüşü gösteren *flash back* yalnızca Kent'le Lily'nin aşklarının başlamasını değil, aynı zamanda işsiz kalan Kent'e Lily'nin yirmi mark borç vermesini de gösterir. Kent bu borcu bir süre sonra iş bulduğunda, yani Mabuse'ün emrine girerek kötü adam olduğunda öder.

Sanşo'da baba Masauyi'nin oğluna heykelciği verişi yine bir *flash back*'le gösterilir. Burada alıştığımız anlamda bir borç verme sözkonusu değildir kuşkusuz, ancak yine de bir ahlâk değeri olan ve kuşaklar boyu iletilmesi gereken bir nesneyi simgeler. Zaten film de Zuşio'nun heykelciği annesine simgesel olarak "geri vermesiyle" son bulur.

Son Macera'da, daha filmin başında Johnson'ın Morgan'a on beş günlük tekne kirası borcu olduğunu öğreniriz ve Johnson'ın borcunu ödeyemeden bir kaza kurşunuyla ölmesi öykünün düğümlerinden birini oluşturur: Bu borç bir yandan da Morgan'ın, Marie'yi Johnson'ı çarparken görmesine; kızı izlemesine ve aralarında bir aşkın doğmasına neden dur.

Richard Wagner'in evrensel bir öyküyü anlatan *Dört Opera*'sı bile dram öncesi bir zamanda, Tanrıların kralı Wotan'ın devlerden aldığı bir borç üzerine kuruludur (perde açıldığında borç alınmıştır). Anlatıdaki olaylar da bu andan başlayarak seyirciye aktarılır: Devlere olan bu borcu ödemek amacıyla Ren Altınlarının çalınması, Ejderha Fafher'den altınları geri almak için kurtarıcı kahraman Siegfned'in doğması ve Tanrıların düşüşü!...

Sanki bir borç (belki yaşam borcu) doğmadan önce hepimizin alnına yazılmış ve her şey buna göre akıp gidiyor...

8) Toplumsal Koşullar

Sınıflararası farklılıklar, çatışmalar da dram sanatının temel ögeleri arasında yer alırlar; bunların belirgin örneklerini XIX. yüzyılın toplumsal içerikli melodram, roman ve tiyatrosunda, günümüzde de sinemanın hemen her türünde buluruz.

• Toplumcu Filmlerde Toplumsal Çatışmalar

Sinemada çoğu kez duygusal nitelikli öyküleri, toplumsal nitelikli olanlarla birleştirme yoluna gidilir. Duygusal bir öyküye toplumsal bir konu karıştırmanın en geleneksel biçimi de farklı koşullardan iki kişinin birbirini sevmesidir.

Ancak bundan daha değişik biçimler de yardır. Örneğin Jacques Demy'nin *Kentte Bir Oda* adını taşıyan melodramında grevdeki işçilerin toplumsal öyküsüyle filmdeki aşk öyküsü birbirlerini de destekleyerek koşut biçimde gelişir. Maden işçisi François, aristokrat kökenli bir kıza âşık olduğunda büyük engellerle karşılaşmazlar. Ancak bir gösteri sırasında François yaralanarak yaşamını yitirip Edith de intihara kalkıştığında iki öykü ortak bir yazgıda birleşir.

Efendi Sanşo, kölelik ve yoksulluğa karşı yazılmış bir savunma niteliğindedir. Zuşio'nun mal mülk sahibi babası, yönettiği köylülerin eğitilmesine ve aç kalmamasına çalışan bir adamdır; oğluna adaletle ilgili bir mesaj bırakır.

Pauline'deki kişiler Paris'in orta halli burjuvalarını temsil ederler ve hepsi de satıcı Louisette'i "kaba saba" bularak sınıfsal nitelikli bir horgörmeyi dile getirirler. Zaten filmde de Louisette, anlatının geçtiği süre içinde çalışan tek kişidir (diğerleri tatildedir). Konuşma biçimi kızın "halktan" birisi olduğunu gösterir; yazar her ne kadar bu konuşmanın daha özgün bir üslubu yansıtmasını istemişse de bazen bu konuşma biçimi "güldürü" ögesine dönüşür.

Toplumsal öge, *Son Macera*'da fazla ön plana geçirmeden kullanılmıştır. Filmin iki kişisi diğerlerine oranla yüksek sınıftan oldukları için az çok itici kişilikler olarak gösterilmiştir: Tatilini geçirmekte olan ve iri yapılı bir oyuncunun canlandırdığı (şişmanlık zenginliğin geleneksel bir göstergesidir) becerisizlikleri dan Johnson ile Fransızın, nazlı tavırları olan ve "size para ödendi, emirlere uyun" türünden kibir taslayan aristokrat karısı Hélène de Bursac (bu arada da kocasının ameliyatına yardım bile etmekten aciz bir kadın).

Buna karşılık Harry ve arkadaşları, yaşam kavgası veren paraları kısıtlı, sıradan insanlardır. Marie kendini olaylar içinde bulan ve bunlardan sıyrılmasını bilen halktan bir kız olarak gösterilir. Ancak Furthman ve Faulkner'in, özgün yapıtta büyük önem taşıyan (oldukça da geleneksel dan) "toplumsal övgü"nün dozunu hatırı sayılır bir oranda azalttıklarını da belirtelim.

- **Toplumsal Ögenin Aşk Öyküsüne Karışması**

"Devrim öncesi" bir dönemde çekilen sosyalist içerikli filmlerde toplumsal çatışmaların bir dram ögesi olarak kullanılması sorun yaratmaktadır. Milan Kundera'nın ileri sürdüğüne göre, konusu çağımızda geçen Sovyet fimlerinde, sınıfsız bir toplumun gerçekleşmiş, en azından gerçekleşme yolunda olduğu gerekçesiyle sinemacılara gerçek toplumsal kavgaların gösterilmesine artık izin verilmiyor *(Varolmanın Dayanılmaz Hafifliği)*. Kundera'ya göre senaryoda artık yalnızca "iyiyle mükemmel" çatışabilecek ve senaryo yazarının bir öykü yaratmak ya da geliştirmek için başvuracağı en son kaynağı aşka ilişkin yanlış anlamalar oluşturacaktır.

9) Ahlâk Değerleri

- **Her Öykü İçin Geçerli**

Her öykü ister istemez belirli ölçüde ahlâk değerleri üzerine kurulur. Örneğin *Sanşo* ve *Mabuse*'de ahlâk değerleri oldukça belirgin bir biçimde seyircinin ilgisini çeker, Son *Macera* ve *Pauline*'de ise daha az belirgin olmakla birlikte yine de varlığı sözkonusudur. Özellikle Hawks'a göre insanlar arasında yalnızca iyilerle kötüler değil, bir gerçeklik ve tutarlılık ahlâkı da vardır. *Pauline* filminin yalnızca plajdaki aşklarıyla ilgileniyor gibi görünen "havai" kahramanlarının uygulamaya çalıştıkları onur ve dostluk yasaları vardır.

- **Ahlâksal Görecelik**

Bugünün insanları, dolayısıyla da seyirci öyle sınırsız bir hoşgörüye sahip ki, neredeyse gerçek serserilerle özdeşleştirilse bile sesini çıkarmayacak. Bazı filmler, örneğin Sergio Leone'nin filmleri gibi zevk düşkünü, rezil insanların kahramanlaştırıldığı bazı filmler bizde bu kanıyı uyandırıyor. Bununla birlikte bu filmlerde yine de bir onur, bir davranış ahlâkı vardır. Aslında gangsterler ve eylemlerini şiirsel bir tülle örterek güzelleştiren bazı filmlerin yanında (örneğin Coppola'nın *Baba'sı* gibi) Leone'nin filmleri dürüst kalıyor.

Jacques Ranciere, gerçek bir öykünün varolabilmesi için öykü kişilerinin iyi kötü birtakım ahlâk yasaları olması gerektiğini söylüyor (*Senaryonun Amacı*): "Sıradan bir ahlâksızlık anlatıyı kuru bir hale getirir," (s. 108); daha ileride de "(bugün) öyküleri anlatırken ya da kişileri yaratırken, tersine işleyen bir sansür sözkonusudur. Senaryo kendi ahlâkı içinde, 'yasaklamak yasaktır' savını bir tüketim ahlâkına indirgeyerek yeni bir tüketim mantığı oluşturmuştur," diyor (s.111).

Fazla geleneksel, ancak yine de beğenilen birer film olan *Mabuse* ve *Sanşo*'da -Gide'in savına ters düşse bile- yalnızca iyi ya da kötü adamlar yoktur, kötülükten iyiliğe geçen insanlar da vardır. Kötü kişilerin kötülüklerini "özleri" değil, eylemleri belirtir. Bu arada, filmde kendi başına bir kişilik oluşturan ve bir anlamda Kötülük Tanrısı'nı simgeleyen yarı efsanevi Mabuse'ü bunların dışında tutmamız gerekiyor.

Son Macera'da, yazarlar iki taraf arasında hiçbir bulanıklığa yer vermeyecek bir biçimde seçim yapmışlardır. Hawks'ın birçok filminde olduğu gibi, bu filmde de tutarlı bir ahlâksal davranış sözkonusudur. Johnson bir yandan hırsız, alçak ve cansıkıcı bir adamdır, diğer yandan da beceriksiz ve kötü talihlidir (berbat geçen balık avı). Hemingway'in romanına oranla Harry cezalandırılması gereken eylemlerden filmde büyük ölçüde arındırılmıştır: Film boyunca ancak bir kez, o da sabrının son sınırına geldiğinde adam öldürür.

Marie ise, filmin başında bir hırsız gibi gösterilse de (bu, kızı daha ilginç kılmak için Hawks'ın bir fikriydi), filmdeki tek kurbanının antipatik kişilikli Johnson olmasına özen gösterilmiş; Marie'nin cüzdanı neden çaldığı da açıkça belirtilmiştir (bu parayla memleketine dönmek için gerekli uçak biletini alacaktır). Daha ilerde de Harry'ye üzerindeki tüm parayı vermesi sağlanarak kızın çıkar gözetmeyen bir kişiliği olduğu seyirciye kanıtlanır.

10) Düzenin Bozulması

Vale'e göre, bir öykünün devingenliği, "kişilerin içinde bulundukları koşulların bozulması" üzerine kurulur. Bu düzen bozukluklar genelde dört aşamadan geçer: Bozulmadan önceki durum, bozulma, kavga ya da savaş, durumun düzelmesi.

Her öyküde bu gibi ikincil, geçici ya da temel nitelikli bozulmalar bulunabilir. Vale'e göre düzenin bozulması öykünün temel dayanaklarından biriyse, filmde varlığını etkin olarak, yani tüm öykü boyunca hareketi destekleyecek biçimde sürdürmelidir.

Kişilerin harekete geçmesini sağlamak için onların huzurlarının, ilk *statü* suçlarının (durumlarının) bozulması gerekir. Bunların kaçınılmaz nitelikli ve insanın en basit gereksinimlerine bağlı nedenleri olabilir (açlık, susuzluk, uyku gereksinimi gibi) ve mutlaka baş kişilerin etkinlikleriyle ilintili olması gerekmez...

Sanşo'da iki çocuğun annelerinden ayrılması ye köle olarak yaşamlarını sürdürmeleri filmdeki başlıca düzen bozulmasını oluşturur. *Mabuse*'de Müfettiş Lohmann sakin bir gece geçirmek isterken Hofmeister dayıyla (bu eski polis ile olan dostluk bağlarıyla) kendini bir karmaşanın içinde bulur. Kent ise işsizlik ve parasızlık sonucu Mabuse'ün çetesine girer.

• **Düzenin Bozulma Mekaniği**

"Bir öyküye başlarken ya düzenin bozulmadan önceki durumu ya düzenin bozulması ya da buna karşı girişilen kavga gösterilebilir," diyor Vale. *Son Macera* ve *Pauline Plajda,* bu üç durumdan ilkine uygun birer örnektir. *Mabuse* ve *Sanşo*'da film, bozulmuş bir düzenin sunuluşuyla başlar. Daha en başta, Zuşio'nun babasının sürgün edilmiş, Hofmeister ve Kent'in de tehlikeli ve huzursuz bir ortamda olduğunu görürüz. Ancak bu kişileri bekleyen asıl önemli sorunlar film boyunca birer birer ortaya çıkacaktır.

Yine Vale'e göre, filmde "iki ögenin biraraya gelmesiyle bir düzenin bozulması isteniyorsa, bu ögelerin birbirlerini çeken ya da iten bazı nitelikleri olmalıdır. Düzenin bozulması ya birbirine bağlanmış parçaların birbirinden ayrılması (... örneğin Sanşo'da çocuklar annelerinden ayrılır, *Son Macera*'da Harry Morgan'ın teknesi, parası, kimliği elinden alınır) ya da birbirini iten parçaların zorla biraraya getirilmesi olarak tanımlanabilir" (... birbiriyle sürekli didişen ve kavga eden "zoraki bir çiftin" yer aldığı hafif güldürüler ya da polisiye filmler). "Bu ikinci durumda sözkonusu iki parçayı zorunlu olarak biraraya getirecek bir durumun yaratılması gerekir." Örneğin John Boorman'ın *Cehennemde İki Adam*'ında, birbirine zincirle bağlanmış kaçak iki kürek mahkumunun yaşadığı olaylar anlatılır ve burada Hitchcock'un 39. *Basamak,* Patrice Leconte'un *Uzmanlar* filmlerinde olduğu gibi son derece maddesel bir bağ kişileri birarada tutmaktadır. Walter Hill'in *48 Saat* adlı filminde, biri suratsız bir polis memuru, diğeri yüksekten atan bir serseri, iki apayrı insan, bir soruşturma için iki gün süreyle bir ekip oluşturmak zorundadırlar.

Bir de özellikle aşk öykülerinde iki kişi arasındaki yakınlık ve iticilik birleştirilerek *ikilem* yaratma yoluna gidilir. (Örneğin *Romeo ve Juliet*'te ailelere karşın iki gencin birbirlerini sevmesi gibi.)

11) Güçlükler

• Üç Türlü Engel Vardır

Senaryo boyunca baş kişiler, amaçlarına ulaşmak için birtakım güçlüklerle karşılaşırlar, bu güçlükler öykünün tadım tuzunu oluşturur.

Vale, üç tür güçlük tanımlıyor (s. 146):

- Belli bir duruma bağlı ve durağan nitelikli güçlük (aşılacak bir dağ, parasızlık, bir yabancı dili öğrenme zorunluğu...)

- Rastlantısal ve geçici bir güçlük: "Mesajı iletmekle yükümlü kişinin bacağı kırılır, kötü hava koşullan yüzünden yolculuk ertelenir";

- Kötü niyet, aynı amaca ilişkin, ancak ters yönde bir kişinin amacına ulaşmasını engellemeye yönelik bir niyet. Örneğin, bir hazine peşindeki birkaç kişinin birbirlerini engellemeye çalışmaları.

• İki Tür Gerilim Vardır

Swain, bu konuda iki ayrım yapar: Bunlardan birincisi "*topic engendered tensions*" adını verdiği somut ve mekanik sorunlardan kaynaklanan gerilim türüdür (örneğin "kadın kahramanın yanmakta olan daireden nasıl çıkarılacağı") diğeri de "*character engendered tensions*" adım verdiği karşıt, hatta uzlaşması olanaksız kişiliklerin karşı karşıya gelmesinden doğan gerilimlerdir. Örneğin yaşama savaşı veren bir toplulukta bireyler birbirleriyle sürekli çatışma halindedir (tümüyle maddesel güçlükler ve ruhsal gerilimler sözkonusu): Çok sayıda filmin senaryosunda bu iki tür güçlük birarada işlenmiştir.

12) Amaç

Özellikle "ticari" diye adlandırılan filmlerde, bir öykünün oluşabilmesi için baş kişilerin bir amacın peşine düşmesi gereklidir. Örneğin kişi ya bir felaket (ya da başka engeller) sonucu yitirdiği *status quo*'ya dönmeyi amaç edinir ya da verilen bir sözün yerine getirilmesi, bir malın ele geçirilmesi ya da bir sevgilinin fethedilmesini amaçlar.

Yine Swain, "baş kişinin filmin başında dile getirdiği amacıyla öykünüzün amacı bir olmayabilir" diye bir hatırlatma yapıyor. Sinemada bu durumla çok sık karşılaşılır: Çoğunlukla kahraman, başlangıçta içinden sıyrılmak zorunda olduğu ve ona kişisel bir huzursuzluk, hatta hafif bir sıkıntı veren, edilgen bir durumdadır, ancak sonradan içine düştüğü tehlike onun bu amacının daha geniş ve etkin bir boyuta ulaşmasını ve bir arayışa, bir yaşama nedenine dönüşmesini sağlar.

Sanşo'nun başında Tamaki ve çocuklarının babaları Masauyi'yi aramaları sözkonusudur. ilk bölümün sonunda annesinden ayrı düşen ve esir olan Zuşio kaçmaya karar verir, öykünün üçüncü bölümünde amacı, kendi itibarını yeniden sağlamak ve resmi görevini yitirmek pahasına da olsa kölelere bağımsızlıklarını vermektir. Filmin sonundaysa görevini tamamlamıştır ve kafasında yalnızca annesini bulma düşüncesi vardır.

Son Macera'nın başında Harry Morgan'ın başlıca amacı, Johnson' dan on beş günlük tekne borcunu geri alabilmektir; filmin sonundaysa Fransız direnişçilerinin esir olan şeflerini kurtarmak göreviyle direnişçilerle yola çıkmayı amaçlar.

- **İkilem ve Birleştirilmiş Amaçlar**

İki ayrı kişinin, birbiriyle uzlaşması olanaksız iki amacının karşı karşıya gelmesi filmdeki çatışmayı oluşturur (Swain). İkilem ise bir kişi, içinde birbiriyle çelişen iki amacı gerçekleştirme isteği duyduğunda ortaya çıkar. Örneğin *Romancing the Stone*'un (Robert Zemeckis) başında Michael Douglas böyle bir ikilem karşısındadır; ya ardına düştüğü değerli taşı geri alacaktır ya da tehlikede olan sevdiği kadını kurtaracaktır. Durumun acilliği o sırada bir seçim yapmasını gerektirir ve sonuçta kahraman kızı kurtarır. Ancak senaryo yazarı da filmin sonunda kahramanı o değerli yeşil mücevherle ödüllendirir. Bazı filmlerde aynı amacın peşine düşen baş kişiler arasında bir bağ oluşur. Bu da daha çok -bu amaç paylaşılamayan bir metaysa- çatışmak (rekabet gerektiren) bir bağdır (örneğin bir insan). Çoğunlukla bir kişi, iki ayrı amaç peşinde de olabilir. Yalnız bu amaçların ille birbiriyle uzlaşmaz nitelikte olması gerekmez: Örneğin bir rakibi yenmekle sevgiliyi fethetmek gibi. Bu durumda iki yarı bölümden oluşmuş bir öyküyle karşılaşmamak için senaryo yazarına bu iki amacı elde etme yollarını olabildiğince birbiriyle ilişkili bir biçimde tasarlaması öğütlenir ve böylece ya bu amaçlar birbirine bağlanır ya da aralarında bir karşıtlık oluşturulur. Bunlardan birincisine çok klasik olan bir örnek verelim: Kahraman ancak rakibini "yendiğinde" kadını fethedebilir. Yine çok klasik olan ikinci durumdaysa kahraman bir seçme yapmak zorunda kalır; ya hazineyi kurtaracaktır ya da kadını fethedecektir.

- **Amacı Kişinin Yararına Kullanmak**

Kahramanların bir amaçta neden direttiklerini göstermek ve seyircinin ilgisini buna çekmek için sözkonusu amacın görüntüye yansıması gerekir mi? Zorunlu değildir bu. Vale, "bir amacın, kendi içinde, kendi içeriği ve değeriyle değil, baş kişiyle arasında oluşan uzaklık ve yönle tanımlanması gerektiğini," söylüyor (s. 131). (Bak. "MacGuffin Kuramı").

The Technique of Screenplaywriting'in yazarı, ayrıca yararlı bir uyarıda da bulunuyor: "Olayların yönelimi hep iyiye doğru olmalıdır, ancak bu, amaca mutlaka ulaşılacak demek değildir; amaç elde edilmese de olur," (s. 130). Bir başka deyişle, senaryo yazarı filmin başında kişilere bir amaç vermeli *ve film bitmeden* bu amacı kişinin yararına kullanmalıdır. Örneğin:

a. Kişi bu amaca ulaşır;

b. Amaca ulaşamaz ama ulaşmayı hedeflemiştir (açık son);

c. Amaç ulaşılmayacak bir amaçtır.

Kişilerin bu amaç ve yönelişlerinin film sırasında "unutulması" çok sık karşılaşılan bir durumdur ve anlatının bulanık kalmasına neden olur.

- **Temel ve Yardımcı Nitelikli Amaçlar**

Bir senaryoda çoğunlukla bazı temel amaçlar ve birtakım yardımcı, ikincil amaçlar kullanılır. Temel amaçlar genellikle kişinin canını kurtarması, bir sevgiliyi, bir hazineyi, bir gücü elde etmesi olabilir.

Yardımcı amaçlarsa bir yola koyulmak, izlenmek, bir kişiyle tanışmak, dinlenmekdir.

Vale'ye göre: "İkincil nedenler bir tür zincir oluşturmalıdır. Bir başka deyişle bu amaçlardan birine ulaşıldığında, bir diğer amaç oluşmalı ya da ortaya çıkmalıdır."

Senaryo yazarının kahramanın temel amacını açıklıkla belirtmemesi, öyküde önemli kusurlara, filmin bulanık kalması gibi tehlikelere yol açar; tabii, bu bulanıklık bir senaryo taktiği olarak bilinçli bir biçimde ("düşmanı kandırmak" için) kullanılmamışsa.

Son Macara'da Harry Morgan hem temel hem de ikincil bir dizi amacın peşindedir: İşini sürdürmek ve Johhson'ı balığa çıkarmak, sonra bir türlü borcunu ödemeye yanaşmayan müşterisinden parasını alabilmek, otele yeni gelen, ilgi duyduğu kızla tanışmak, Renard'ın pençesinden kurtulmak, yaralanan Paul de Bursac'ı ameliyat etmek, yorgunluğunu atabilmek vb. Filmde Harry'nin karşılaştığı engeller de sırasıyla gösterilmiştir: Johnson'ın kötü niyeti ve onu dolandırmak istemesi, Marie'yi yanlış anlaması ve ondan sakınması, De Bursac'ın karısının düşmanca tavırları ve dinlenmesini engelleyecek bir sürü olayın araya girmesi, vb. Bu amaçların sırayla gerçekleşmesinin ardından (Johnson'ın ödemeye razı olması; Renard'ın onu bırakması; Paul de Bursac'ın iyileşmesi), bir tersliğe bağlı olarak yeni bir amaç ortaya çıkar: Johnson bir kaza kurşunuyla vurulur, Harry bir şeyler içmek ister ancak beş parası yoktur, Renard, en yakın dostu Eddy'ye el koyar, direnişçiler yeni bir göreve onun da katılmasını isterler vb. Şakayla karışık, Harry'nin bir türlü huzur bulmadığını ve öykünün bu doğrultuda geliştiğini söyleyebiliriz.

13) Yönelimler, İstekler

• Bunların Gösterilmesi Gerekir

Senaryoyla ilgili yazılmış birçok kitapta, kişinin yönelimlerini ve isteklerini yalnızca söylemesi değil, bunları sözlü olarak açıkça onaylaması da gerektiği vurgulanır. Eugene Vale, önemle şunu saptıyor (s. 149): "Kişinin yönelimleri kuru kuru ilan edilmemelidir. Bunların ne denli güçlü oldukları açıkça gösterilmelidir (...) Bazen senaryo yazarı, kahramanın yönelimlerinin gücüne kendini öyle kaptırıyor ki, bunları açıkça göstermeyi ihmal ediyor: Oysa, seyircinin elinde kahramanın yönelimi ve heyecanları hakkında hiçbir kanıt yoktur."

Örneğin, *Son Macera*'nın başında, Harry yalnızca kendi işiyle ilgilenen, politikaya karışmayan bir bireycidir. Ancak senaryoda bunu yalnızca dile getirmekle yetinmez, aynı zamanda davranışlarıyla da gösterir: Önce, kendi işine zararı dokunacak korkusuyla direnişçilerin önerisini geri çevirir, sonra parasız kalıp işi kabul ettiğinde Vichy'li karakol gemisi kendi teknesini tanımasın diye hiç tereddüt etmeden ateş ederek projektörlerini söndürür. Paul de Bursac açılan ateş sırasında kolundan yaralandığında, "*Yastıkların üzerinde kan izi istemiyorum,*" diye kuru bir sesle bağırır.

Sanşo'da, Zuşio'nun emirlere uyan bir köle olduğunu göstermek için Mizoguçi ve Yoda, oğlanın sözleriyle yetinmemişler, ona kızgın demirle bir köleyi cezalandırma görevi vermişlerdir. Zuşio bu olaydan sonra Anyu'nun yanında efendisinin buyruklarına inancını dile getirir. Böylece, Zuşio'nun kişiliğinin bu yönü, soyut bir açıklamadan çok, korkunç bir örnekle somutlaştırılmış biçimiyle seyirciye aktarılır. Bu filmde, bir de hareket yerine sözle başkaldırmayı yeğleyen ve bu açıdan eleştirilen bir kişi vardır, o da Taro'dur.

Sinemada sözün gücü üzerinde duran ve bu konuyla ilgili olarak oldukça açık bazı düşünceler üreten Eric Rohmer (bak. *Güzelliğin Tadı* adı altında topladığı yazıları) yönelimlerini ve inancını acımasızca dile getiren kahramanın -genellikle de kadın- üzerine kurulu bir dizi yeni film çekmiştir. Ancak yönetmen, "bilinçli konuşan" bu kadınların ettiği sözlerin doğru olup olmadığı konusunda kuşku uyandırmaya özen gösterir. *Pauline Plajda*'nın Marion'u, *Dolunay Geceleri*'nin Louise'i, *Güzel Bir Evlilik*'in Camille'i bir "yaşama düzeni" oluşturmuşlardır, ancak bunu her gerçekleştirmeye çalıştıklarında başarısızlığa uğrarlar. Bu kişilerin üçü de yaşamı fazlasıyla düzene sokarak, özellikle de başarılarından çok sık söz ederek sanki yaşama karşı bir kusur işlemektedirler.

14) İkilem

Bir kişinin kendini bir ikilem içinde bulması, kişinin ayrı ayrı sakıncalar içeren iki farklı durumda kalması demektir. Genellikle Corneille'in tragedyalarına özgü bu tür çatışmalı durumlarda, kahramanın kararı ne olursa olsun, mutlaka bir şeyler yitirecektir; çünkü davayı tümüyle kazanabilmesi için önünde hiçbir çözüm yoktur.

Mabuse'de Kent, Lily'den gerçek işini gizleyerek onun gözündeki değerini korumakla kıza doğruyu söyleyip reddedilmek arasında bir seçim yapamaz.

Son Macera'da Harry, Marie'den hoşlandığı için çok düşkün olduğu özgürlüğünü yitirmek durumunda kalır.

Fransız ulusunun çok yakından tanıdığı Corneille ikilemi, bir aşk ve onur çatışmasıdır. Kahraman, maddesel bir varlıkla bir kadın arasında ya da Zafer ve özgürlükle aşk arasında bir seçme yapmak zorunda kalabilir. Gerçekte aşk sözkonusu olduğunda ilginç bir ikilem ortaya çıkar, burada maddeyle maddesel olmayan, yani çıkarla ülkü çatışır. Kahramanın kişiliğinde meydana gelen bu ikilem durumlarının filmdeki etkisi, halk arasında *"insan her şeye sahip olamaz"* diye özetlenen inanışı örneklendirmesinden ileri gelir.

15) Rakip

- **Rakip Kimdir?**

Öykülerin hepsinde olmasa bile çoğunda kahramanın isteklerine, peşinde olduğu amaca, yaşama savaşına, huzuruna engel olan bir rakip, düşman, muhalif ya da kötü adam bulunur. Bu, bir insan ya da topluluk olabileceği gibi, bir doğal felaket (yangın, deprem, soğuk...) ya da hastalık, fiziksel bir engel, ruhsal bir sorun, yasalar, çevre, toplum, bir hayvan, bir canavar olabilir. Ayrıca bu rakip, kişinin kendi içinde bulunabilir (öldürme itkisi, kendi kendini yok etme eğilimi, depresif yapı). Bu rol A.J. Greimas'ın yaptığı sınıflandırmaya göre altı dramatik işlev arasından *karşı çıkan* işlevine uyar ve *yardımcı*'yla bir karşıtlık oluşturur (yardımcı, bir şeyin peşine düşen kahramana yardım edenin işlevidir). *(La Semantigue Structurole,* Editions Larousse)

Swain, rakibi "kahramanın amacına ulaşmak için harcadığı çabalara karşı çıkan kişi, öge ya da güç" olarak tanımlıyor (s.357).

- **En Az Düzeyde Çekicilik**

Rakibi bir kişi canlandırıyorsa, çoğunlukla bu kişinin fazla çekici birisi olmamasına, bir başka deyişle, rakibin çok az fiziksel çekiciliği ya da hiç olmazsa zeka ya da beceriklilik düzeyinde bir çekiciliği olmasına özen gösterilir. Mabuse, Komiser Renard, hatta acımasız Efendi Sanşo'nun zeki insanlar olduğunu gördük. Filmlerinde kötü adamlara her zaman gizemli ve çekici bir kişilik vermeye çalışmış olan Hitchcock: "Kötü adam ne kadar başarılıysa, film de o kadar başarılıdır"diyor.

Yeni filmlerin çoğunda kötü adamları, genellikle gerçekten kötü ve alçak, hatta üstüne üstlük budala kişiler oluşturuyor. Böyle bir senaryo seçimi, kahramanı film boyunca bir dizi eyleme yöneltecek haklı bir "meşru müdafa"ya iter. Bu tür kötü adamların kullanıldığı filmlerin yalnızca seyirci açısından ilginçliği değil, dramatik gücü de mekanik bir eyleme, kör bir şiddete dönüşerek azalır.

- **Rakibin Araya Girmesi**

Vladimir Propp'un *(Masalın Biçimbilimi)* kötülerin masalda ortaya çıkışıyla ilgili söylediklerini anımsatmamız ilginç olacak, çünkü çoğu senaryoda bu durumla karşılaşırız: "Saldırgan (kötü), olay boyunca iki kez görünür, birincisinde aniden ve yatay bir yönden gelip (uçarak gelir, gizlice yaklaşır, vb) sonra kaybolur, ikincisinde öyküde aranan kişinin kılığında, genellikle de kahramanın bir yol gösterici aradığı yolculuğun sonunda ortaya çıkar" (s.102).

Bu şemanın olduğu gibi filmlerimize uyması olanaksız. Bununla birlikte, Sanşo'da çocukların zorla kötü adama götürülmesi, çocuklardan birinin büyüdükten sonra, buraya, bu kez kendi isteğiyle ve toplumsal açıdan Sanşo'nun düzeyinde onunla karşılaşmaya gelmesini bir örnek olarak verebiliriz.

Pauline Plajda filminde tam anlamıyla "kötü" değil, ancak bazı kötü nitelikleri olan bir kişi vardır: Kızlara asılan, hatta Pierre'in "şeytansı" diye nitelediği Henri. Henri, filmde Marion ve Pauline'in yaşamına "yatay olarak", neredeyse sinsice girer (onu önce Pierre'in arkadaşı sanırlar, oysa az önce onunla tanışmıştır) ve sonradan Henri'nin evi bir çekim alanı, bütün öykü kişilerinin buluşma ve karşılaşma yeri olacaktır.

16) MacGuffin (Gizli Belge)

• Özel Anlam

Hitchcock'un Truffaut'yla yaptığı ünlü söyleşide ilkelerini açıkladığı "MacGuffin", bu söyleşiden sonra sinema eleştirisinde birçok yoruma neden olmuş bir yöntemdir.

"MacGuffin" aslında casusluk ya da gerilim filmlerinde kurmaca bir amaç oluşturan askeri ya da siyasal nitelikli gizli bir belgedir. Hitchcock, "MacGuffin"in içeriğinin "film kişileri için çok önemli olduğunu ama anlatıcı için bir önem taşımadığını" söylüyor. Böylece öykü, yazarla seyircinin hiç ilgilenmediği ama kişilerin peşinde olduğu bir bahane çevresinde kurulabilir ve oldukça heyecan uyandırabilir.

Örneğin *39. Basamak*'in "gizli belgesi" bir uçak modelinin yapımında kullanılan bir matematik formülüdür. Bir *Kadın Kayboldu* filminde notaları şifreli bir ezgiyle iletilen bir mesajdır ve iki ülke arasında gizli bir anlaşmanın maddelerini kapsamaktadır. *Gizli Teşkilat*'ta "hükümetin sırlarını" gizleyen bir mikrofilmdir.

- **Genel Anlamı**

Seyirci açısından bakıldığında bu belgenin içeriği değil de kişiler arasında oluşturduğu rekabet, yarış, tutku, aşk, merak, nefret, şiddet gibi duygular daha çok önem taşıyorsa, yani belge öyküde geçen maddesel bir amaç niteliğindeyse, "MacGuffin" daha genel anlamda kullanılır. Hitchcock bu yolla, polisiye bir anlatının amacı bulanık kaldığında bile filmin seyircide heyecan uyandırabileceğini göstermiştir. Yine Hitchcock'un filmlerinde daha dramatik nitelikli bir heyecan ögesinin de sık sık kullanıldığını belirtelim: Yaşamı tehlikeye giren baş kişi.

Doktor Mabuse'de *Mabuse* adı bir bakıma bir "MacGuffin" işlevi yüklenmiştir. Hofmeister filmin başında tam bu adı söylemek üzeredir oysa ancak filmin sonunda konuşabilir, zaten bu da bir işe yaramaz!

Son Macera'da Paul'ün Harry'ye sözünü ettiği direnişçilerin gizli görevi bir tür "MacGuffin"dir. Hem seyirci bu görevin ne olduğunu film süresince öğrenemez hem de bu görev, kahramanları kişisel çıkarlarından çok daha önemli bir *amaca* yöneltir: Öte yandan, seyirci de senaryo yazarları da Şeytan Adası'nda serbest bırakılan direnişçilerin şefinin kimliğiyle ilgilenmez!

"MacGuffin"lerin en ünlüsü dev bir yapıtta (toplam oniki onüç saati bulan dört operadan oluşan) Wagner'in *Dörtlemesi*'nde geçen, herkesin peşinde olduğu ve uğrunda savaştığı altın yüzüktür. Bu yüzüğün, gizini öğrenebilene çok büyük bir güç sağlayacağına inanılmaktadır (casusluk öykülerindeki "mutlak silah"ın formülü gibi). Ancak daha öykünün başında (Alberich cücesi için) bu gücün bir işe yaramaması ilgi çekicidir. Daha sonra yüzüğü elde eden Siegfried ise bu güçten habersiz, onu bir nikah yüzüğü gibi kullanır. Bir güce sahip olduğu sanılan ve hiçbir işe yaramayan bu yüzüğün seyircinin gözünde de bir ilginçliği yoktur, ancak insanların ve Tanrıların yazgısını etkileyen bir nesne olarak tam bir "MacGuffin" örneğidir.

- **MacGuffin'in Önemi**

"MacGuffin", sinemada öykünün içerdiği amaca ya da öykünün önemine ilişkin sorunlar getirir. Örneğin, Hitchcock'un *Bir Kadın Kayboldu* filminde "önemli" olan nedir?

- İngiliz karşı casusluk örgütünden yaşlı bir kadının şifreli mesajı ("MacGuffin") gereken yere ulaştırması mı?

- Bu olay sırasında genç adamla kızın karşılaşması ve birbirlerine aşık olmaları mı?

- Ya da (öğretici ve simgesel yorumla) bu kişilerinin seyirciye bu deneyimler aracılığıyla yaşam konusunda bir şeyler öğretmeleri mi?

VII) Senaryonun Önemli Bölümleri

Bu bölümde senaryoyu bir çizgi, bir eğim olarak ele alacağız. Her ne kadar senaryonun bölümleri ve sahneleri bir tiyatro yapıtındaki kadar önemliyse de, aynı oranda çizgisel ve açık seçik bir görünüm sunmazlar. Burada, senaryodaki bölümleri, sahnelerin birbirine eklemlenişindeki belirleyici noktaları, iki sahne arasında gereken süreleri inceleyeceğiz. Böylece hem senaryoda bir noktadan diğerine nasıl geçildiğini hem de çevrimsel, yani başladığı noktaya dönen senaryolarda sahnelerin hangi çizgiye göre ve nasıl ilerlediğini göstermeye çalışacağız.

1) Sürekli İlerleme Yasası

• Bir Merdiven Gibi

Sürekli ilerleme yasası, dramatik gerilimin yavaş yavaş artarak doruk noktasına ulaşması, bir başka deyişle, en önemli ve en çarpıcı olayların filmin sonunda, bu gerilimin son bulduğu noktada seyirciye sunulması ilkesine dayanır. Antik Çağ tragedya ozanları ve daha sonra XVII. yüzyılda Boileau bu yasayı yüzyıllar önce belirlemişlerdi. ("Her sahnede giderek büyüyen bir yürek sıkıntısı.. Patlama noktasına gelince bir ip gibi çözülsün.")

Bunu filmlerinde bir ilke olarak benimseyen Hitchcock da filmin bir teleferik gibi sürekli yükselerek ilerlemesi gerektiğini söyler. Swain bu ilerlemeyi çıkan bir merdivene benzetir. Nash-Oakey ise senaryonun bir gerilimler dizisi olduğunu söyleyerek her gerilimin bir öncekine oranla daha çok önem kazandığını ve filmin sonlarına doğru, bir doruk noktasına ulaştığını belirtiyor. Francis Veber (Sale, s. 124), böyle dramatik bir yükselişin senaryo için bir gereklilik olduğunu söylerken yine aynı yapıtta Jorge Semprun (s. 114) "bu dramatik yükselişin kaçınılmaz bir kural" olduğunu anımsatıyor ve "her zaman için bu kurala yer vermeden bir senaryo kurmak olasıdır, ancak böyle bir yapı yıkılmaya mahkumdur," diyor. Jean-Claude Carriere bu ilerleme yasasına bağlı olarak sahneler arası bir ilişkinin gerekliliği üzerinde duruyor: "Her sahnenin önceki sahnelerde sorulan soruları yanıtlayıp yeni sorular ortaya atarak ilerlemesi gerekir," (Senaryonun Amacı).

- **İlerlemenin Koşulu**

Vale: "Tiyatro sinemaya oranla sürekli bir ilerleme üzerinde fazla durmaz, çünkü tiyatroda zaman zaten süreklidir" diyor; yazara göre "ileri doğru hareket" (move forward) filmi oluşturan gerçek zaman parçalarını birbirine bağlamaya yarıyor. Yine bu yapıtta: "Bu yasa (sürekli ilerleme) öykünün her ögesine uygulanmalıdır; her özellik filmin sonuna değin giderek önem kazanmalıdır. Her heyecan giderek daha vurgulanmalı, her verilen kararın sonuçları daha ağır olmalıdır" diye yazıyor (s. 192-193). Böylece Vale, çok önemli bir olayla filme başlanmaması gerektiğine, böyle bir başlangıcın her türlü ilerlemeyi kısacağına dikkati çekiyor: "Birçok film -çoğu yapımcının da istediği gibi-parlak bir girişle başlar, ancak bu başarı film boyunca sönerek kaybolur" (s. 206).

Öyküye başlarken, kişi ya da durumlar özellikleri geliştirilmiş, tamamlanmış halleriyle gösterilmemelidir; böyle bir tutum, kişi ve durumu daha filmin başında donduracaktır. Aynı şekilde, öykünün geçmişe doğru ilerlemesi gerekiyorsa, "her plan, her sahne 'büyümeli, gelişmeli *(grow)* ve daha iyi ya da daha kötü bir hale gelmelidir" (Herman, s.183).

2) Senaryonun Doruk Noktası

Bir senaryonun *doruk noktası,* dramındaki heyecanın ve şiddetin, dramatik gerilimin ulaştığı en son noktadır. Senaryo en yaygın biçimiyle sürekli bir dramatik ilerlemeye göre yazılmışsa, doruk noktası ilkece filmin sonuna doğru yer alacaktır. Bu noktadan sonra yalnızca çözüm sahneleri gelebilir.

Swain, senaryonun doruk noktasını, oyun kişisinin istekleriyle içinde bulunduğu tehlikeli durumun çatıştığı en ileri nokta olarak tanımlıyor. Herman'a göre senaryonun doruk noktası, bir dizi gerilimin vardığı en önemli noktadır. Senaryo yazarı, baş kişiyi yaşamının özel bir anında göstererek öyküye bir çıkış noktası sağlayabilir; senaryoda mutlaka işlenen sorunun çözümlenmesi şart değildir (bak. Vale, s. 192).

Bir senaryonun doruk noktasının mutlaka şiddet içeren bir sahne olması da gerekmez, önemli olan içerdiği heyecandır. *Sapık* filminin başında yer alan duş sahnesi, filmin sonundaki, annenin mahzende bulunduğu sahneye oranla çok daha fazla kan ve şiddet görüntüleri kapsar, bununla birlikte film, son bölümünde en şiddetli heyecanı uyandıracak biçimde kurulmuştur; duştaki cinayet sahnesinin ise amacı, seyircide bir şok (sürpriz, şaşırtmaca) yaratmaktır.

Görüldüğü gibi, senaryonun doruk noktası, bir durumu alt üst eden "beklenmedik olay"dan farklı bir şeydir. Hatta bu doruk noktası, seyircinin kendim hazırladığı, beklediği bir sahne de olabilir (iki rakibin karşı karşıya geldiği kovboy ya da polisiye filmleri gibi).

Nash-Oakey: "Bir senaryoya başlarken, doruk noktasını nereye yerleştireceğinizi iyice belirleyin; tıpkı yapacağınız bir yolculuğun yönünü çizer gibi," diye öğütlüyor. Bir başka deyişle filmdeki olayın doruk noktası daha senaryonun başında yazarın kafasında oluşmalıdır.

Mabuse filmindeki gerilimin doruk noktası, filmin sonlarına doğru hastaneye gidiş sırasında arabayla kovalama sahnesi; *Son Macera*'da ise Harry, Marie, Renard ve adamlarının Harry'nin odasında biraraya gelmeleri ve Harry'nin ilk kez soğukkanlılığını yitirerek adam öldürdüğü sahnedir. *Sanşo*'da yer alan iki doruk noktasından birincisini Zuşio'nun kaçışıyla Anyu'nun ölümü, diğeriniyse Zuşio'yla annesinin birbirlerine kavuşmaları oluşturur.

- **Senaryonun Önemli Anları**

Bir senaryonun önemli anları ya da noktalan *(peaks)*, beklenmedik bir zamanda her tür heyecanın (duygusallık, gülme, korku, şaşkınlık) çok yüksek bir düzeye ulaştığı anlardır. Bir tür doruk noktası içeren önemli anlar filmde bazen ağır ağır oluşur (Swain, "noktalarınızı hesaplayın" diye öğülüyor), çünkü seyircide uyandırmak istediği etki, yalnızca o anlık bir etki değildir, bu noktadan önce bulunan başka bir noktaya bağlıdır ve eğimin başka bir noktasında yer almaktadır.

Böylece senaryoda önemli bir anı yaratmak için belli bir biçimi ve anlamı olan, son derece basit ve sıradan bir olay ya da diyalog kullanılabilir.

"Önemli an" kavramı, dramatik bir yapıtın eğimlerinin ve şiddet değişmelerinin belli bir sıraya göre birbirini izlemesine dayanan bir kavramdır.

"Fazla önemli an" demek "çok sayıda önemli an" demektir. Spiel-berg'in imzasını taşıyan *Indiana Jones* gibi modern filmlerin yaratılmasında, bu oldukça yenilikçi ve kabul gören modelden yararlanılıyor (önemli anların ardı arkası kesilmeden birbirini izlemesi). Bu tür filmlerin ortak özelliği, tıpkı bir korku tünelinde olduğu gibi üst üste patlak veren basit olaylardan oluşmasıdır.

3) Sahne ve Ayrım (Sekans)

- **Bölünmenin Korunması**

Tiyatroya özgü mekansal sınırlamalar (Shakespeare'in tiyatrosunu bunun dışında tutuyoruz) tanımayan sinema yine de oyunu sahnelere bölmektedir. Vale bu bölümlemeyi "her filmin en geniş alt bölümlere ayrılması", "öykünün, içinde bir olay geçen kesiti" olarak tanımlıyor (s.55). Vale'e göre bir film, bu tür otuz kadar bölüm içerebilir. Field ise kesin bir sayı vermeyerek bunun öyküye bağlı olduğunu belirtiyor. Çalışmalarımız sırasında, deneysel ve kabul edilebilir bazı ölçütlere başvurarak, Son *Macera* için 23 sahne, *Sanşo* için 22 sahne, *Pauline* için 27 sahne ve *Mabuse* için 58 sahne saptadık (yalnız bu son filmdeki birbirini izleyen sahnelerin koşut kurguda *(montage parallele)* bölümlenmesi sonucu bazı sahnelerin çok kısa olduğunu da belirtelim).

- **Sahnelerdeki Eksiltiler**

Field, sahnelerin film içindeki sıralarına ve zamanlarına göre (nerede ve ne zaman?) belirlenmesi ve her sahnenin tıpkı bir film gibi üç bölümden -başlangıç, orta, son- oluşması gerektiğini söylüyor. Ancak burada önemli bir güçlük sözkonusudur, çünkü seyirciye tüm sahneleri böyle bir bütünlük içinde sunmaya çalışmak, gerçekleştirilmesi olanaksız bir çabadır. Bu yüzden bir filmin bazı sahnelerini orta yerinde, bazılarını da son dakikalarında, dolayısıyla seyircinin gösterilmeyen süre içinde neler olduğunu tahmin etmesini sağlayacak biçimde perdeye yansıtmak gerekir. Böylece film hem daha canlı bir ritm hem de daha gizemli, bilmeceli ve şaşırtmacalı bir nitelik kazanmış olur. Bir başka deyişle, sahnenin tümüyle gösterilmemesi sahneler zincirinde bir gerilim oluşturmaya yarar.

• **Zaman ve Sahneler**

Zaman açısından bakıldığında bir filmde iki tür zamanın kullanıldığını görürüz: Birincisi *sahne boyunca akan zaman* (bu, kısaltılmış ya da uzatılmış olsun, gerçek zaman gibi kabul edilir), ikincisi de sahneler arasındaki *zaman boşluklarıdır (time lapses)*. (Bk. Zaman)

Birçok yazar, sahneyi bir film gibi, kendi içinde bir mikrokozmos (küçük evren) olarak görme eğilimindedir *(Hitchcock-Turuffaut)*. Sidney Field de, bu konuyla ilgili olarak vücut hücreleriyle insan vücudu arasındaki yapısal benzerliği örnek gösteriyor (oysa bir insan hücresi insan vücuduna benzer bir yapıya kesinlikle sahip değildir!).

• **Sahne ve Ayrım (Sekans)**

Daha büyük bir birim olan sekans, aynı düşünceyi yansıtan sahnelerin biraraya gelmesinden oluşur ve bir sahneler dizisi ya da grubu olarak tanımlanabilir. Field sekanslara bir örnek olarak *Baba* filmindeki düğün sahnelerini, Peter Yates'in *Bullitt* filmindeki arabalı kovalama sahnelerini ve *Son Macera*'daki Harry'nin direnişçileri teknesiyle Fort-de-France'a getirdiği sahneleri sayıyor.

Metz "*Geniş Sözdizim*" başlıklı yazısında *(Communications*, No: 8) sahneyi sekanstan daha küçük bir birim olarak tanımlıyor. Sahne (zamanın süreklilik gösterdiği) tiyatro ya da yaşamın bize sunduğu somut zamanı andıran (...) bir birimdir" (sürekli akan zaman); oysa sekans, "tek olmasına karşın birçok mekanı kapsayabilen ve önemsiz anları atlayan daha karmaşık bir olay birimidir." Christian Metz, Renoir'in *Oyunun Kuralı*'ndaki av sahnesini örnek göstererek, bu sahnenin filmsel zamanla öyküsel zamanın (olayın anlatıldığı zaman) birbiriyle rastlaştıkları izlenimini uyandırmasına karşın, sekansta böyle bir şeyin sözkonusu olmadığını söylüyor.

4) Bölümler

• Üçlü Dizi

Birçok yazar antik örneği izleyerek, bir senaryonun üç bölümünden oluşmasını, Giriş/Beklenmedik Olay/Felaket ya da Giriş/Çatışma/Çözüm biçimine göre yazılmasını öğütlüyorlar.

Bu düşünceyi savunan Herman (s. 19) ve Nash-Oakey (S. 10) gibi Field de her iyi senaryonun uyması gereken bir "dizi" *(paradigme)* öneriyor Birinci bölüm, giriş *(set-up)*, bu bölümü izleyen ilk beklenmedik olay *(plot-point)*, sonra karşı karşıya gelme sahnesiyle ikinci beklenmedik olay ve sonuç bölümü. Bu bölümlerin her biri de kendi içinde üçe ayrılır. Field'in "dizi"sinde bu üç bölümün uyması gereken oranlan da belirlenmiştir: İlk bölüm toplam sürenin dörttc birini, ikinci bölüm yarısını, üçüncü bölüm de geri kalan dörtte üçlük süreyi kapsamalıdır.

Nash-Oakey de buna benzer bir biçimde, senaryonun üç bölümden oluşmasını öneriyor: Olayla ilgili tüm verilerin sunulduğu ilk bölüm toplam film süresinin dörtte birini kapsamalı, ilk bölümün iki katı uzunlukta olan ikinci bölümde kahramanın rakibiyle çatışması ve kahramanın talihinin hiç düzelmeyecek biçimde ters dönmesi gösterilmeli ve geri kalan dörtte birlik süredeyse sorunun çözümü yer almalıdır.

Vale, bu öneriler karşısında çekimserdir (s-.257): "Sinematografik bir anlatının neden tıpkı tiyatro gibi üç bölümden oluşması gerektiğini -bu anlayış çoğu yazara onurlu bir düşünce gibi gelse de- anlayamıyorum."

İncelediğimiz dört filmden yalnızca *Efendi Sanşo*'nun senaryosu bu tür bir bölümlemeye uymaktadır.

Birinci bölüm: Henüz çocuk olan Zuşio ve Anyu'yu annelerinden ayırıp köle olarak satarlar (sahne 1 -9), bu bölümdeki beklenmedik olay çocukların kaçırılmasıdır.

İkinci bölüm: On yıl sonra, acımasız bir delikanlı olan Zuşio'da insancıl duygular ağır basar ve Sanşo'nun arazisinden kaçar, Anyu'ysa kendini feda eder (sahne 10-16), bu bölümün beklenmedik olayı Zuşio'nun değişime uğraması (kötülükten vazgeçmesi) ve Anyu'nun ölümüdür.

Üçüncü *bölüm:* Zuşio eski haklarına kavuşarak vali olur ve kölelere özgürlüklerini vermeyi amaç edinir; amacını gerçekleştirdikten sonra annesini bulmaya gider (sahne 17 -22).

Son Macera'nın ilk bölümü de kolayca belirlenebilir: Birinci bölüm, ilk sahneden Harry ve Marie arasında duygusal yakınlaşmanın geçtiği 10. sahneye kadar sürer ve bir öpücükle birlikte perdeden resmin kaybolmasıyla son bulur (böylece akşam olduğunu anlarız). Filmin diğer iki bölümünü birbirinden kesin çizgilerle ayırmak olanaksızdır.

Ünlü Japon yönetmen ve senaryo yazarı Akira Kurosava'nın önerdiği modeller de ilginçtir. Kurosava "Japon lirik dramı"nın üç bölümden oluşan yapısını ya da karşıt yönde gelişen, üç ya da dört hareket içeren klasik senfoni yapısını (canlı/ağır/canlı ya da canlı/ağır/hafif) film için önerir.

5) Giriş

- **Tanım**

Giriş bölümü bir senaryoda öykünün temelini oluşturan türlü ögelerle çıkış noktalarının seyirciye sunulduğu bölümdür: Baş kişiler, filmin geçtiği ortam, çıkış noktası, düzenin bozulduğu an, vb.

Swain girişi "anlatının kavranması için öykü kişilerinin geçmişlerine ilişkin verilen bilgi" olarak tanımlıyor (s. 350). Yazara göre giriş bölümü, "merak ögesi"yle amacı belli bir girişim içermelidir: Filmin daha başında kişiler ve durum bu girişim sayesinde etkin bir biçimde belireceklerdir.

Vale'e göre "giriş bölümü her filmin içerebileceği en yoğun bilgilerin yer aldığı bölümdür" ve "bir senaryo yazarının deneyimli olup olmadığı işte bu giriş bölümünde gösterdiği beceriden anlaşılır". Francis Veber de buna uygun olarak şunları söylüyor "Giriş dediğimiz şey, dünyanın belki de en güç işidir, çünkü en kısa zamanda en fazla bilginin verilmesi zorunludur. Oysa bir film boyunca seyircinin aklında en son bilgiler kalır. (...) Sinemada seyirci yalnızca duygularla ilgilenir (...) Bu da özellikle filmin başında birtakım güçlükler ortaya çıkarır: Aktarılması gereken bir bilgiyi içine duygu ögesi katmadan seyirciye sunmak çok güç bir deneyimdir" (Senaryonun Amacı, s.67).

- **Giriş Bölümü Bir Giriş Gibi Olmamalıdır**

Senaryoya giriş bölümü yazılırken kural gereği, bunun bir giriş havasında olmaması gerekir (karş: Nash-Oakey). *Gizli Teşkilat*'ın senaryo yazan Ernest Lehman: "Oyuncu birtakım bilgileri seyirciye aktarırken bunları zorla söylüyormuş izlenimi uyandırmamalı, bu gerekli bilgileri olabildiğince doğal bir tavırla seyirciye bildirmelidir," diyor. Sonuç olarak, bir senaryodaki giriş bölümünün dramatik bir bilgi verme işlevi olduğunu söyleyebiliriz.

- **Giriş Bölümü Dramatik Olmalıdır**

Bir filmin girişinde verilecek ön bilgiler, neredeyiz, kişiler kim, aralarındaki iş ve akrabalık ilişkileri nelerdir, geçmişleri nasıldır... gibi soruların bir bilgi formu niteliğine bürünmeden öykünün başladığı andan başlayarak yanıtlanması için gereklidir. Vale şöyle bir dram tekniği öneriyor (s. 199): "Bir film kişisi, çok merak ettiği bir şeyi öğrenmek amacıyla bir adama sorular sorar. Ancak adam ya yeterince akıllı olmadığından ya da bilinçli olarak başka bir şeyden söz eder (...) İşte bu yanıt seyircinin öğrenmek istediği bir bilgiyi kapsar. Senaryo yazarı da sonuçta bir yanlış anlamayı mükemmel bir dramatik etki olarak kullanmış olur."

Nash-Oakey de buna benzer olarak: "Seyircinin bilgileri dolaylı yoldan edinmesi gereklidir (...) öyle ki senaryo bilgi veriyor gibi olmasın. Örneğin, senaryoda kişilerin ne düşündüklerini dile getirmelerini sağlayacak bir kavga sahnesi yer alabilir. Böylece oyuncular, senaryo yazarı istediği için değil, kendi istedikleri için konuşurlar," diyor.

Swain, giriş bölümünün başarılı olması için şunları öneriyor:

- Seyircinin bilmesi gerekeni belirlemek,
- Seyircinin, kişilerin geçmişini merak etmesini sağlamak;
- Oyun kişilerinin de bu bilgileri öğrenmek istemesini ve bunları elde etmek için uğraşmalarını sağlamak (örneğin bu bilgi bir sır olabilir).

Gördüğünüz gibi sorun iki yönlüdür: Bir yandan oyun kişileri kendi istekleriyle bazı bilgileri edinmek için uğraşmalı, diğer yandan da seyirci bu bilgileri merak etmelidir.

• Giriş Bölümünün Süresi Sınırlıdır

Sinema seyircisini belli ölçüde "esir alınmış" bir topluluk gibi görebiliriz; ancak bu seyirci bir bilginin aktarılışındaki -on dakikalık bile olsa- gereksiz gecikmeleri kesinlikle hoşgörmez.

Stempel bir senaryonun giriş bölümünde karşılaşılabilecek başlıca kusurları şöyle sıralıyor: Girişin çok ağır ilerlemesi ve bilgilerin fazlasıyla belirgin ya da karanlık kalması (tabii bilinçli yapılmış bir film hilesi değilse).

Yine Stempel'e göre, örneğin Agatha Christie'nin romanlarından uyarlanan filmlerin gerekli etkiyi uyandıramamalarını nedeni, bu tür öykülerde giriş bölümünün ister istemez çok ayrıntılı ve uzun olmasıdır; bununla birlikte John Guillermin'in yönetmenliğini yaptığı *Nil'de Ölüm* gibi bazı filmler ağır ilerleyen giriş bölümlerine karşın sinemada önemli bir basarı sağlamışlardır.

Boileau da tiyatroda ilk andan başlayarak olay hakkında bilgiler sunulmasının gerekliğini savunuyor (*L'Art Poetique*, III, s. 27-28, 37).

- **Giriş Örnekleri**

Julien Duvivier'nin Henri Jeanson'un senaryosundan filme çektiği *Pépé le Moco*'nun başında olayın Cezayir'de geçtiği ve polisin, saklanan ünlü gangster Pepe"'yi bir türlü yakalayamaması seyirciye bildirilecektir. Böyle bir durum alışıldık kalıplara düşmeden nasıl sunulabilir? Filmde Pépé'nin saklandığı bölgede göreve atanan yeni bir kişiden yararlanılır. Giriş sahnesi, Paris'ten gelen yeni polis memuruyla (Müfettiş Janvier) bölgede görevli polisler arasında geçen konuşmaları kapsar. Müfettiş polislere neden Pépé olayının bir türlü sonuçlanmadığını sorunca, polisler gangsterin özelliklerini sıralayarak onu neden yakalayamadıklarını anlatırlar. İşte bu diyaloglar sayesinde seyirciye Pépé'nin geçmişi ve o anda içinde bulunduğu koşullar hakkında gerekli bilgiler verilir.

Sanşo filmindeki giriş bölümü, üç *flash back*'ten oluşur. Bu sahneler arasındaki atlamalar Masauyi'nin ailesinin geçirdiği değişiklerin daha canlı bir biçimde sunulmasını sağlamaktadır (baba sürgün edilmiştir, ailesi onu aramak üzere yola koyulur, vb).

Son Macera'da Harry Morgan hakkındaki bilgiyi ilk sahnede gümrük polisiyle Harry arasındaki diyaloglardan ediniriz. Teknesi için çıkış izni almak isteyen Harry'nin gerekli belgeleri doldurması gereklidir. Bu işlemler sırasında polisin sert bir tavırla sorduğu soruları yumuşak başlılıkla yanıtlamaktadır. Böylece bir dizi bilgi dramatik bir biçimde seyirciye filmin başında aktarılır.

6) Merak Ögesi, "Teaser"

• Merak Ögesi

Ernest Lehman: *"Her zaman seyircinin kıskıvrak yakalanmasını istemişimdir; seyirciyi kaybetmekten çok korkarım,"* der (Nash-Oakey).

Filmde merak ögesi diye adlandırdığımız şey, çarpıcı, tuhaf, hatta bilmece gibi bir olaydır. Öykü kişilerinin *statu quo*'ları (durum) hakkında bilgi verilen giriş bölümünün kapsamına girmemekle birlikte filmin ilk sahnesinde yer alır.

Mabuse'de kullanılan merak ögesi Hofmeister'in ilk sahnede saklandığı odadan duyulan esrarengiz makina sesleri, ayrıca kimden gizlendiği anlaşılmayan Hofmeister'in kuşkulu halleridir.

Pauline'de sözcüğün tam anlamıyla merak uyandırıcı bir öge kullanılmamıştır; ancak filmin küçük bir sırla başladığını görüyoruz: İlk sahnede gözüken iki kızdan hangisi filme adını veren kızdır?

Olayın sürekli ve ağır ağır geliştiği *Sanşo* ve *Son Macera*'da böyle bir ögeye kesinlikle başvurulmamıştır.

• "Teaser"

Televizyon dilinde bu tür merak ögelerine *teaser* denir. İncelediğimiz kitapların yazarları merak ögesini ya da *teaser*'ı fazla düşsel bir boyuta ulaştırmamak gerektiğini, çünkü böyle bir tutumun filmin devamını soluk ve cansız kılabileceğini söylüyorlar.

Televizyon dilinde, seyircinin dikkatini çekmek amacıyla ilk sahnede gösterilen kısa ve ani bir hareket anlamına gelen *teaser*, genellikle bir olayın özel bir anından çok filmde meydana gelecek bir olayı duyuran, bilmeceli ve karmaşık niteliğiyle seyircide bir şaşkınlık ve merak uyandıran bir senaryo tekniğidir.

Bazen *teaser*, kahramanın henüz ilgisi olmadığı bir cinayeti gösterir ve bu cinayet bir anlamda kahramanın cesaretini ve gözüpekliğini kanıtlamasını sağlayacak bir bilmeceyi de beraberinde getirir. Bazen de bu ilk durumun tersine kahraman bir eylem sırasında gösterilir, bu, ikincil nitelikli bir eylem de olabilir, filmin temelini oluşturan bir görev de; bu görevin ne olduğu ileride seyirciye bildirilecektir.

Nash-Oakey: "Televizyon için yazılmış senaryoların hemen hepsi filmin uzunluğuna gön en az iki, en çok on bölüm içeren bir *teaser*'la başlarlar. Bölümlerin arasına da genellikle birer reklam spotu girer" diyor. Bölümler *teaser*'ların film ve senaryodaki dağılımını ve oranını belirler. 30 dakikalık bir öykü için 3-7 sayfalık bir *teaser*'la başlayan 28-31 sayfalık bir senaryo, 60 dakikalık bir öykü için 3-9 sayfalık bir *teaser* ve bunu izleyen yaklaşık 14 sayfalık dört bölüm (toplam 58-60 sayfa); bir televizyon filmi ya da 90 dakikalık bir epizod için 4-6 sayfalık bir *teaser*; her biri 14 sayfalık 6 bölümden oluşan 88-90 sayfalık bir senaryo ve 120 dakikalık bir Öykü için 4-6 sayfalık bir *teaser* ve bunu izleyen eşit uzunlukta 6 bölümlük 110-120 sayfalık bir senaryo gereklidir. Görüldüğü gibi *teaser*'ın uzunluğu filmin toplam süresiyle doğrudan orantılı değildir, bir film çok uzun bile olsa, başta yer alan *teaser* belli bir süreyi geçmemelidir.

7) Sonuç

İlkece her senaryoda anlatı boyunca düğümlenen çatışmaların ya da olayların çözüme ulaştığı bir sonuç bölümü vardır.

Oldukça eski bir dram ögesi olan sonuç ilkesi, Aristoteles'in de *Poetika*'da belirttiği gibi, öykünün kendi verilerinden kaynaklanmalıdır. Bir başka deyişle dışardan, umulmadık ya da sihirli bir ögenin araya girmesiyle değil *(deus ex machina)*, öykünün verileriyle oluşmalıdır; özellikle de mutlu sonlarda: Aslında başardı diye nitelendirilen birçok filmin sonuç bölümünün yazgıya bağlı bir olay üzerine kurulduğunu görürüz. Kaza, rastlantı gibi olaylar filmde bir tesadüf ya da doğal afet biçiminde gösterilirler. Kısaca bunların öykünün dışında kalan birer öge olduğunu söyleyebiliriz.

Vale senaryonun sonuç bölümünü, öyküde yer alan amaca ulaşılması olarak görüyor. "Bir filmin sonuç bölümünde ya kişileri arasındaki yakınlık ya da iticilik bağlarını kırarız (düşmanlar barışabilir, sevgililer arasındaki engeller ortadan kalkabilir), ya kişiler arasında bir yakınlık bağı kurarız ya da birbirine zıt kişilerden birini ortadan kaldırırız" (s. 155). İşte Vale'e göre üç sonuç biçimi.

- **Bir Çevrimin Sonuç Bölümü**

Bazen senaryo yazarına senaryonun sonuç bölümünü çevrimsel bir biçimde yazması önerilir; yani senaryo, öykünün başında yer alan bir koşulun, kişinin, bir yer ya da bir sorunun yeniden gösterilmesiyle sonuçlanır. Bu kitapta incelediğimiz dört filmden üçünde böyle bir durum sözkonusudur.

Mabuse'ün başında, eski polis Hofmeister, Komiser Lohmann'a önemli bir açıklama yapmak üzeredir, bunun ne olduğunu ise ancak filmin sonunda söyleyebilecektir. Geçen süre içinde aklını yitirmiş ve akıl hastanesine kapatılmıştır. Filmin çevrimsel niteliğini Hofmeister'in bu süre içinde gösterilmemesi de belirginleştirmektedir.

Öte yandan *Mabuse* bu çevrimsel niteliği vurgulayacak biçimde sahneye konmuştur: Filmin ilk ve son sahneleri kapalı bir kapıyla ardındaki insanı gösterir (önce Mabuse, sonra Baum), her iki durumda da kamera içeriye yerleştirilmiştir. Böylece bir anlamda seyirci de bu hücreye kapatılır.

Rohmer'in filminde de ilk ve son sahnelerde açılan ve kapanan büyük bir kapı görüntüsü yer alır. Filmin başında Pauline'in üzerinde denizci giysisi vardır, Marion'un kullandığı arabayla yazlık evlerine gelirler ve bahçenin büyük kapısını açarlar; filmin sonunda iki kızı bu kez evden ayrılıp kapıyı kapatırken görürüz: Pauline'in üzerinde yine ilk günkü gibi denizci giysisi vardır, ancak bu kez ikisi de bir haftalık sürede yaşadıklarının etkisindedirler.

Efendi Sanşo, Tamaki'nin göründüğü bir sahneyle başlar: Kadın ağacın üzerinde yürümekte olan oğlu Zuşio'ya dikkatli olmasını söyler; filmi sonunda yıllarca sonra biraraya gelen ana-oğulu görürüz; aileden yalnızca ikisi hayatta kalmıştır.

Hitchcock'un *39. Basamak*'ı Londra'da bir müzikholde başlar ve yine burada son bulur. Her iki sahnede de "Mister Memory" (Bay Bellek) adındaki bir illüzyonist müşterilere bellekle ilgili bir numara yapmaktadır. Filmin başında seyircinin henüz tanımadığı Richard Hannay adında bir adam tesadüfen bu kulübe girer. Filmin sonunda, artık oyunun kahramanı olan Richard Hannay, birçok macera geçirdikten sonra, buraya kendi öyküsünün sonunu öğrenmeye gelir: Sırrı, Mister Memory'nin belleğinde gizlidir. Burada kullanılan çevrimsellik, seyircinin olan bitene daha fazla duyarlı olmasını sağlamaktır. Bir başka deyişle geçen süre içinde seyirci baş kişinin geçirdiği deneyimlerin daha iyi farkına varır. Bir yandan da bu süre içinde baş kişiyle seyirci arasında bir yakınlık doğar. Böylece sonuç bölümünün başlangıç bölümünü yinelemesi, seyirciye film boyunca olan biteni daha iyi hissettirmeye yarayan bir senaryo tekniği olarak karşımıza çıkıyor.

Filmlere özgü bir teknik olan çevrimsellik, özellikle dairesel biçimde kurulmuş öykülerde en ileri noktasına götürülür. Bu öyküler, kişiler arasında elden ele dolaştırılan bir nesne (Anthony Man'ın *Winchester 73*'ündeki değerli silah gibi) ya da kişiler arası bir ilişki (Max Ophuls'un Schnitzler'in bir oyunundan esinlendiği *La Ronde*'undaki çiftler) çevresinde oluşurlar. Bu tür çevrimsel öykülerin kuşkusuz en görkemli örneği, Wagner'in *Nibelung'un Yüzüğü* adlı yapıtıdır. Ren Altınlarının çalınmasıyla başlayan ve bunların ırmağa yeniden getirilmesiyle son bulan bu öyküde elden ele dolaşan nesne bir yüzüktür.

- **Açık Son, Kapalı Son**

Bazı filmler, öyküdeki sır açıklanmadan, girişilen bir tasarı tamamlanmadan, kahramanı zorlayan güçlük aşılmadan, hatta filmin sonunda kişilerin buluşması gösterilmeden son bulur. Bu tür filmlere "açık sonlu" filmler diyoruz. *Son Macera*'daki sonuç bölümünde öykünün kahramanlarının çok tehlikeli bir görevle denize açılmaları seyirciye gösterilmez.

Buna karşılık diğer üç filmin sonuç bölümünde, öykü boyunca seyirciye sunulan ipuçları birbirine bağlanır ve böylece kesin ve kapalı uçlu bir son elde edilir, örneğin, *Efendi Sanşo*'da başlıca rolü olan altı kişinin sonlarını, ölüm (Masauyi ve Anyu'nun ölümü) ve koşulların alt üst oluşu (Sanşo'nun topraklarına el konur, oğlu Taro kendini dine verir) belirtmektedir, öte yandan aralarından yalnızca Zuşio ve Tamaki onca yoksulluk ve maceradan sonra birbirlerini bulurlar.

Mabuse'ün sonunda Lohmann, çeteyi yöneten şefin kimliğini ortaya çıkarır ve bu kez Baum hastanede kendi kendini "hoca"sının hücresine kapatır; Kent, Lohmann'a bu işle ilgili ipuçları vererek yardıma olur ve doğru yolu bulur; Hofmeister ise hem delikten kurtulur hem de Lohmann'ın güvenini yeniden kazanır. Bununla birlikte, filmin sonu seyirciye kötü güçlerin tümüyle yenildiği izlenimini vermemektedir.

Pauline'in sonuç bölümü "yarı-açık"tır; son bolümde Marion/Henri, Pauline/Sylvain çifterinin ayrıldığı sanılır, ancak iki çiftin bir gün yeniden biraraya gelmeleri umudunu ya da kuşkusunu da seyirci hisseder.

Kural gereği konuyu oluşturan her ögenin bir çözüme ulaşması gerekir, ancak bu, öykünün içerdiği her sorunun mutlaka çözümlenmesi anlamına gelemez. Öyküde işlenilen sorunlar bir çıkmazda da gösterilebilir, önemli olan sorunlann bir kenarda unutulmamasıdır, diğer bir deyişle konuyu meydana getiren koşullar film boyunca bir işlev yüklenmelidir.

Jean Aurel, "her filmin sonunda hesaplar ödenmelidir (...) İyi bir son, bir çelişkinin (paradox) sonuna dek giden bir son, yeniden bulunan bir dengedir" diyor (*Senaryonun Amacı*, s. 63).

• Sonuç Bölümü Bir Yiğitlik Gösterisi mi?

Stempel'e göre sonuç bölümü, bir senaryonun yazılması en güç bölümüdür, işte bu yüzden de alışılmış kalıplara ve kolaycı yöntemlere çok sık başvurulur: Bir çekişme, bir kovalamaca, bir facia, kanlı bir olay gibi alışılmış çözümler birer yiğitlik gösterisinden öteye gitmeyen, konuyla ilgili ipuçlarını kesinlikle inandırıcı bir biçimde birleştirmeyen, hatta tam tersine sonuç bölümünü zayıflatan yöntemlerdir.

Unutmamak gerekir ki bir hareketin başlangıcında önemli sayıda kişiyi, olayı, temayı, vb öyküye yerleştirmek, bu ögelerin her birini öykü boyunca etkin bir biçimde kullanmaktan çok daha kolaydır.

Buna karşılık, Rohmer film konularını sondan yola çıkarak belirlediğini söylüyor: "Eğer filmin sonunu bilmiyorsam öyküyle ilgili hiçbir şey bilmiyorum demektir" (*Senaryonun Amacı*, s. 94).

8) Mutlu Son

Öyküdeki acı, sıkıntı gibi sorunların sona erdiği ya da kahramanların aşka, mutluluğa, zafere... kavuştukları filmlerin sonuç bölümlerine "mutlu son" denir. İncelediğimiz filmlerin hiçbirinde gerçek anlamıyla mutlu ya da mutsuz son yoktur.

Son Macera'daki olayların gidişi seyircide bir mutlu son izlenimi yaratır (hatta son sahnesinde kahramanlardan biri diğerine "mutlu musun?" diye sorar). Oysa film, kahramanların giriştiği tehlikeli görevin gerçekleşmesini göstermeden son bulur. Bu son bölümde Harry, Marie ve Eddy biraradа olmaktan son derece mutlu ve neşeli bir halde gösterilirken öykünün içerdiği bazı sorunlar üstü kapalı geçilir (örneğin esir alınan Renard ne olacaktır?). Ve Hoagy Carmichael'in piyanosundan gelen ezgilerle bir mutluluk havası içinde "*Son*" yazısı belirir.

Sanşo'da bunun tersi bir durum sözkonusudur: Film bazı acılarla gölgelenen bir mutlu sonla biter. Zuşio on yıllık bir ayrılıktan sonra annesini bulur, ancak kadın iki büklüm, çökmüş, kör bir ihtiyardır. Film Zuşio'nun annesine, kardeşiyle babasının öldüğünü bildirmesiyle sona erer. Oysa Mizoguçi ve Yoda, öyküde bir değişiklik yapmadan, ana-oğulun memleketlerine dönüşlerini gösterebilirlerdi. Görüldüğü gibi "mutlu son" etkisi olaylara değil, bu olayların gösteriliş biçimiyle yakından ilişkili.

Aynı şekilde *Mabuse*'ün sonunda, Hofmeister iyileşir; Mabuse'ün gücü (geçici olarak) alt edilir; Kent ve Lily için her şey yoluna girer; yine de bu son bölüm seyirci üzerinde olumsuz bir etki bırakır. Öncelikle Kent'le Lily'nin biraraya gelmelerini seyirci göremez; sonra film, amacına erişen Lohmann'ın, iyileşen Hofmeister'in ya da çeteden yakasını kurtaran Kent'in rahat bir soluk aldığını göstereceği yerde, hücrenin kapısını Baum'un ve seyircinin üzerine kapayan hastabakıcının görüntülendiği planla sona erer. Öykü iyi bir sonla bitmesine karşın, bunun gösteriliş biçimi seyircide bir hoşnutsuzluk yaratacak niteliktedir. Son olarak Lohmann'ın "bunlar basit bir komisere göre işler değil" sözleriyle seyircideki bu rahatsızlık daha da artar.

Pauline Plajda filmine gelince, ılımlı (hem tatlı hem buruk) bir sonu olduğunu söyleyebiliriz.

Bir filmi oluşturan değişik motifleri bir ezginin notalarına benzetecek olursak mutlu ya da mutsuz sonun seyircide uyandıracağı etki, son notanın uzatılmasına *(müzikte: point d'orgue)*, bir başka deyişle filmin sonunda yer alan görüntüye bağlıdır. Yine de bir filmin sonu kesinlikle bir kandırmaca değildir: Oyun kişileri -en azından hayatta kalanlar- yaşamalarına devam edeceklerdir, ayrıca hiçbir mutluluk güvenceleri de yoktur.

9) Beklenmedik Olaylar

Dramın temel ögelerinden olan beklenmedik olay (Amerikalıların *plot point,* Aristoteles'in *peripeteia* dedikleri), öyküdeki bir durumu umulmadık bir anda alt üst eden ani bir değişikliktir: Bu, yeni bir kişinin olaya karışması ya da talihin dönmesi, bir sırrın ortaya çıkması ya da beklenenin tersine ani bir olayın meydana gelmesi olabilir.

Aristoteles, beklenmedik olayı "bir hareketin gerçeğe uygun bir biçimde, tam aksi yöne dönmesi" olarak tanımlıyor. Boileau ise daha sonraları şöyle bir tanım yapacaktın "İnsan düşüncesini, bilinen gerçeği alt üst edecek ve her şeye beklenmedik bir görünüm verecek bir sır kadar başka hiçbir şey etkileyemez" (Art Poetique, III, s. 57-60). Diderot ise beklenmedik olayı "umulmadık bir biçimde öykünün akışını ve kişilerin durumlarını değiştiren bir olay" diye tanımlıyor (s.37). Bu durum değişikliğinin de genellikle olumsuz yönde olduğunu ekleyelim.

Beklenmedik durum, genellikle kahramanın yazgısında değişiklikler meydana getirdiği gibi kişilere kendi durumlarıyla ilgili beklenmedik açıklamalar ya da yeni tanımlamalar yaptırabilir.

Field'e göre beklenmedik olay, seyirciyi öykünün bir noktasında yakalayıp yeni bir yöne çeken olaydır.

Eğer senaryonun doruk noktası daha ilerideyse, beklenmedik olay gerilimlerin yönünü saptamaya yarar.

- **Beklenmedik Olayın Açıklama Niteliği**

Beklenmedik olay, çoğunlukla seyircinin ve oyun kişisinin bilmediği bir şeyi ortaya çıkarır. Örneğin, X, Tnin kızıdır; Z'nin bavulunda olduğunu sandığı para başka bir yerdedir; ya da öldü sanılan yaşamaktadır...

Bu gibi durumlarda seyirciyi, bazen de oyun kişisini etkin bir biçimde bir şeye inandırmak gerekir (örneğin paranın bavulda olduğuna). Seyirci olayla ilgili gerçeği sonradan öğrenecektir. Hatta filmde seyircinin bir olay hakkında hiç bilgisi olmamasına da dikkat edilmelidir.

- **Beklenmedik Olayın Hazırlığı**

Beklenmedik olay, çoğunlukla karmaşık ve ustaca kotarılmış bir hazırlık gerektirir. Diderot, beklenmedik olaylarla ilgili şöyle bir eleştiri getiriyor: "Bu zorla meydana getirilen beklenmedik olaylar, öyle çok özel varsayımlar üzerine kuruluyor ki, bunların arasından bir tanesi başarılı ve doğal bir sonuca ulaşacaksa, seyirci binlerce hoşuna gitmeyen olayı seyretmek zorunda kalıyor." Diderot, bu tür beklenmedik olaylar yerine kişilerle ilgili doğal ve gerçek "tablolar yaratılması gerektiğini söyleyerek bu olayların seyircide bir şok duygusu yaratmasına gerek olmadığını da belirtiyor (örneğin aile sahneleri gibi tablolar).

- **Dramatik Yoğunlaşma**

Son Macera'nın son bölümünde dramatik yoğunlaşmanın güzel bir örneğini oluşturan, başarılı bir beklenmedik olay sahnesi yer alır: Direnişçiler ve polis arasındaki çatışmada kurşunlardan biri Johnson'a isabet eder, böylece bir taşla birçok kuş vurulmuş olur:

a) Harry istemeden -önceden katılmayı reddettiği- siyasal bir kavgaya karışır.

b) Öykünün baş kötü kişisi Renard sahneye çıkar, Harry'nin hem çalışmasını sağlayacak her şeye el koyar hem de Harry'ye karşı bir düşman kimliğine bürünür.

c) Harry parasız kalınca, Gerard'ın iki direnişçiyi getirme önerisini kabul etmek zorunda kalır.

d) Harry'nin kimliğine, dolayısıyla da işine el konması, bir yandan da Johnson'ın borcunu ödeyememesi, Harry'yi bir anlamda her türlü bağdan kurtarıp yaşamını yeniden düzenlemeye zorlar.

e) Johnson'ın vurulduğu bu sahneden sonra Harry ve Marie arasında duygusal bir yakınlık başlar.

İşte öyküye birçok yeni durum getiren bu kaza kurşunu o zamana kadar göreceli olarak birbirinden ayrı gelişen üç konu düzlemini ustaca birbirine bağlar: Harry'nin, müşterisi Johnson'la olan iş konusu; Harry ve Marie arasındaki aşk konusu ve siyasal nitelikli (üçüncü) konu beklenmedik bir biçimde eklemlenirler (Johnson'ın Martinik topraklarında süren bu kavgalarla hiçbir ilgisi yoktu). Bir yandan da bu beklenmedik olay, dram geleneğine uygun biçimde Harry için tam işlerin yoluna gireceği sırada meydana gelir (Johnson'ı çek vermeye razı eder; Marie'yle tanışmıştır) ve böylece Harry kendini, düzeltmeye çalıştığı durumdan çok daha karmaşık ve kötü bir durumda bulur.

Görüldüğü gibi, beklenmedik bir olayın seyircide uyandıracağı etki büyük bir *düşüş*'e bağlıdır: Oyun kişisi başarının doruğuna çıkmışken ya da amacına ulaşmak üzereyken beklenmedik bir olayla kendini daha büyük bir güçlük içinde bulur.

10) Flash back

Bir filmde gerçekleştirilen geriye dönüşler *(flash back),* kendine özgü birçok sorunlar içermektedir. Bunun da nedeni, sinematografik öykülemenin yazılı anlatı zamanlarını (geçmiş, şimdiki, gelecek zaman) tanımamasından ileri gelir.

Sinemada geçmişe dönüldüğünü anlatmak ya da geçmişteki olayları belirtmek amacıyla bazı yöntemler geliştirilmiştir: Kısa kısa görüntülerin birbirini izlemesi ya da görüntünün dalgalanması, kararması, bulanıklaşması, renk değiştirmesi gibi...

Bütün bu durumlarda önemli olan, seyircinin geçmişe dönüldüğünü farketmesidir; tabii bazı filmlerde bu geçmişe dönüşle ilgili olarak bir kuşku yaratılmak istenebilir.

• Kabul Edilebilir Bir Yöntem

Flash back, bugün eski bir yöntem olarak görülebilir. Daha 50'li yıllarda Herman bunun kullanılmamasını öğütlüyordu (s. 66-67), çünkü bu yöntem olaydaki hareketin hızını kesiyor, gerilimi dağıtıyor, anlatının anlık niteliğini bozuyordu. Herman, bununla birlikte *flash back*'in en yaygın yöntem olduğunu vurguluyor.

Field de bir süre önce, bu yöntemin "eski" olduğunu, kullanılmaması gerektiğim söylemiştir: Claude Chabrol de, *Cinematographe*'ın 97. sayısında (bu sayı *flash back* konusuna ayrılmıştır) bir yönetmen olarak bu yöntemi eleştirir:"... Çoğunlukla iyi bilinen bir sahneyle ilgili *flash back* yapılıyor. Seyirci bu yüzden filmi seyrederken önce şaşırıyor, sonra da ona bu sahneye nasıl gelindiğini anlatmak gerekiyor."

Chabrol, *Ölüm Saçanlar*'ı bu konuya örnek gösterip Fritz Lang'ın bu yönteme hiç başvurmadığını ileri sürüyor (biz yine de okura Doktor Mabuse'ün Vasiyeti'nde Kent'le Lily'nin aşklarının nasıl başladığını gösteren *flash back*'i hatırlatalım).

• Üç Tür Flash Back Vardır

Sinemada kullanılan bu geriye dönüşlerin kullanım türü, anlatı türü ya da taşıdığı anlama göre çeşitli sınıflandırmalar yapılabilir:

a) Bilmece flash back'lerde genellikle ölen bir kişinin bıraktığı bir sır araştırılır ve bütün tanıklıklar bu sır üzerinde yoğunlaştırılır: Bu sırada ilgisi olan tanıkların konuşmalarında geçmiş bazı sahneler yeniden canlandırılır. Tabii sinema gereği bunların doğruluk derecesi tartışma götürür. Bu örneğe uyan birçok film arasında Orson Welles'in *Yurttaş Kane*'i, Joseph Mankiewicz'in *Çıplak Ayaklı Kontes*'i, Andrey Vajda'nın *Mermer Adam*'ı, François Truffaut'nun *Kadınları Seven Adam*'ı, Bob Fosse'nin *Lenny* ve *Star 80*'i, James Ivory'nin *Sıcak ve* Toz'u, Max Ophuls'un *Lola Montes'i* gibi filmleri sayabiliriz.

b) Bu ilk türün değişik bir biçimi vardır: Bu *flash back*'te değişik tanıkların söyledikleri birbiriyle çelişir, birbirini yalanlar. Özellikle bir cinayet, tecavüz, kaybolma gibi olayların gerçek yüzünü öğrenmek gerektiğinde bu yönteme sıkça başvurulur. Bu türün en ünlü örneği Kurosava'nın *Raşomon* adlı filmidir. Bu filmde aynı olayla ilgili (ırza geçme ve öldürme) üç değişik bakış açısını yansıtan üç anlatı birbirini izler ve film boyunca süregelen kuşku son sahnede de bir aydınlığa kavuşmaz. Yine bu ilkeye dayanan başka bir film de George Cukor'un *Üç Dünya Güzeli*'dir. Bu filmdeyse üçüncü anlatı ilk iki anlatıyı keser ve ikisini birbirine karıştırarak doğruya ulaşır (oysa *Raşomon*'da gerçeğe üç anlatıdan hiçbirinde yer verilmiyordu). Yine bu türle ilgili olarak, John Ford'un *Kahramanın Sonu* adlı filminde, ikinci *flash back* filmin temelini oluşturan olayı aydınlatır (bir haydut çetesinin dağılması): İlk *flash back*'te James Stewart'ın canlandırdığı avukatın Liberty Valance'ı öldürdüğü sanılır; oysa tam o sırada karanlıkta gizlenen bir adam tetiği çekmiştir.

c) *Flash back* kullanan filmlerin bazıları da öykünün sonuç bölümüyle ya da sonuca çok az zaman kala başlarlar: Ölüme mahkum edilen bir adam idama götürülürken ya da köşeye sıkıştırılan adam öldürülmek üzereyken... onu bu sona getiren olayları hatırlayıp bir üçüncü kişiye anlatır. Böylece seyirci, yavaş yavaş filmin başladığı noktaya yaklaştıkça olayların nasıl sarpasardığını ve geriye çok az bir zaman kaldığını daha iyi hisseder (geriye sayma). Örneğin Tay Garnett'in *Postacı Kapıyı İki Kere Çalar*, Billy Wilder'in *Çifte Tazminat*, Marcel Carne'nin *Gün Doğuyor*, Claude Chabrol'ün *Violette Noziere* gibi filmlerini sayabiliriz. Bu yöntemin de türlü biçimleri vardır. Bazı senaryolarda anlatı zamanıyla oynanır: Adamın geçmişini hatırladığı ve anlatmaya koyulduğu zaman parçası öykünün akışı içinde yer alır, başka bir deyişle *flash back* yapıldığı sırada anlatı zamanı donup kalmaz. Bir de ikili bir yapıdan oluşan "adamın geçmişiyle buluştuğu" filmler vardır. Birinci zamanda sakin, kendi halinde bir yaşam sürmekte olan adam çok hareketli bir geçmişi olduğunu söyler; az çok uzun bir *flash back* bize bu geçmişi gösterir; filmin ikinci yarısı ya da kalan üçte birlik bölümüyse geçmişte yaşananların bugünkü sonuçlarını gösterir (Jacques Tourneur'ün *Beni Yükseğe Asın* adlı filmi).

d) Bunlardan başka bir de *"kaybolan zamanın ardında"* türünden nostaljik *flash back*'ler vardır. Bergman'ın *Yaban Çilekleri* adlı filmi buna bir örnektir. Yaşlı ve bencil bir öğretmen olan kahraman, gençlik günlerine bir gezinti yapar. Joseph Losey'in *Arabulucu*'su, Michael Curtiz'in *Casablanca*'sı gibi birçok filmde kısa kısa *flash back*'ler eski bir dramı seyirciye hatırlatır.

e) Travma flash back diye adlandırılan *flash back*'ler ise bulanık bir geçmişin -genellikle beyin travması sonucunda- yavaş yavaş kişinin bilincinde kesinlik kazanmasını gösterir. Bu yöntem daha çok "ruh çözümleyici" diye nitelendirilen filmlerde kullanılır. Örnek olarak Hitchcock'un *Öldüren Hatıralar, Hırsız Kız* adlı filmleriyle bir flash back uzmanı sayılan Mankiewicz'in *Bir Yaz Macerası, Perde Açılıyor, Üç Kadına Bir Mektup* gibi filmlerini sayabiliriz.

Son olarak bazı özel flash back örneklerini belirtelim:

Hitchcock'un *Sahne Korkusu*'nda kullandığı "yalancı *flash back*" yöntemiyle, David Jones'in Betrayel'inde kullanılan "merdiven" biçimindeki *flash back*'i oldukça ilgi çekici örneklerdir. (*Betrayel*'de her sahne bir önceki sahneye açılır ve sahnelerin böyle birbirlerini izlemesiyle öykünün başladığı noktaya varılır).

VIII) Öyküleme Teknikleri

Senaryo kitaplarında, meraklıların ilgisini en çok çeken, bazen de bir o kadar korkutan bölüme, genellikle ipucu, hile, göz boyama... diye adlandırılan öyküleme tekniklerinin sıralamasına geldik. Aslında bu küçücük ipuçları tek tek ele alındığında neredeyse kocaman bir yumağı andıracak denli karmaşık bir yapı sunarlar; yine de her yeni öyküde bu ipuçlarının gerektiği gibi kullanılıp kullanılmadığı üzerinde düşünmek istemeyiz.

Şimdiye kadar ele aldığımız bölümlerde, senaryoda anlatılan öykülerle ilgili ögelere yer verdik. Şimdiyse, öyküleme tekniği, bir başka deyişle sinemada anlatılan öykünün anlatılış biçimine ilişkin gözlemlerde bulunacağız. Bu ayrımı (öykü/öyküleme) daha önceki bölümlerde anmıştık. (bak. V. Bölüm)

Kendi başına ele alındığında öyküleme, ortaya çıkan öykünün gölgesinde kalmak ve istenen etkiyi uyandırmak amacıyla göze batıcı olmaktan kaçınmak zorundadır; işte bu süreçte öyküleme sinsi bir teknik gibi karşımıza çıkar. Ancak hiçbir şey, öyküleme tekniğinin şiirselliğini ve estetiğini görmememizi engellemez. Öyle ya, her film işlediği öykünün yanı sıra bunun öykülenişini de anlatmıyor mu? Aynı öyküyü bir kez daha dinlemek isteyen çocuğu, öyküden çok, öykünün anlatılışı (öyküleme) büyülemiyor mu?

Burada en sıradan yöntemlerle en önemlileri sıra gözetmeden ele almış olmamız okuyucuyu şaşırtmasın, çünkü basitten karmaşığa giden bir sıralamanın okuyucuya bir yararının dokunacağını düşünmüyoruz. Hemen şunu da belirtelim, bir senaryoda genel düşünceler kadar ayrıntılar da önemlidir.

1) Dramatize Etme

• Dramatize Etmenin Kuralları

Dramatize etmek, herhangi bir olayın, durumun, kurmaca ya da gerçek bir öykünün seyircide heyecan uyandırmasını sağlayarak dramatik biçimde işlemesi için başvurulan yöntemlerin tümüdür.

a) Bir dram oluşturmak, çok ilginç ya da gerçek bir olayı anlatmak değildir: Önemli olan, bu olayın dramatize edilmesidir. İşte bu nedenle, gazetelerde karşılaştığımız olayların sinemaya uyarlanması sinemada istenen başarıyı sağlayamamaktadır, çünkü anlatılan olayın -gerçek olduğu için- dramatik gücüne güvenilir ve sonuçta olayın dramatik iç mantığı göz ardı edilir.

b) En basit bir olay bile uygun bir biçimde dramatize edildiğinde son derece heyecanlı bir filme konu olabilir.

• Dramatize Etme Çalışması

Bir seyirci olarak dramatize etme ilkelerinden çoğumuzun haberi vardır. Çok iyi bilmesek bile, örneğin komik bir öykü anlatırken bu ilkeleri saptayabiliriz. Şimdi, sıradan bir öykü malzemesini, yaşadığımız bir şeyi dramatize etmeyi deneyelim (örneğin geçirdiğimiz bir gün). Başlangıçta dramatik olmayan, hatta dram dışı bir malzemeyle nasıl bir çalışma yapılabilir?

a) Yoğunlaşma (concentration): Hem öyküye bir birlik kazandırmak hem de seyirciye belli bir bilgi vermek için konu yoğunlaştırılır.

b) Heyecan yaratılması (emotionnalisation): Öykü yansız bir biçimde değil, öykünün kahramanıyla seyirci arasında bir özdeşleşme sağlayarak, heyecan uyandıracak bir biçimde anlatılmalıdır.

Bunun dışında öykünün kazanılacak ya da kaybedilecek bir kavga, bir amaç içermesi de gerekir.

c) *Şiddetlenme (intensification):* Öykü boyunca yaşanan duygularla gerçekleşen durumlar abartılmalıdır.

d) *Belli bir düzene göre sunma (hierarchisation):* Öyküdeki önemli olayların, öykünün süsü olan ayrıntılardan ayrılması gerekir. Öyküde anlatılan her şeyin değişik bir önem derecesi olmalıdır.

Yine bu doğrultuda anlatının yapısı kurulacaktır: Anlatı bölümlere ayrılacak, ögeleri birbirinden ayrılarak anlatının içinde çeşitli düzlemler tasarlanacaktır. Bir olayı anlatmayı bilmeyen kişi, ögeler arasında bir seçim yapamayan, her şeyi aynı düzlemde anlatan kişidir.

e) Bir *çizginin, eğrinin oluşması (création d'une igne, d'une courbe):* Öykünün bir ilerleme çizgisi olacaktır, öyküleme sırasında olayın önemli anlarına göre iniş ve çıkışları belirten bir eğim oluşacaktır (bu eğim genellikle yükselen bir doğrudur).

Bu saydığımız ilkelerin hepsini birden tek bir anlatıda uygulama zorunluluğu yoktur; hatta bazen senaryoda bunların aralarından yalnızca birkaçını vurgulamak yerinde olur.

Bu kuralların sayısı az gibi gelebilir ancak kullanım biçimleri ve birbirleriyle biraraya gelme olasılıkları sonsuz denecek kadar çoktur.

2) Bakış Açısı

Sinematografik bir öykü, kişilerinden birinin *bakış açısıyla* anlatılabilir. Bu kişinin ya oyunda önemli bir rolü vardır ya da olayın başlıca tanığıdır, öyküyü oluşturan sahnelerin büyük bir bölümünde gözükür ve olay hakkında genellikle seyircinin bildiği şeyleri bilir (fazlasını ya da azını değil).

Bu kişinin tek başına rol aldığı sahneleri yalnızca seyircinin görmesi, film boyunca onun gördüklerini seyircinin görmesi, duyduklarını duyması (örneğin telefon konuşmaları) gibi koşullar seyirciyle bu kişi arasında bir "yakınlık" kurmaya seyircinin bu kişiyle özdeşleşmesine ya da en azından onun bakış açısını paylaşmasına yarar.

Senaryo yazarı, bazen senaryoya başlamadan *öykünün kimin açısından anlatılacağına*, yani öykünün hangi tip özdeşleşmeyle, hangi kişiyle ve hangi anlatı biçimine göre işleyeceğine karar vermek zorundadır. Öykü için seçilen bakış açısı yalnızca anlatının heyecan eksenlerini değil (aynı sahnenin benimsenen bakış açısına göre duygulu, gülünç ya da duygusuz yorumları olabilir), aynı zamanda da anlatının dramatik çizgisini belirler.

Pauline Plajda filminde yazar, başlıca rolü olan dört kişiden hiçbirinin bakış açısına ayrıcalık tanımamıştır. Rohmer bunun "Oyunlar ve Atasözleri" dizisinin değişmez bir özelliği olduğunu belirtiyor. Gerçekten de film kişilerinden herhangi birinin tam anlamıyla baş rolü üstlendiğini ve kendi duygularını yansıtan bir bakış açısını anlatı boyunca kabul ettirmeye çalıştığını göremeyiz.

Son Macera'nın her sahnesi Harry Morgan'ın bakış açısına göre anlatılmıştır. Seyirci öykü boyunca olan biten her şeyi Harry Morgan'ın açısından izler. Bununla birlikte Hawks, filmin çekiminde Harry'yi orta ve geniş planlarla görüntüleyerek seyircinin bu *bakış açısına katılımını* biraz olsun hafifletmiştir. Zaten Harry Morgan da öykü kişileri arasında en mesafeli ve en ketum kişilerden biridir.

Efendi Sanşo'nun ikinci ve üçüncü bölümlerinde Zuşio'nun bakış açısı anlatıya egemendir, çocukların annelerinden ayrılmalarından sonra ve Anyu'nun ölümünü izleyen sahnelerde anlatı giderek Zuşio'nun üzerinde yoğunlaşır.

Mabuse'ün Vasiyeti'nde ayrıcalıklı bir bakış açısı yoktur. Arada sırada bazı mizansenlerle belli bir bakış açısı yansıtılsa da seyirci Kent ve Lily'den çok Hofmeister'le Baum'un "sanrı"larını hisseder.

- **Bakış Açılarının Sınıflandırılması**

Bakış açısıyla ilgili olarak Jean Pouillon'un *Zaman ve Roman* (*Temps et Roman*, Editions Gallimard, 1946) yapıtındaki sınıflandırma şöyle: *Geriden bakış;* (her şeyi bilen, roman kişilerinin kafasından geçeni okuyan ve seyirciye okuyucuya aktaran bir anlatıcının bakış açısı), *aynı anda bakış;* (düşündükleri okuyucuya aktarılan ve anlatının merkezini oluşturan kişinin bakış açısı (birinci ya da üçüncü şahıs) ve anlatının tüm olay ve verilerinin, hiçbir öykü kişisini araya koymadan, dışarıdan gösterildiği *dıştan bakış*. Yalnızca anlatıdaki davranışlara yer veren bu son saydığımız "davranışçı" teknik, özellikle XX. yüzyıl edebiyatında ve bazı XIX. yüzyıl romanlarında kullanılmıştır, *Madame Bovary*'nin ünlü atlı araba sahnesi gibi. Hugo da romanlarında "o sırada Pont-Neuf'ten geçmekte olan bir yolcu görecekti ki..." türünden açıklamalarla belli bir zamana kadar kahramanın düşüncelerini olduğu gibi okuyucuya aktarırken, öykü dışı bir kimsenin tanıklığına başvurarak anlatılanlara bir nesnellik kazandırmak ister.

Gerard Genette de bu türleri yeniden tanımlayarak yeni bir sınıflandırma yapar: *Sıfır noktadaki odaklaşmaya da odaksızlaşma* (anlatıcı öykü kişilerinden daha çok şey bilir ve kişilerin düşüncelerine istediği gibi karışabilir), *iç odaklaşma* (anlatıcı yalnızca kişilerin bildiklerim ve düşündüklerim bilir ve anlatır (sabit iç odaklaşma) ya da sırasıyla kişilerden her birinin bildiğini ve düşündüğünü anlatır (Philip K. Dick'in önerdiği değişken iç odaklaşma); üçüncü olarak da *dış odaklaşma,* Pouillon'un "dıştan bakış"ında olduğu gibi burada anlatıcı öyküde geçen her şeyi dışarıdan görür ve anlatır. Genette: "Değişken iç odaklaşma arasındaki ayrımı belirlemek bazen çok güçtür," *diyor.*

Sinemanın, "iç konuşma" tekniğini kullanmakla birlikte kahramanların düşüncelerini seyirciye tümüyle aktarma olanağından yoksun olduğu için, zorunlu olarak dış odaklaşmaya başvurduğu düşünülebilir. Oysa durum sanıldığı gibi değildir: Sinema tıpkı diğer anlatı türlerinde olduğu gibi odaklaşmanın üç türünü de kendi yapısına göre değiştirerek kullanabilir. Kitabımızın sınırlarını aşmamak için bu konuya burada bir nokta koyuyoruz.

3) Bilgiler (Senaryonun İçerdiği Bilgiler)

• Bilgi Seçimi Bir Sanattır

Bir öykü anlatmak, bir olayın zamansal ve mekansal çerçevesi, kişileri, kişilerin kimlikleri, durumlarıyla ilgili çeşitli bilgilerin seyirciye aktarılması demektir. Jean Gruault bu bilgilerin çeşitli yollardan edinilebileceğim, örneğin bir sahne oyunu, bir replik, "dıştan ses" *(voix-off)* ya da *flash back* gibi tekniklerle aktarılabileceğini ve bu teknikler arasında bir eleme yapılarak bilginin dolaylı aktarılmasında en uygun tekniklerin seçilmesi gerektiğini söylüyor *(Senaryonun Amacı;* s. 52).

Vale de senaryonun, seyirciye bildirilsin bildirilmesin, büyük ölçüde bir bilgi seçme sanatı olduğunu belirterek "işte bu seçim, bir öyküyü gerçekte olabileceğinden çok daha ilginçleştirebilir," diyor (s. 76). Gerçekten de hiçbir ilginçliği olmayan bir bilgi bir sır haline getirildiğinde büyük bir heyecan uyandırabilir.

Senaryonun giriş *bölümü* (bak. Giriş) seyirciye çok sayıda yeni bilginin verildiği andır.

Öte yandan Vale, önemli bir soru yöneltiyor: "Herhangi bir bilgi, öykünün hangi noktasında verilmelidir?" (s.81). Boileau-

Narcejac'ın *Ölüler Arasında* (D'entre les morts) adlı romanından uyarlanan *Vertigo*'nun senaryosunun temel sorunu bu olmuştu. Kitapta okuyucu ancak filmin sonunda Madeleine'in Judy'yle aynı kişi olduğunu öğreniyordu. Oysa Hitchcock daha filmin başında bunu seyirciye bildirir. Yalnızca filmin kahramanı Scottie (James Stewart) bu gerçeği filmin sonunda öğrenecektir. Senaryo yazarı, böylece filmin belli bir anında açıklanacak bilgiyi bir kenarda özenle saklar; önemli olan bu açıklamanın seyircide uyandıracağı etkidir. Ancak şunu da belirtmekte yarar var, bir bilgi yalnızca filmde yeri gelince bir açıklama konusu olsun diye bir kenarda bekletilmemelidir; film boyunca bu bilgi çevresinde bir merak ve gerilim bağlamı oluşturulmalıdır. Mabuse'de, Hofmeister, Komiser Lohmann'a yeni edindiği bir bilgiyi "iletmek" uğruna ölüm tehlikesiyle karşılaşır ve delirir, bu sırrın ne olduğunu da ancak filmin sonunda komiserine açıklayabilir (kalpazanlar çetesinin şefinin Mabuse olduğu). Bütün bu tehlike ve korku bağlamı yaratılmasaydı seyirci bu sırrın önemini belki de umursamayacaktı.

- **Verilecek Bilginin Miktarı**

Pascal Bonitzer film boyunca verilecek bilgilerin sayısının genellikle abartıldığı kanısında: "İlk bakışta öykü kişisi açısından temel nitelikli bazı bilgiler gerçekte seyirciye önemli bir şey ifade etmeyebilir," (*Senaryonun Amacı*, s.73). Bonitzer "açıklama ne kadar az miktardaysa o kadar değerlidir," diye bir sonuca vanyor ve John Cassavetes'in *Love Streams* filminde, Gena Röwlands'ın canlandırdığı kadının, kahramanın kız kardeşi olduğunun uzun süre anlaşılmamasını bir örnek olarak gösteriyor. "Bu bilgi eksikliği seyircinin merakını artırıyor ve aynı zamanda seyirci bu anlaşılmazlığı çözmek için sürekli olarak filmde yeni belirtiler bulmaya çalışıyor," diyen Bonitzer bu gibi durumları *çift anlamlı etki* diye adlandırıyor. (Terrence Malick'in *Days of Heaven* filminde de sevgili/kız kardeş karışması vardır.) Ancak bu tür çift anlamlı etkilerin kullanılmasında çok dikkatli olmak gerekir. Bazı filmlerde bunların etkin bir rolü olup olmadığı üzerinde fazla düşünülmez; oysa bu gibi durumlara bir anlam, bir amaç ve bir etkinlik kazandırmak gereklidir. Bir başka deyişle seyircinin bu ikili oyuna katılması ve iki şıktan biri üzerine bahse girmesi sağlanmalıdır.

Sinematografik öyküleme açısından bakıldığında, genellikle bilginin öykü zamanının belli bir noktasında asılı kalmasına önem verilir: Bu, yalnız öykünün önemli anları için değil (örneğin gizlenen akrabalık bağları, sırlar, son anda yapılan açıklamalar, "yeniden tanıma"lar ve beklenmedik olaylar), ikinci nitelikli ayrıntılar için de geçerlidir ve sahnelerin dramatik bir biçimde birbirini izlemesi için başvurulan bir yöntemdir.

Örneğin bir filmde yeni kişinin adı, öyküdeki konumu, oynayacağı rol ve kimliği bir süre için belirtilmeyebilir ve gerekli bilgiler bu kişinin göründüğü andan iki üç dakika sonra seyirciye verilebilir. Aynı şekilde bir yolculuğa çıkan kişilerin nereye gittiklerini her zaman açıklamamak gerekir ("Paris'e gidiyorum", "Y"nin evine gidiyorum" vb); bu durumda kişileri yolculukları sırasında ya da varacakları yere yaklaştıklarında göstermek daha uygundur. Öte yandan, kişilerin gerçekleştirmek istedikleri amaçlarla ilgili birtakım "küçük merak"lar, tahminler yaratılmalıdır: Örneğin, seyirciye kahramanın yolculuğa karar verdiği açıklanmaz ve oyun kişisi yolculuk anında gösterilir. Bu gibi yöntemler seyircinin düşüncelerinin sürekli hareket halinde olmasını sağlar.

- **Örtük Bilgiler**

Filmlerde bazen bilgiler açıkça değil, üstü örtülü olarak seyirciye iletilir. Vale: "Bir odada uyumakta olan adam, o adanın sahibi olduğunu belirtir," diyor (s.35), tabii hemen ardından seyirciye bunun karşıtı bir bilgi verilmiyorsa. Böyle durumlarda seyircinin şaşırtılmasına yönelik her girişimin dramatik bir işlevi olabileceğim unutmayın.

Genellikle sinematografik anlatı, bu örtük bilgiler üzerinde değişiklikler yaparak seyircinin tahminleriyle oynar.

Senaryosunu Buzz Bezzerides'in yazıp Robert Aldrich'in yönettiği *Kiss Me Deadly* adlı filmin kahramanı, son derece dikkatli ve kuşku uyandıracak biçimde bir apartman dairesine girer. Seyirci, doğal olarak dedektifin buraya gizlice girdiğim sanır. Oysa az sonra burasının kendi dairesi olduğunu ve dedektifin tuzaklara karşı önlemler aldığını anlar.

George Roy Hill'in, *Butch Cassidy and the Sundance Kid* adlı filminin başında, odaya giren bir adam, yatmakta olan kadına elinde silahıyla yaklaşır. Seyirci üstelik baş rolde oynayan bu kişinin (Robert Redford) tecavüz edecekmiş gibi tavrı karşısında bir şaşkınlık ve rahatsızlık duyar ancak çok geçmeden adamla kadının (Katharine Ross) bir süredir birlikte olduklarını ve bu "tecavüz" sahnesinin aralarında bir oyun olduğunu öğrenir.

Her iki filmde de sözkonusu sahnelerin dramatikliği, gerekli bilgilerin bir süre için seyirciden saklanmasından ileri gelir. Oyun kişilerininse durumdan haberi vardır.

- **Seyirciye Verilen Bilgiler Sınırlı Olmalıdır**

Vale: "Filmde bilgiler üst üste yığılmamalıdır," diyor (s. 81). Yine de, başvurduğumuz diğer kitapların yazarları sinemada görüntülerin birbirini izlemesi sonucu arada bilgilerin etkisini kaybedeceğini, bunu önlemek için de sık sık aynı bilgilerin yinelenmesini, böylece silinip gitmelerinin önleneceğini söylüyorlar. Bu arada bilgilerin yinelenmesi sırasında monotonluğa düşmemek gerekir. Vale: "Aynı şeyleri değişik biçimlerde göstererek film boyunca bir değişiklik etkisi yaratabilirsiniz," diyor (s.35) ve "bir bilgi seyirciye iletildiği andan itibaren öyküde varlığını sürdürür... sonradan başka bir bilgi bunu değiştirinceye kadar," diye ekliyor. Jean Gruault, *Senaryo'nun Amacı*'nda, sinemada, romanın aksine bir şeyi anlamadığımızda geriye dönmenin olanaksız olduğuna dikkati çekerek sinemanın kaçınılmaz olarak daha yalın bir yapısı olması gerektiğini belirtiyor. Bir başka deyişle filmde verilecek bilgilerin belli bir sayıyı aşmaması gerektiğini vurguluyor.

- **Bilgilerin ve Bakış Açısının Seçilmesi**

Bir öyküde seyirciye iletmek üzere seçilen bilgiler büyük ölçüde anlatıcının bakış açısının da belirlenmesine katkıda bulunur. Seyirci, oyun kişilerinden herhangi birinin bildiği oranda (ya da yaklaşık) bir bilgiye sahipse, büyük bir olasılıkla o kişinin bakış açısını benimseyecektir. Bu arada tuhaf gelecek ama, seyirci bazen önemli bir konuda film kişisinden biraz fazla ya da az şey bildiğinde o kişinin bakış açısına daha kolay katılır (örneğin kahramanı tehdit eden tehlikenin ne olduğunu biliyorsa). Örneğin, senaryosunu Ernest Lehman'ın yazdığı Hitchcock'un *North by Northwest*'i kahramanın (Cary Grant) bakış açısıyla anlatılır: Bu sıradan adam, bir dizi yanlış anlama sonucu kendini bir maceranın içinde bulur (karşı casusluktan bir ajan sanılır). Film boyunca seyirci kahramanın başına gelenleri onunla birlikte öğrenir ve aynı şaşkınlıkları yaşar. Ancak belli bir süre sonra Hitchcock bu bakış açısını durdurur ve seyirciye henüz Cary Grant'ın bilmediği bir bilgi verir ve seyirci kahramanın Kaplan adında bir adanda karıştırıldığını ve gerçekte böyle bir adamın olmadığını öğrenir. İşte bu bilgi sayesinde seyirci kahramana karşı daha derin bir dayanışma duygusu besleyecek, karşı karşıya kaldığı tehlikeleri daha somut bir düzlemde görecek, böylece de kahramana daha yakınlaşacaktır.

Aynı filmde daha sonra Cary Grant, filmin kötü adamı James Mason'dan intikam almak amacıyla sarışın kadın Eve Kendall'la (Eva-Marie Saint) işbirliği yapar: Cary Grant kendini Eva-Marie Saint'in öldürdüğü havasını verir. Bu kez seyirci olaya James Mason'un bakış açısıyla bakmaya başlar; yani onun yerine konulduğunu hisseder, çünkü Cary Grant'ın böyle bir tasarısı olduğundan haberi yoktur, doğal olarak Cary Grant'ın gerçekten vurulduğuna inanacak... sonunda da kahramanın "dirilişi"yle şaşkına dönecektir (James Mason gibi). Açıkça görüldüğü gibi filmdeki dramatik amaç, seyircinin büyük bir şaşkınlığa uğratılmasıdır (kahraman önce ölür, sonra dirilir), bunu da anlatıda yapılan bazı eksiltiler sağlamaktadır.

- **Film Kişilerinin Sahip Olduğu Bilgi: Kim Neyi Biliyor?**

Vladimir Propp, *Masalın Biçimbilimi*'nde masal biçimleriyle ilgili şu saptamayı yapıyor: Kişilerin hepsinin masalda önceden neler olup bittiğinden haberi vardır; bunları nasıl öğrendikleri okuyucuya belirtilmez. Sanki öykünün kapsadığı bilgilerle olaylar, sırası geldikçe sihirli bir biçimde kahramanlara ulaşmaktadır.

Öyküye yeni giren bir kişinin nasıl bilgilendirileceği de senaryonun alışılmış sorunlarındandır; film boyunca seyircinin edindiği birtakım ayrıntılı bilgileri senaryoda bir kez daha yineleyemeyeceğimize göre -oldukça sıkıcı bir deneyim olurdu bu- öyküye yeni katılan bir kişiye bunları nasıl aktaracağız? İşte bu gibi durumlarda bilginin iletilmesi için *eksilti* adını verdiğimiz yöntemden yararlanıyoruz.

Bir öykünün işleyebilmesi için genellike kişiler arasında bilginin eşit olmayan oranlarda dağıtılması gerekir. Öte yandan anlatıcıyla seyirci de farklı düzeylerde bilgi sahibi olmalıdır. Örneğin, A hazinenin nerede olduğunu bilir, B'nin ise haberi yoktur ya da B, A'nın bildiğini bilir (ve bunu A'nın ağzından almaya uğraşır) ya da A'nın bildiğinden habersizdir ve A onu kandınr (yaygın bir senaryo hilesi), vb. Vale, bunu "bilginin dağılımı" diye adlandırıyor.

Bir de, hem film kişileri arasında hem de film kişileriyle seyirci arasında farklı bilgi düzeyleri vardır: Gerçeği bilmek, bildiğini sanmak ve yanılmak ya da bildiği halde bilmediğini sanmak..

Son olarak bir film kişisinin sözkonusu bir bilgiyi filmde niçin ve nasıl edindiğinin seyirciye gösterilmesi gerektiğini belirtelim.

4) Eksilti, Temel Eksilti

Senaryolarda sık sık başvurulan bir yöntem de *eksilti*, yani öykünün bir parçasının, bir anının ya da bir ayrıntısının bilinçli olarak atlanması ve seyircinin bu eksik parçaları aklından birleştirmesine dayanan yöntemdir.

Eksiltilerin birçok işlevi vardır:

a) Öykünün ritmini hızlandırır, öyküyü canlandırır. Belli bir sahneyi oluşturan tüm etkenleri seyirciye gösterme zorunluluğu yoktur. Örneğin, bir kavga sahnesi yalnızca kızgın bir anında ya da bir sonuca ulaşmadan hemen önceki durumuyla gösterilebilir.

Bir filmde bazı geçiş sahneleri, giriş, gelişme ya da çözüm vb gibi anlatıyı ağırlaştırabilecek ve seyircide bir fazlalık ve hareketsizlik izlenimi uyandırabilecek sahnelerde özellikle eksilti yapmaya özen gösterilir.

b) Eksiltiler seyirciye bazı sürprizler hazırlamaya da yarar. Bunun en klasik örneği, konuşmalarını seyirciye aktarmadan kişilerin görüntülendiği sahnelerdir. Burada yapılan eksiltinin temel işlevi seyircinin olan biteni/konuşulanı tahmin etmesi ve sonunda bir sürprizle karşılaşmasıdır.

ç) Bazen bir oyun kişisi, öyküye yeni katılan kişiye seyircinin bildiği şeyleri bu eksiltiler sayesinde iletir.

d) Son olarak, atlanan süre ya da ayrıntının filmin içinde önemli bir işlevi varsa (örneğin bir bilmecenin en önemli düğümü olabilir), *temel eksilti* dediğimiz eksilti tekniğine başvurulur (bak. ileride Temel Eksilti).

- **Görünen ve Görünmeyen Eksiltiler**

Bir olay aktarılırken yapılan eksilti ya görünür niteliklidir (sürmekte olan bir olay orta yerinde kesilir ya da olay orta yerinden itibaren aktarılır ve seyirci eksik bölümleri kafasında oluşturur) ya da görünmeyen niteliklidir, yani seyirci olayla ilgili bir şeyin kendisinden gizlendiğinin farkında değildir. Zaman ve mekanın çeşitli yollardan yeniden kurulmasına dayanan sinematografik kurgu, bu tür görünmeyen eksiltilerin anlatıya ustalıkla yerleştirilmesini kolaylaştırır.

- **Temel Nitelikli Eksilti**

Özel bir eksilti türü olan "temel eksilti"yi Gerard Genette, *Figures II* adlı yapıtında şöyle tanımlıyor. "Eksiltinin bu klasik türü iç odaklaşma dizgesinde yer alır (yani okuyucunun roman kişilerinin düşüncelerini okuyabilmesi)... bu tekniğe göre öykünün odağını oluşturan kahramanın herhangi bir hareketi ya da düşüncesi okuyucuya aktarılmaz. Bu düşünce ya da hareket, kahramanında anlatıcının da kesinlikle bildiği bir şeydir, ancak anlatıcı bunu okuyucudan gizlemeyi yeğler," (s.93,211-212). Örneğin Stendhal'in *Armance* adlı yapıtında iktidarsız kahramanın "sorun"una anlatı boyunca hiç değinilmez; Agatha Christie'nin

Roger Ackroyd Cinayeti'nde ise bir bilmeceyi andıran öykünün anlatıcısı katilin kendisi olduğunu romanın sonuna dek okuyucudan saklar.

Edebiyatta olduğu gibi, sinemada da "temel nitelikli eksilti"den söz edilebilir: Bir kişinin ya da "her şeyi bilen" bir anlatıcının bakış açısıyla aktarılan öyküde çok önemli bir bilgi seyirciden saklanır. Örneğin Charles Laughton'un *The Night of the Hunter* adlı filminde önemli bir eksilti yapılmıştır.

Filmin başında, John'la Pearl'ün (film bu iki çocuğun macerasını anlatır) babası yaralı olarak gelir. Çaldığı önemli miktardaki parayı nereye saklayacağını bilememektedir; polis tarafından yakalanmadan parayı çocuklara emanet eder. İşte eksilti burada yapılır: Babanın parayı nereye sakladığı gösterilmez ve anlatı, daha sonra babanın çocuklara bu gizli yeri kimseye söylememeleri için yemin ettirirken gösterildiği sahneyle devam eder. Öykünün bundan sonraki bölümünde, Robert Mitchum'un canlandırdığı sahte bir din adamının bu paranın ardına düşmesi anlatılır. Çocukların kaçışlarını gösteren sahneler yine çocukların bakış açısıyla gösterilir. Filmde paranın saklandığı yer ancak sonda açıklanacaktır: Artık bu sırrı daha fazla gizleyemeyen John polis tarafından tutuklanan Mitchum'un arkasından bağırır... Para Pearl'ün bu kovalamaca boyunca yanından ayırmadığı oyuncak bebeğinin içindedir. Bu filmde seyirci kendisinden bir şey gizlendiğini bilmektedir; bir başka deyişle, anlatıda görünen bir eksilti yapılmıştır. Bazı filmlerdeyse seyirci her şeyi gördüğünü sanır, oysa anlatıda önemli bir ayrıntı eksiltilmiştir (örneğin yapılan bir hareket gösterilmez, bir nesne ya da bilgi film mekanının ve bağlamının dışında gizlenir) ve seyircinin henüz bu gizlenen ayrıntıdan haberi yoktur Hitchcock'un *Cinayet Var* filminde buna benzer bir temel eksilti yapılmıştır (anahtar paspasın altındadır).

5) Gerilim/Sürpriz/Şaşırtmaca

Hitchcock, Truffaut'yla yaptığı ünlü söyleşide gerilimle sürpriz arasındaki ayrımı şöyle açıklıyor: "Son derece masum bir sohbet yapıyoruz. Şimdi, aramızdaki şu masanın altında bir bomba olduğunu varsayalım. Ortada hiçbir şey yokken ansızın 'bom!', ve bir patlama... izleyici şaşırıyor. Biz bu şaşırtmacanın öncesinde izleyiciye son derece sıradan, hiçbir özettiği olmayan bir sahne gösterdik. Şimdi bir gerilim durumu oluşturalım. Masanın altına bir bomba konmuş ve izleyici bunu biliyor. (...) izleyici, bombanın saat 1'de patlayacağını da öğrenmiş; şu anda saat bire çeyrek var; dekorda bir duvar saati yer alıyor. Böyle durumlarda, aynı sıradan konuşma birdenbire ilginçlik kazanır, çünkü izleyicinin olaya katılımı vardır. (...) Birinci durumda izleyiciye patlama anında on beş saniyelik bir şaşırtmaca yaşattık, ikinci durumdaysa on beş dakika boyunca bir gerilim yaşar. Buradan varacağımız sonuç, seyirciyi her seferinde durum hakkında olabildiğince bilgilendirmek gerektiğidir. Bazen de senaryoda yer alan sürpriz etkisi bir eğlencelik olarak kullanılabilir," *(Hitchcock-Truffaut, s.68)*.

Bu arada Hitchcock'a göre, heyecan üzerine kurulu gerilim filmleriyle bilmeceyi andıran ve büyük heyecanlar uyandırmayan, Hitchcock'un deyimiyle *who done it* türünden polisiyeler arasında köklü bir ayrım olduğunu belirtelim.

Doktor Mabuse'ün Vasiyeti'nde Mabuse'ün sesi, Kent'le Lilly'ye kapatıldıkları perdeli odada bir saatli bombanın gizlenmiş olduğunu ve üç saat sonra patlayacağını bildirir. Bu, dizi filmlerde çok sık karşılaşılan bir yöntemdir (kahramanlar kötü adamlar tarafından bir köşeye kıstırılırlar ve kurtulmaları için önlerinde çok kısıtlı bir zaman vardır).

6) Tahmin (Seyircinin Tahminleri)

Bir öykü anlatmak demek, seyircide geçmiş ve özellikle gelecek hakkında merak uyandırmak demektir. Seyircinin filmde olup bitecekleri tahmin etmeye bir eğilimi vardır. İşte senaryo yazarının becerisi bu tahminlere olanak sağlamaktır. Bunun için de:

- Senaryo yazarı seyircide bir merak uyandırmalı ve seyircinin düşüncelerini yönlendirmelidir. İşte bu nedenle bir senaryo, öyküyle ilgili çeşitli bilgiler, sırlar, sorular, gerilimler, tehlikeler, bekleyişler, yanıltıcı ipuçları içermelidir.
- Aynı zamanda da seyircinin dikkati yalnızca bu olay üzerinde yoğunlaştırılmamalıdır. Bunun dışında bir başka olay, bambaşka bir biçimde ve zamanda meydana gelmeli ve seyirciyi şaşırtmalıdır.

Jean Aurel, "Her sahnede bazı sözler verilir. Sonradan bunlar yerine getirilmese de olur, ama yerine mutlaka yeni sözler verilmelidir. Sürpriz, sürekli ve seyircinin beklediği bir sürpriz olmalıdır. İyi bir son, umut edilen bir sürprizdir," diyor (*Senaryonun Amacı*, s.53).

- **Gelecek Zamanın Önemi**

Vale: "Her öykü gelecek zamanda anlatılır," diyor. Gerçekten de bir öykü şimdiki zamanda anlatılmaz; geçmişle ilgili bazı bilgilerin etkisiyle ve geleceğin kaygısıyla gelişir. Geçmişin sınırlı bir alan olduğunu, geleceğinse belirsiz niteliğini vurgulayan Vale, sinematografik bir öyküde gelecek zamanın büyük önem taşıdığı sonucuna varıyor (s. 124).

Filmde bir olay meydana gelsin ya da gelmesin, seyirci tıpkı bir refleks gibi öykünün ilerisini düşünür, "filmde belli bir kişinin davranışlarına bakarak öykünün bu kişi açısından nasıl gelişeceğini görebiliriz," diyor Vale (s. 176). Ancak seyircinin film boyunca sürekli tahminlerde bulunabilmesi için de yeri geldikçe bazı ipuçları verilmelidir, "seyirci senaryoda önceden kararlaştırılan ya da olması gereken bir olay hakkında az da olsa bir şeyler bilmelidir," (Vale, s. 173).

Seyirci olayları uzun vadede olduğu gibi (öykünün sonu nasıl olacak?) kısa vadede de tahmin edebilir (on saniye sonra bu sahnede ne olacak?).

"İyi kurulmuş bir senaryo demek, seyircinin dikkatini aynı yönde toplayarak önemli ölçüde merak uyandıran senaryo demektir: Seyirci kişilerin basma gelecekleri sürekli olarak merak etmelidir, yoksa ilgisini kaybeder (...) Her sahnenin sonunda seyirci kendine sorular sormalı, bu sahneyi neyin izleyeceğini merak etmelidir" (Francis Veber, *Senaryonun Amacı,* s.64,).

- **Seyircinin Tahminleri ve Film Kişilerinin Amacı**

Vale: "Bir senaryonun temel amacı seyirciyi öykünün sonrasını tahmin etmeye yönlendirmesidir," diyor (s. 196).

Pauline Plajda'nın ilk sahnelerinde, tatile çıkan iki kızın, Marion ve Pauline'in aşktan sözetmeleriyle seyirci daha baştan filmin konusunun tatil aşkları olacağını tahmin eder: Kızların, erkek arkadaşları olacak mıdır? Nasıl? öykünün devamı bu tahmini destekleyecek doğrultuda ilerler: Marion'la Pierre birbirlerine nasıl davranacaklardır? Pierre, Marion'un Henri'yle olduğunu öğrenince ne yapacaktır? Henri'nin onu Louisette'le aldattığını öğrenince Marion'un tepkisi ne olacaktır? vb...

- **Seyircinin Yanıltılması**

"Öykü anlatma sanatının püf noktalarından biri de bir şey olacağını seyirciye bildirmek (...) sonra da seyirciyi yanılgıya uğratmaktır. Örneğin seyirciye bir yangının olacağını bildirirsiniz. Ancak yangını, olması gerekenden beş dakika ya da beş sayfa önce başlatırsınız," Paul Schrader böyle diyor (*Cinematographe*, No. 53).

Aristoteles de bir tragedyada olayların *umulmadık* ya da *istenmedik* bir anda ve birbirine bağlı olarak, yani belli bir mantık çerçevesinde meydana gelmesi gerektiğini söylüyordu.

Swain: "Seyircinin olacakları tahmin ettikten sonra tahminlerinin doğru çıkmasını engelleyin," diyor (s. 121). Senaryo yazarı, seyircinin umutlarım ve olaylar karşısındaki tepkilerini yönlendirmek için seyircinin bakış açısını benimsemelidir (Nash-Oakey).

Seyircinin olacakları tahmin etmesi için bazı gerilim ve aldatma hilelerine de başvurulabilir, (bak. Aldatmaca)

- **Tahminlerin Yararı**

Yine önemli bir kural da, tahminlerin yanıtsız bırakılmaması gerektiğidir. Ancak bu, her tahminin ardından mutlaka bir olay meydana gelecek demek değildir. Önemli olan bu tahminin öykü içinde bir işlerliği olmasıdır. Eğer bu tahmini bir olay izlemiyorsa, öyküde bırakılan bu boşluğun da en azından bir açıklaması olmalıdır.

Vale, bilinen bir şakayı örnek veriyor: "Bir yolcu geceyi küçük bir otelde geçirmektedir. Bir ara yukarı odada kalan adamın ayakkabısının tekini yere düşürmesiyle uyanır. Aradan bir saat geçer, bizim yolcu hâlâ uyanıktır; ve tavana vurur sonunda: 'Allah aşkına öbür ayakkabınızı da çıkarın da rahat uyuyayım!' diye seslenir," (s. 178). Vale'e göre birçok film bu bir türlü düşmeyen ayakkabı tekleriyle dolu.

7) Yerleştirim

Yerleştirim (İng. *implant*) filmin ileri bir evresinde konuya katkıda bulunacak bir kişi, ayrıntı, olay, vb'nin filmin hareket eksenine yerleştirilmesidir. Bunlar, bir kişinin giydikleriyle ilgili bir ayrıntı, iki yer arasındaki mesafe, bir topluluğun üyeleri arasında yer alan bir kişi ya da kişilerden birinin belli bir nesneye olan zaafı gibi filmin başında önemli bir rolü olmayan ögelerdir.

- **Yerleştirim Seyirciye Bildirilmemelidir**

Lewis Herman, filmde bir yerleştirim kullanılacağının seyirciye bildirilmemesi gerektiğini söylüyor (s. 58-59). Bir başka deyişle, seyirci bir ayrıntının film içinde sonradan bir işe yarayacağını hissetmemelidir. Ayrıca yerleştirimlerin filmde gerçekten bir işe yaramalarını ve bir sonuca ulaşmalarını öğütleyen Herman, senaryo yazarının bu tür ayrıntıları filme yerleştirdikten sonra unutmaması gerektiğini, çünkü yerleştirimin seyirci farkına varmadan bir bekleme duygusu uyandırdığını hatırlatıyor.

Türü ne olursa olsun, yerleştirim dramaturjik bir sorun ortaya çıkarmaktadır: Bir ayrıntı filme yerleştirildiği sırada kesinlikle kendine özgü bir ilginçlikten yoksundur; hatta bunun sonradan seyircide gereken etkiyi uyandırması için hiçbir özelliği olmamasına özen gösterilir. Böylece sözkonusu ayrıntı(lar) yer aldığı sahnenin akışını yavaşlatan gereksiz bir ağırlık gibi gözükebilir. Bunu önlemek için, filmde işe yarayacak bir ögeyi, seyircinin dikkatini yoğunlaştırdığı olaylar arasına önemsiz bir ayrıntı gibi katarak, hiç belli etmeden, adeta gizlice sahneye yerleştirmek gerekir.

Bir filmde en çok sayıda yerleştirim yapabileceğimiz bölüm, filmin giriş bölümüdür kuşkusuz.

Pauline Plajda filminde kesinlikle göze batmayan çok başarılı bir yerleştirim örneği yer almaktadır. Senaryonun ilerleyebilmesi için Marion'un, Sylvain'le Satıcı Kızın bir üçüncü kişinin evinde seviştiğine inanması gerekir. Öte yandan da seyircinin Marion'u budala gibi değil de saf bir insan olarak görmesi gerekmektedir. Yazar işte bu nedenlerle Henri'nin Pauline'le Sylvain'i "istediklerini yapsınlar," yani öpüşüp koklaşsınlar diye evine çağırdığı 10. sahneyi yazmış, sonra da Marion'un beklenmedik anda oraya gelerek iki genci yatakta yakalamasını tasarlamıştır (en azından bizim varsayımımız bu).

Rohmer'in becerisi, bu "yerleştirim" sahnesinin, aynı zamanda kişilerin karakterini ortaya koymaya yaramasından da ileri geliyor. Böylece, genç çifti evine davet eden Henri'nin "şeytansı" misafirperverliği genç adamın insanları birbirine düşürücü ve ayartıcı kişiliğini ortaya koyuyor. Marion'un Sylvain'le Pauline'i yakaladığında gösterdiği şok niteliğindeki tepki, genç kadının namus taslayan yapmacaklı kişiliğini vurgulayarak seyircinin bu kişilik hakkında edindiği düşünceleri destekliyor. Hatta bu sahnede Henri'nin, Sylvain'le Pauline'in kendi evinde oynaşmalarını hatırlayarak, bu beklenmedik durumda Marion'u Louisette'le Sylvain'in birlikte olduğuna inandırdığı da düşünülebilir.

Aynı şekilde *Efendi Sanşo*'da, esirlerden birinin demirle dağlandığı sahnenin, 10 yıl sonra Zuşio'nun aynı korkunç işlemi gerçekleştirdiği sahneye göre bir yerleştirim olduğunu görürüz: Bu aynı zamanda Sanşo'nun acımasız kişiliğini ve arazisinden kaçmanın olanaksız olduğunu somut bir biçimde gösteren ve böylece filmin hareketini ilerleten bir sahnedir.

Bu örnekler bize Diderot'nun *Entretiens sur le fils naturel*'inde belirttiği şu düşünceleri hatırlatıyor. "Dram sanatı, sahnede birtakım olayları yansıtıyorsa, bunları birbirine bağlamak istediğindendir; bu olayları birbirine bağlıyorsa bunun nedeni de olayların zaten doğada birbirine bağlı olmalarıdır. Sanat, olaylar arasındaki ilişkileri bize açıkladığı oranda doğanın taklididir," (s.75).

8) Aldatmaca

Senaryolarda sık başvurulan yöntemlerden biri de *aldatmaca* dediğimiz, seyirciyi tahminlerini başka bir yöne çekerek iyice şaşırtmak amacıyla başvurulan senaryo hileleridir (İng: *red herring*, *yem* anlamında). Örneğin, kendi halinde bir adamı senaryo yazan kuşkulu ve karanlık bir adam gibi gösterir. Seyircinin tüm ilgisi olay sırasında bu adam üzerinde yoğunlaşmışken, olayda seyircinin daha yakından tanıdığı bir başka kişinin parmağı olduğu ortaya çıkar.

Doktor Mabuse'ün Vasiyeti'nde kullanılan aldatmaca ögesi, polisiye filmlerde çok sık karşılaşılan "haksız yere kuşkulanılan" bir kişidir: Profesör Baum'un uşağını gizlice kapıyı dinlerken gören seyirci, bir sonraki sahnede telefonla çetedekilere haber verenin bu adam olduğunu düşünür; yani Kramm'ın polise haber vermesini engelleyen kişi, seyircinin gözünde uşaktır. Neden sonra telefonla Kramm'ın ortadan kaldırılması emrini verenin Profesör Baum olduğu ve uşağın sadece merakından kapıyı dinlediği anlaşılacaktır.

Hitchcock, Truffault'yla yaptığı söyleşide *Psycho* filminde yapılan aldatmacaları şöyle açıklıyordu: Bu filmde kadın kahramanın (Janet Leigh) 40000 dolar çalması seyircinin filmin konusuyla ilgili tahminlerini yanıltmak için kullanılmış bir aldatmacadır.

9) Kişilikler

Swain'ın tanımına göre kişilik, filmde rolü olan kişilerin görünüm ve davranışlarını oluşturan ayrıntıların tümüdür (s.357). Sinemada, edebiyatta olduğu gibi kişilere yalnızca belli birtakım düşüncelerin verilmesi sözkonusu değildir.

Kişileştirmenin temel ögeleri şunlardır (Vale, S. 109):

- Kişinin yaklaşık yaşı (bu, fiziksel görünüş, kişinin sözlü ya da görsel olarak verdiği bir bilgi ya da bir doğum günü bahanesiyle belirtilebilir);
- Kişinin toplumsal konumu (aile içindeki yeri, konumu, uğraşılan; Vale'in deyişiyle "Bir kişinin mesleği dış görünüşünden anlaşılmıyorsa, filmde olabildiğince erkenden bu mesleği belirtmeliyiz,");
- Kişinin diğerleriyle olan ilişkileri (aile, arkadaşlık bağları);
- Diğer kişilerin bu kişiye göre davranışları;
- Bazen de kişinin gizlenen geçmişi.

• Karakterin Hareketle Gösterilmesi

Vale: "Filmlerde kişinin karakteri anlatılmamalı, kanıtlanmalıdır. Karakteri hareketler aracılığıyla göstermeliyiz" diyor (s. 110). Bunun için de filmde, olayın akışını değiştirecek denli önemli değil de, sözkonusu kişinin bazı özelliklerini ele verecek küçük olaylar yaratılmalıdır. Bu açıdan bakıldığında sinemanın davranışçı bir sanat olduğunu görüyoruz.

Kişilerin karakterleri genellikle filmin başında, küçük olaylar aracılığıyla gösterilir.

Bazen de bir kişinin portresi zıt, hatta birbiriyle çelişen davranışlarla, seyirciye bir "bilmece" gibi sunulur (Orson Welles'in *Yurttaş Kane*'i, Vincente Minelli'nin *Çıplak Rıhlar*'ı).

• İkincil Kişilerin Karakteri

Stempel'e göre yeni senaryo yazmaya başlayanların en sık düştükleri yanlış, karakterleri gerektiği gibi oluşturamamalarıdır. Vale de iyi filmleri kötülerinden ayıran başlıca özelliğin ikincil kişilerin karakterleri olduğunu söylüyor (s. 116). "Filmdeki sekreter, sekreterden başka bir şey olmamalıdır," (s. 117). Buradaki anlamıyla karakter demek, bir sekreter kişiliğinin öyküde tek ve özel bir yeri olması demektir. Öte yandan, karakter yalnızca kişinin mesleğiyle ve öyküdeki işleviyle tanımlanamaz. Biz, daha da ileri giderek, karakterin öykünün temel gereksinimleri dışında ve kişinin işlevselli-ğinden çok daha ileri bir noktada bulunduğunu söyleyeceğiz.

Bir senaryoda değişik kişilerin karakterleri arasında zıtlıklar yaratılarak, aynı durum karşısında bu kişilerin değişik tepkileri gösterildiğinde filmdeki karakter ayrılıkları daha iyi vurgulanır.

- **Kişiliğin Bölüştürülmesi**

Bir kişinin karakteri bir defada açıklanmamalıdır. Film boyunca belli bir süre içinde, hatta bazen de senaryo süresince kişiliği oluşturan özellikler birer birer sunulmalıdır. Bu, senaryonun bazen dramatik bir malzemesi de olabilir: Örneğin, kişinin mesleğiyle ilgili, özel ya da aile yaşamıyla ilgili bazı sürprizler yapılabilir. Buna karşılık, kişiliğin temel özellikleri, yani öyküde kişinin işlevini oluşturan özellik filmin başında sözkonusu kişinin göründüğü ilk andan başlayarak seyirciye verilmelidir. Eğer bir kişinin temel özellikleri filmde çok geç kesinlik kazanırsa, seyircinin bu belirsiz ya da belirlenememiş kişiliğe karşı kayıtsız kalma tehlikesi vardır. Aynı şekilde, iki kişi arasındaki ilişkiler (aile bağlan, cinsellik) sözkonusu olduğunda da bu tür belirsizliklerden kaçınmak, diğer yandan da seyircide bu ilişki hakkında daha çok şey öğrenme isteği uyandırmak gerekir. Senaryo gereği bilinçli olarak bir belirsizlik yaratılmak isteniyorsa, bu belirsizlik özenle kurulmalıdır.

- **Karakteri Belirleyen Ayırıcı Özellikler**

Tikler, hareketler, tipik replikler, bazı tepkiler, giysilere özgü bir ayrıntı, özel bir nesnenin (aksesuar) kullanılması, vb gibi ayrıntılar bir filmde çoğu kez ikincil nitelikli kişileri diğerlerinden ayırdetmeye yarar. Bu tür ayrıntıları Lacan'ın deyimiyle "tikel özellik" diye de adlandırabiliriz.

Swain'e göre her film kişisinin böyle birtakım "ayırıcı özellikleri" olmalıdır. Nash-Oakey de ayırıcı özelliklerin öyküyle ilgili olması ve öykünün içinde yapay bir öge gibi kalmaması gerektiğini söylüyor. Bir kişinin ayırıcı özelliği dişlerinin arasında çiğnediği bir şey, çıkardığı bir ses, elinde sürekli oynadığı bir nesne, ağzından düşmeyen bir söz, bir telaffuz bozukluğu, özel bir sırıtış, bir iç çekiş biçimi ya da fiziksel bir özür, topallama vb olabilir. Bu tür özellikler kişinin ruh yapısı hakkında kesin bir bilgi vermese bile, seyircinin bir kişiliği, bireysel, ayırıcı ve özgün yönleriyle sezmesini sağlar. *Son Macera*'da Eddy'nin sık sık yinelediği ölü an sorusunu bir ayırıcı özellik olarak görmemek gerekir, çünkü Eddy'nin kişiliği hakkında kesin bir bilgi vermemektedir. Buna karşılık, *Scar Face*'de George Raft'ın sürekli havaya atıp tuttuğu paranın böyle bir işlevi vardır.

Aldrich'in *Kiss Me Deadly* filminde kahramanın arkadaşı olan ufak tefek Yunanlı araba tamircisinin bir araba motorunu beğenince çıkardığı sesler (*"va va voom"*) ayırıcı özelliktir. Sözkonusu kişinin heyecanlı ve çocuksu kişiliğinin bir tür dışavurumudur.

Bazen de ayırıcı özellik, bir kişinin karakteri hakkında bilgi verme amacı gütmeden, yalnızca kişi üzerine dikkati çekmek için kullandır. Bunlara "*gimmick*" diyoruz.

10) Karşıtlıklar

Genelde bir şeyi anlatmak için çok sık başvurulan bir yöntem de karşıtlıklar yaratmaktır: Davranışların, karakterlerin, durumların arasında karşıtlıklar yaratarak seyircinin bunları daha iyi değerlendirmesi sağlanır. Böylece filmde yeni kişilikler, birbirine koşut ya da birbirini tamamlayan durumlar yaratılabilir, bu karşıtlıkların temel işlevi, bir özelliği belirginleştirmektir.

Pauline Plajda filminde Henri'nin don Juansı yönü, Pierre'in Werther'i andıran kişiliğiyle vurgulanır; aynı şey Pierre için de geçerlidir.

Efendi Sanşo'da ise Zuşio'nun etkin başkaldırısı, Taro'nun boyun eğen insancıllığıyla daha da belirginleşir.

- Karşıtlıklar ve Ortak Özellikler

Bir karşıtlığın filmde etkin olabilmesi için, yalnızca kişiler, mekanlar ya da durumların birbirinden farklı olması yeterli değildir, bunlar arasında bazı ortak noktalar da olmalıdır. Örneğin Zuşio da Taro da adaletsizlik karşısında başkaldıran iki gençtir. İşte aralarındaki farklılıklar, bu ortak amaç çevresinde daha iyi vurgulanmıştır.

Kişilerin aralarındaki ortak özellikler ne denli çoksa, belli durumlar karşısında aralarındaki davranış ayrılıkları o denli başarılı gösterilir.

Karşıtlıklar kurma, senaryonun tüm özellikleri için geçerli bir yöntemdir: Mekanlar, düşünceler, sahnelerin ritmi, türlü senaryo teknikleri, dramatik ögeler, vb.

Yağmurdan Sonraki Soluk Ayın Hikâyeleri'nin öyküsüyle ilgili olarak Mizoguçi, senaryo yazan Yoda'ya surdan yazıyordu: "Eğer Vasaka (hayalet prenses) ölümü temsil ediyorsa, Miyagi'nin hayaleti aşk ve yaşamın kanıtı olmalıdır. Bu iki varlığın arasındaki farklılıkları daha belirginleştirmek isterdim" *(Cahiers du Cinema, Mizoguçi Özel Sayısı, s. 56)*.

Karşıtlıklarla farklılıklar, anlatının daha iyi anlaşılması ve kesinlik kazanması için etkili bir yoldur. Değişik kişilerin seyirci tarafından daha iyi algılanması kaygısıyla kişilerin adlarının aynı harfle başlamamasına, birbirine çok benzer şeyler giymemelerine ya da benzer özellikler taşımamalarına özen gösterilmelidir, tabii senaryoda bilinçli bir karışıklık yaratılmak isteniyorsa kişilere birbirine benzer özellikler verilebilir.

11) Soluklanma-Dinlenme

Filmlerde yer alan soluklanma sahneleri iyi dengelenmiş bir öykünün vazgeçilmez ögelerindendir. Bu sahnelerin amacı, komik ya da dramatik doygunluğa ulaşması sonucu filmin güldürü ya da heyecan ögesinin zayıflamasını önlemektir. Ciddi konulu, hatta trajik filmlerde seyirciyi "dinlendirmek" amacıyla kullanılan bu sahneler genellikle mizah yönü olan, gerilimsiz ve kişisel bir konunun işlendiği sahnelerdir. Güldürü filmlerindeyse tam tersine oyun kişilerine ciddi bir hava veren heyecan sahneleri kullandır. Veber bu konuyla ilgili olarak Yves Robert'in sözlerini anıyor: "Palyaçolar seyirciyi fazla güldürdüklerinde keman çalmaya koyulurlar. Çünkü seyircinin daha fazla gülemeyeceğini bilirler," (*La Revue du Cinema,* No. 390).

Herman, "dinlenme" sahnelerinin seyircinin ilgisini ayakta tutmaya yardımcı olduğunu da belirtiyor (s. 62-63), çünkü "bir gerilimi sürekli aynı noktada tutmak olanak dışıdır" ve sahnelerde tek bir renk kullanılması büyük monotonluk yaratır (örneğin tümüyle pembe ya da siyah). Herman, bu "dinlendirici" sahneler için ikinci nitelikli kişilerin kullanılabileceğini söylüyor; örneğin bir tanığın, bir otel komisinin, bir polis memurunun tepkileri gösterilebilir. Böylece bu sahneler seyirciyle baş kişi arasında bir süre için, bazen yararlı olacak bir mesafe yaratır.

Öte yandan, "dinlendirici" sahnenin bir yararı da yarattığı karşıtlıklarla filme egemen olan heyecan tonunu vurgulamaya yaramasıdır.

Doktor Mabuse'ün Vasiyeti'nde bu tür iki-üç 'dinlendirici' sahne vardır. Kent'le Lily'nin perdeli odadaki mücadelesini gösteren sahnelerin arasında Grigoriev'in bir rafadan yumurtayı özenle kırdığı kahvaltı sahnesiyle Lohmann'ın kendi evinde uyandığı sahneler buna birer örnektir. Efendi Sanşo'da da Zuşio'nun peşinden tapınağa gelen askerlerin keşişin gösterdiği yanlış yöne koşturmalarıyla Zuşio'nun kılık değiştirerek Başbakanın bahçesinde erkenden görüntülendiği sahneleri sayabiliriz.

- **Soluklanma ve Mekanik Filmler**

Konusu tek yönde ilerleyen (gülmece, heyecan, korku) ve seyirciyi tek yönlü bir etki altına alan senaryolara *mekanik* senaryolar denir. Senaryo çalışmalarının bir yönü de anlatıyı "insanlaştırmak", yani senaryonun mekanik niteliğini örtmek amacıyla iskelete can verir gibi anlatıya yumuşak renkler vermektir. Zaten bu yumuşatıcı renkler de yaşamın kendisidir.

12) Uzatma Notası ("Point d'orgue")

- **İşlevi**

Bir sahnenin uzatılması, bir ayrıntının, bir "gag"ın, anlam yüklü bir repliğin (örneğin bir tehdit) üzerinde kalan ve böylece sözkonusu sahnede yer alan heyecan, endişe, bekleyiş gibi duyguların etkisini sürdürmeye ya da bundan sonra meydana gelecek bir olayı bildirmeye yarar.

Biz bu sahneleri tıpkı müzikte bir parçanın son notasının istendiği kadar uzatılması demek olan *point d'orgue*'a benzetiyoruz.

Sinemada bu tür uzatmalar olmasaydı, sahneler çok düz ve kuru olurdu.

Ancak şunu da unutmamak gerekir, her sahne için bir uzatma işlemine gerek yoktur.

Filme zaman zaman bir yumuşaklık vermek, sahnelerin birbirini mekanik biçimde izlemesini, hatta üst üste yığılmasını engellemek gerektiğinde başvurulan bu uzatma sahneleri bir anlamda bize dramatik eğrinin yerlemlerini belirler; böylece yükselen film çizgisinin neresinde olduğumuzu öğreniriz. Bu sahnelerin bir diğer işlevi de öykünün "noktalama işaretlerini" meydana getirmeleridir. Bir noktalama işaretinin tümcenin anlamını olduğu gibi değiştireceğini unutmamak gerekir.

- **Vurgulamalar (Capper)**

Lewis Hweman'ın da dediği gibi bazen uzatılan sahnelerde yazar, bir tümcenin, bir ifadenin ya da bir hareketin altını çizmek *(to cop)* ister; bunun için de tıpkı bir noktalama işareti gibi gürültüler, ezgiler, efektler kullanılır. Bununla ilgili olarak Herman, beklenen ve tehlikeli bir anın geldiğini bildiren guguklu saat örneğini vererek bu sahnelerin de bir hazırlık gerektirdiğini belirtiyor. Melodramlarda ya da korku filmlerinde tüyler ürpertici açıklamaların yapıldığı ya da kahramanın sonsuza dek sürecek bir yemin verdiği sahnelere eşlik eden gök gürültüleri de birer vurgulama örneğidir.

- **Heyecan Sahneleri (Buttons)**

Sinemada "heyecan sahneleri" (İng. *buttons)* televizyon dizilerinin son bölümlerinde yer alan gerilim, heyecan ya da bir sır içeren sahnelerdir. Genellikle bunlardan hemen önce, araya bir reklam spotu girerek seyirciyi soluk soluğa bırakır. Bu uzatma sahneleri daha ilk dizi türleriyle başlayarak (çizgi film, fotoromanlar, sessiz sinema dizileri: *serials)* okuyucunun ya da seyircinin anlatanın devamını merak etmesini sağlayacak biçimde geliştirilmiştir.

Televizyon filmlerinde "heyecan sahneleri"nin senaryoda bir özel durumu ya da belli bir hareketi göstermesi zorunlu değildir; çoğunlukla filmin yönetim aşamasında kamerayla da bu tür sahneler yaratılabilir (endişeli bir yüzün yakın plan çekimi, görüntünün donması, bir ayrıntının zoom'la gösterilmesi, gerilimli bir müzik).

"Heyecan sahneleri"nin en klasik örneği, kahramanlardan birinin çok büyük bir tehlikeyle karşılaşacağını bildiren ya da kahramanın mücadele edişini, tutuklanışını, vb gösteren sahnelerdir. Bir. başka örnek de bir sırrın (bir nesne ya da bir insanla ilgili olabilir) açıklanışını gelecek bölüme bırakan bilmeceli sahnelerdir. Seyirci böylece bilmecenin çözülmesini ya da sorunun yanıtlanmasını umarak gelecek bölümü iple çekecektir.

13) Yinelemeler

• Yinelemenin İşlevi

Bir olayın, bir bilginin, bir karakter özelliğinin senaryoda yinelenmesi anlatının etkin olabilmesi için başvurulan etkin yöntemlerden biridir.

a) Öncelikle anlatı için gerekli bazı bilgilerle bazı verilerin (ortam, karakter, duruma ilişkin veriler) filme daha sağlam yerleştirilmesini sağlar. Bilindiği gibi sinemada en çabuk unutulan öge bilgidir. Bunun için de hem senaryoyu bilgiye boğamamak hem de anlata için önemli olan bilgileri sık sık yinelemek gerekmektedir. Yalnız, müzikte olduğu gibi sinemada da yinelemeler değişik tonlarda olmalıdır: Böylece anlatı akıcılık ve canlılık kazanır. Hitchcock'un filmlerinde, gerekli bilgilerin yinelemelerle çok sağlam bir biçimde seyirciye verilmesi dikkati çekmektedir.

b) Ayrıca yinelemeler, seyirciye filmin *birliğini* hissettirir. Ayzenştayn'ın dediği gibi: "Değişik bölümler arasında gereken bağın kurulması için en etkin yöntemlerden biri de yinelemedir (...) Yineleme ögesi, müzikte çok etkin bir, rol oynar (...) Yinelemeler her şeyden çok birlik izlenimi uyandırmaya yarar" ("Kompozisyon Sorunları", *Cahiers du Cinema,* No. 226-227).

c) Son olarak da yinelemeler seyirciye bir şeylerin değiştiği duygusunu verir. Bir topluluk ya da bir çiftin yaşamından alışılmış bir sahnenin yinelenmesi, zamanla bu bireyler arasında nelerin değiştiğini daha iyi gösterebilmenin etkin bir yoludur.

Bunun en belirgin örneği *Yurttaş Kane*'de Kane'le karısının her sabah kahvaltı etmelerini gösteren sahnelerdir. Bu sahnelerin kurgu-ayrımla *(montage-sequence)* birbirini izlemesiyle karı-kocanın sevgilerinin yavaş yavaş tekdüze bir hale gelişi açık açıkça görülür.

14) Yinelemeli "gag"ler

Yinelemeli "gag"ler *(running gag),* bir davranışla ya da dekorla ilgili sözlü ya da görsel nitelikli eğlendirici ayrıntılardır: Film boyunca yinelenen bu "gag"lerin amacı, değişik aralıklarla dozu giderek artan bir kahkaha tufanı yaratmaktır. Yinelemeli "gag"lerin en son kullanıldığı sahneyi (genellikle de filmin son sahnesi) bir "dönüş" *(topper)* sahnesi izlemelidir.

Filmin sonundaki "dönüş" genellikle durumun umulmadık bir biçimde ters yüz olması demektir. Sürekli tokat yiyen adamın sonunda tokadı patlatması, sürekli hak yiyen adamın hakkının yenmesi gibi...

Herman, bazı filmleri yinelenen "gag"lere örnek gösteriyor. Hitchcock'un *Lady Vanishes* filminde kriket oyuncusu iki İngiliz, yabancı bir ülkede çok güç koşullarla karşılaşmalarına karşın ülkelerine dönünce seyredecekleri kriket maçından başka bir şey düşunmezler. Filmin "dönüş"ü ise binbir maceradan sonra Londra'ya dönen çiftin, maçın iptal edildiğini öğrenmesidir. Frank Capra'nın *It Happened One Night* filmindeki yinelemeli "gag", Claudette Colbert ile Clark Gable'ın paylaşmak zorunda kaldıkları odanın ortasına gerdikleri perdedir. Kahramanlar bunu Kutsal Duvara benzeterek sık sık karşılıklı espriler yaparlar. Filmin "dönüş"ü de, kahramanların evlendiği gece, Clark Gable'ın borazan çalarak perdeyi indirdiği sahnedir. Peter Yates'in *Krull* adlı filminde de beceriksiz bir büyücünün, karşısındaki düşmanı ya da hayvanı değiştirmek istediğinde söylediği her büyülü söz kendisini bu hayvana dönüştürmektedir.

"Yinelemeli gag"ler arasında ciddi olanları da vardır: Scarface'in dostu George Raft'ın elinde atıp tuttuğu para gibi. Filmin "dönüş"ü, Scarface'in kendini aldattığını sanarak arkadaşını vurmasıdır. Bu sahnede George Raft kurşunu yediği anda elindeki parayı havaya atar... ve ilk kez tutamaz. Bu ünlü filmde daha birçok "yinelemeli gag" kullanılmıştır, büroya telefon edenlerin patronu aradıklarını bir türlü anlayamayan ve adlarını not edemeyen sekreter "gag"i gibi. Filmdeki son sahnede, odanın içinde kurşunlar vızıldarken sekreter telefona cevap verir ve ahizeyi uzatır; ölmeden önceki sözleri: "Tamam patron bu kez adını aklımda tuttum..." olur.

İncelediğimiz filmlerin arasında yalnızca *Son Macera*'da özellikle sözlü "yinelemeli gag"ler kullanılmıştır (ne de olsa bir Amerikan filmi), örneğin yaşlı ve ayyaş denizci Eddy'nin gizemli ve tuhaf sorusu ("Hiç, *ölü bir arı tarafından sokuldunuz mu?*"). Eddy bu soruyu filmde önce Johnson'a sorar, adam bir yanıt bulamaz ve yüzünü asar; sonra bu soruyu Fransız direnişçilere sorar, soru direnişçileri eğlendirir; o sırada Marie cevabı yapıştırır: "Ya siz?" Bu cevap Eddy'nin çok hoşuna gider ve bir zamanlar fakir insanların ölü arılar üzerinde yürütüldüğünü ve arıların hâlâ canlı olan iğnelerinin bu çıplak ayakları nasıl soktuğunu anlatır. Böylece Marie'nin yanıtı, yaşamı ve yoksulluğu bildiğini ortaya koyar ve Eddy'yle aralarında bir duygudaşlık yaratır.

Daha sonra Eddy aynı soruyu Renard'a sormak ister. Ancak Harry atılır: "Hayır Eddy, olmaz!" Daha sonra Marie bu soruyu bir parola gibi kullanarak Harry'ye üstü kapalı Eddy'yi sorar. Bu sözlü "yinelenen gag"in dönüşü ise filmin sonunda Marie'nin Eddy'ye bu soruyu sorduğu sahnedir: "Hiç ölü arı tarafından sokuldunuz mu?" Bu kez Eddy hiç düşünmeden "Ya siz?" diye sorar. Böylece diyalog tersine dönmüş, yaşlı denizci şaşkına dönmüştür. Adam yüzünü buruşturur ve kulaklarını oğuşturarak: "Sanki kendi kendime konuşuyorum..." der. Burada "gag"in mekanizması gereği, soran ve yanıtlayan yer değiştirmiştir.

Filmde kullanılan ciddi bir "yinelemeli gag" de sigara ve kibrit isteme sahneleridir, ilkin Marie Harry'den bir kibrit ister, böylece birbirleriyle tanışırlar; Marie ikinci kez sigara ve kibrit istediğinde Harry "kendin al" gibilerden bir işaret yapar (aralarında yakınlık kurulmuştur); üçüncü kez Harry sigara ve kibrit isteme bahanesiyle Renard'ın yanında Marie'ye içinde tabanca bulunan çekmeceyi açmasını ima eder,

Filmde başka yinelemeli "gag"ler de kullanılmıştır; Eddy'nin durmadan Harry'den içki parası istemesi, Marie'nin sinirlendiğinde yinelediği "biliyor musun Steve, bazı anlar vardır..." gibi tümceleri, birbirlerine taktıkları adlar (Harry için Steve, Slim...) vb. Bu filmde kullanılan "yinelemeli gag"lerin filmin bağlamında yer aldığını ve başlıca işlevlerinin hem kişiler arasında hem de kişilerle seyirci arasında bir duygu ortaklığı yaratmak ve sürdürmek olduğunu görüyoruz.

IX) Senaryo Yanlışları (Daha iyi Yanlışlar için)

Senaryo yanlışlarıyla ilgili en önemli sorun, bu yanlışların tıpkı zincirleme kazalarda olduğu gibi yeni yanlışlara yol açmasıdır. Senaryonun bir yerindeki yanlışı düzelttiğinizde, daha ileride yine aynı yanlışın uzantısı bir başka yanlış ortaya çıkar. Örneğin bir dramatize etme kusurunu (gevşek sahne) düzeltmek için kişilerden birinin davranışlarını daha sert bir hale getirirsiniz. Ancak bu kez söz konusu kişinin karakteri film için tasarladığınız karakterden sapar (tutarsızlık). Ya da olaylar arasında gerçeğe uygun bir bağ kurmak isterken öykünün akışını ağırlaştırırsınız, kısacası mantıksal boşlukları doldurmak isterken senaryoda dramatik boşluklar açarsınız....

Bir *başka deyişle senaryonun her ögesi birbirine bağlıdır, yalnız burada* "A'dan aldığını B'ye vermek" *gibi bir değiş tokuş değil, senaryo bileşenlerinin birbirlerini tamamlamaları sözkonusudur. Yine de birçok senaryonun sağlam bir öyküyle, birbirinden farklı, hatta birbiriyle çelişen çizgileri başarıyla birarada kullandığını görürüz.*

Bu bölümün başında belirttiğimiz gibi, senaryo yanlışlarını daha iyi yapmak da beceri ister. Anlamlı ve etkili bir biçimde yanlış yapmak, hiç yanlış yapmamaktan daha güç bir iştir.

1) Nereden Belli Oluyor?

Yeni senaryo yazarlarının yaptığı yaygın bir yanlış, bir kişinin düşüncelerini, kimliğini, isteklerini, hatta bir durumu seyirciyi dikkate almadan senaryoda belirtmesidir, bir başka deyişle senaryoda seyircinin kişilerin düşüncelerini, isteklerini vb nasıl öğreneceği açıkça belirtilmez. Örneğin, senaryoda "X aldatıldığını anlar" diye yazar. Peki bunu seyirci nasıl anlayacaktır?

"Y, Z'nin kardeşidir." Peki bu nereden bellidir, ya seyirci bu iki kişiyi karı koca sanırsa? Genç bir yönetmenin senaryosunda, şöyle bir örnek yer alıyordu: "X, Paris-Match'tan bir gazeteciyle tartışır." Oysa bu sahnede kadının gazeteci olduğu ya da hangi gazetede çalıştığı belirtilmiyordu.

Bu tür yanlışların nedeni, senaryo yazarlarının sözcüklerin gücüne, yani dille her şeyin anlatılabileceğine güvenmeleridir.

Örneğin senaryoda "X, Y'nin kardeşidir," türünden açıklamalarla yetinemeyeceğimize göre, seyirciye iki kişi arasındaki bağlan nasıl gösterebiliriz? Bir kuşku, bir belirsizlik yaratılmak isteniyorsa, bunun da sağlam bir biçimde oluşturulması gerekir (sevgili/erkek kardeş, kız/gelin gibi).

Bazı filmlerde *iç konuşma* tekniğine başvurulur: Aurenche ve Bost'un *Kızıl ile Kara* uyarlamasında Stendhal'in kahramanı Julien Sorel'in "iç konuşmaları" filmde önemli sorunlar ortaya çıkarıyordu, çünkü seyircinin Sorel'in iki, yüzlü kişiliğine karşı uyanık olması, tüm yaptıklarım iyiliğe yormaması gerekiyordu, sonuçta beyazperdede kahramanın görünüşteki davranışlarını sürekli ve bilinçli olarak yalanlayan ve olayın akışını ağırlaştıran bir "iç ses" ortaya çıktı.

Senaryodaki düşünce ya da hareketlerin perdeye aktarılmasındaki güçlükler yalnızca yeni senaryo yazarlarına özgü bir yanlış ya da eksiklik değildir; daha usta bir senaryo yazarı da -tabii sevgili/kardeş belirlemesi kadar basit şeylerden sözetmiyoruz- kişilerin duygu ve yönelimlerini belirtmekte güçlüklerle karşılaşabilir. Gerçekten de senaryo yazarı, senaryo kişilerinin eğilimlerine ve duygularına kolayca kendini kaptırarak seyircinin bu duygulları perdede göremeyeceğini ya da hissedemeyeceğini unutur, böylece bu duyguların perdeye inandırıcı bir biçimde yansıyıp yansımadığını düşünmez.

2) Seyircinin Filmin Sonunda Duyduğu Boşluk Duygusu

Bazen sıradan ve önemsiz bir öyküyü ilginç kılmak için filmde çok sayıda "sahte gerilime" yer verilir. Bu da filmin sonunda seyircide bir eksiklik duygusu uyandırır. Vale, Alfred Hitchcock'un *Suspicion* filminde kadın kahramanın yanlış ipuçları ve yorumlardan yola çıkarak düş gücüyle kendince bir öykü kurmasını örnek olarak gösteriyor: "Seyircilerin büyük bir bölümü filmin sonunda bir eksiklik duyuyor. Gerçekten de film, mutlu bir sonla bittiğine göre, seyirci neden böyle bir duyguya kapılıyor? Bunun nedeni, filmde hiçbir çatışmanın, dolayısıyla da durum değişikliğinin meydana gelmemesidir. Cary Grant'la Joan Fontane filmin başından sonuna değin mutlu bir çift oluştururlar. Bu mutluluk izlenimi aralarındaki çatışma ve gerilimin düşsel, gerçekdışı bir nedenden kaynaklanmasıyla daha da güçlenir. Böylece seyirci filni boyunca her tür somut dayanaktan yoksun ve gerçek bir sonuca varmayan bir gerilimle meşgul edildiğini düşünür," Bu tür öykülerin özünün seyirciyi aldatmaca ve yanlış ipuçlanyla oyalamak olduğunu söyleyebiliriz.

Filmin sonunda duyulan eksiklik duygusu, *öykü* ve *öyküleme* etkinliğinin birbirinden ne denli ayrı şeyler olduğunun bir göstergesidir. Öyküleme teknikleri gerçekte hiçbir özelliği olmayan bir okya hareket, gerilim merak ve heyecan katmaya yarar. Ancak seyirci bu hareket, gerilim, vb'nin gerisinde hiçbir şey olmadığını hissettiği anda bir tür boşluk duygusuna kapılır. Aslında seyirci kandırılmaya, bir maceranın ardından sürüklenmeye karşı değildir, önemli olan bunun ortak beğenilere uyması ve filme canlılık kazandıracak biçimde tasarlanmasıdır; özellikle de sonu düş kırıklığıyla biten filmlerde. Gördüğünüz gibi öyküleme öyküden apayrı bir şeydir. En yalın öyküleme tekniklerinde bile işlenen olayla ilgili bir gerçeklik payını unutmamak gerekir.

3) Uç Uca Eklenen Sahneler

İzlediğimiz bazı filmler, bütüncül bir yapı ve bir ilerleme çizgisi sunmayan, her türlü mantıksal ve organik bağlardan yoksun bir sahneler dizisini andırır; dikkatle incelediğimizde, bu gibi filmlerin senaryolarında sahneleri birbiri ardına eklemekle yetinildiğini görürüz. Bu tür senaryolar birlik kuralıyla ilerleme kuralına uymazlar.

Birçok Amerikalı eleştirmen, *Son Macera*'yı işte bu açıdan eleştirmişti. Hatta filmi beğenenler bile filmin kusurlu olduğunu, bunda da dolambaçlı ve hareketsiz yapısının rol oynadığını belirtiyorlardı. Örneğin *The New Public*'te Manny Farber, filmin, incileri etrafa saçılan kopmuş bir kolye misali, yapı ve birlikten yoksun olduğunu yazmıştı. James Agee ise *The Nation*'da şunları yazıyordu: "Filmin kesinlikle bir konusu yok, Bogart'la Bacall arasındaki dostluk alışverişini gösteren durgun sahnelerin biraraya gelmesinden başka bir şey değil." Tabii tüm bu eleştiriler filmin 1944 yılının en önemli yapıtları arasına girmesini, daha sonra da adının sinema tarihine yazılmasını engellemedi.

Müzikal filmlerle silik bir konunun biraraya getirildiği vurdulu kırdılı kovalamaca filmlerinin bu tur uç uca eklenmiş filmler olduğunu, ancak her şeye karşın büyük ilgi uyandırdıklarını söyleyebiliriz.

4) Rastlantılar

Seyircinin ya da senaryoyu okuyan bir kişinin dikkatini çeken rastlantılar her ne kadar bir kolaycılık ya da tembellik gibi gözükse de bir senaryo yanlışı sayılmazlar.

Swain: "Seyirci her zaman için kahramanı güç bir duruma düşüren rastlantıları affedebilir, ama onu o güç durumdan kurtaranları asla," diyor. Eli ayağı bağlı, bir odaya kapatılmış kahraman hemen elinin altında bir bıçak bulursa, seyirci buna ya güler geçer ya da sinirlenir. Buna karşılık, birbiri ardına gelen talihsiz rastlantılar kahramanın suçlu bulunmasına yol açacak gibiyse seyirci kendini olayın içinde bulur, hem de hiç farkına varmadan. Bir filmde kötü sonuçlar doğuracak yanılgılara inanmaya hazır olan seyircinin sonu selamete varacak rastlantıları reddetme eğilimi olduğunu görüyoruz. Bu arada sonu mutlu biten rastlantıların büyük bir ustalıkla işlendiğinde senaryoyu başarıyla ulaştıracağını da unutmayalım.

Örneğin Jacques Demy'nin *Une chambre en ville* filminde Nantes'lı bir maden işçisi olan François, son derece ilginç bir baronesin kiracısıdır. Bir akşam sokakta bir kıza rastlar ve aşık olur. Daha sonra François, kızın (Edith) baronesin kızı olduğunu ve eskiden kızın kaldığı odayı kiraladığını öğrenir. Seyirci bu büyük rastlantıyı yazgının bir oyunu olarak görür.

5) Sonuç Bölümünde Yapılan Hatalar

a) Deus ex machina

Üstün bir gücün araya girmesiyle (Tanrısal güç, kralın gücü...) tepeden inme bir biçimde filmin mutlu sonla bitmesi genellikle bir senaryo kusuru olarak nitelendirilir. Aristoteles de bu tür sonların sakıncalı olduğunu, "dramın sonuç bölümünün dramın kendisinden kaynaklanması gerektiğini," belirtiyordu.

Bir tiyatro terimi olarak *deus ex machina* dramda kahramanın aleyhine işleyen, çözümlenmesi olanaksız bir çatışmayı sonuçlandırmak üzere Tanrı'nın sahneye Jüpiter'i yollaması demektir. Bugün ise kahramanın içinden sıyrılamayacağı çok güç bir durumda kaldığı sırada yardım kuvvetlerinin yetişmesi (ordu, polis, vb) anlamında kullanılıyor.

Bunun bir türü de kahramanı umutsuz bir durumdan kurtaran, "bu yalnızca bir rüyaydı" *dediğimiz* türden çözümlerdir.

Vale bu tür *rastlantısal* ve *beklenmedik yardımların* çok budalaca çözümler olduğunu belirtiyor (s. 189). Bununla birlikte kahramanın başına gelen talihsizlikleri beklenmedik bir biçimde çoğalttığı ölçüde *deus ex machina* kabul edilir bir yöntemdir.

b) Bulanık Kalan Sonlar

Filmde kahramanın işler sarpa sardığında olaydan sıyrılması, beklenmedik bir sonla olayın çözümlenmesiyle olur; tabii bu arada filmde birçok sorun çözümlenmeden ortada kalır.

Pierre Kast'ın, *Les Soleils de l'Ile de Paques* adlı filminde gizli bir emirle "seçilen" yedi kişinin Paskalya Adaları'nda buluşmaları anlatılır. Filmde bu yedi kişinin birbirlerini tamamlayıcı nitelikleri olduğu için seçildikleri anlaşılmaktadır (biri toplumbilimci, biri yerbilimci, bir diğeri doğabilimcidir...). Oysa film bu topluluğa bir görevin verilmesiyle ansızın biter, bir diğer deyişle film, kişilerin mesleklerinin onları ortak amaç çevresinde "tamamlaması" gösterilmeden, hatta belirtilmeden son bulur (bu geleneksel bir "yanlış yerleştirim" hatasıdır). Böylece uzun uzun bir hazırlığı gösteren filmin sonunun oldukça baştan savma olduğunu görüyoruz.

Bazı filmlerin sonu, sansür ya da film süresi üzerinde titizlenen yapımcı ve dağıtımcıların istekleri doğrultusunda baştan tasarlanılanın aksine alelacele bitirilir. Örneğin Michael Cimino'nun *Heaven's Gate* filminin sinemalarda gösterilen versiyonunda çok sayıda makaslama sonucu filmin sonuna üst üste bir sürü olay yığılmıştır.

Son Macera'nın sonu da böyle aceleye getirilmiştir. Film, kahramanların tehlikeli bir maceraya girişecekleri sırada kesilir ve esir alınan "kötüler"in ne olacağı sorunu öylece bırakılır.

c) Filmde sonuç bölümünün doruk noktasından uzakta kalması

Senaryoda heyecanın doruk noktasına ulaştığı andan sonra yazar konuyu oluşturan bütün ipuçlarını tek tek çözümlemeye girişirse "doruk noktasıyla filmin sonu arasında gereksiz bir uzunluk meydana gelir. Racine'in *Britannicus* tragedyası, olay kahramanın ölümünden çok sonra son bulduğu için eleştirilmişti. Racine ise eleştirileri şöyle yanıtlıyordu: "Tragedya, kanımca, pek çok kişinin birbiriyle mücadele ettiği bir olayın taklididir (Aristoteles'in sözlerini anıyor) ve bu olay, kişilerin ne duruma geldiklerini göstermediği sürece bitmiş sayılmaz." Racine, böylece konunun gerçekleşmesinde kullanılan bütün ögelerin bir savunusunu yapıyordu.

d) Filmin sonunun ayrıntılı açıklamalar gerektirmesi

Filmde işlenen bir olay, açıklanması güç bir sır, bir bilmece ya da abartılı bir "beklenmedik olay" içeriyorsa filmin sonuç bölümü zorunlu olarak bir sürü ayrıntı gerektirecektir. Hitchcock'un *Pshyco* adlı filminin sonu işte bu açıdan eleştirilmişti. Filmde konuyu oluşturan ve seyirciyi cani annenin yaşadığına inandıran bütün gizler, ruh doktorunun uzun konuşmasında birer birer açıklanıyordu. Biz, bu "kusur"un filmin etkisini ve güzelliğini bozmadığı kanısındayız, ancak bu tür açıklamalar içeren sonuç bölümlerini ya da ansızın öyküye giren yeni bir kişinin açıklamalar yapmasını seyirci filmde bir "yük" olarak görüyor. Aslında Hitchcock'un filmin sonunda böyle ayrıntılı bir açıklamaya yer vermesi boşuna değildir: Eğer yönetmen bu açıklamayı azar azar sahnelere serpiştirseydi, hem açıklamanın etkisi ve bütüncül niteliği bozulacak hem de sonuç bölümü bu sahnelerin araya girmesi yüzünden "doruk noktasından" uzaklaşacaktı.

6) Sapma

Bir anlatıda, başlangıçtaki düşünceden sapılması önemli bir yanlış olabilir: Örneğin temel nitelikli bir kişiden bir başka kişiye veya konunun ya da ilgi odağının bir başka yöne sapması gibi. Genellikle sapmalar, bir anlatıda istemeden çok sayıda ayrıntının üst üste yığılmasıyla ve böylece anlatının ana temasının ve amacının neredeyse tümüyle değişikliğe uğramasıyla meydana gelir.

Bazen bilinçli olarak da anlatı saptırılabilir. Örneğin Raymond Bellour, Hitchcock'un *Pshyco*'sunu "öykünün sonu başına uymalıdır" kuralını bilerek çiğneyen bir anlatı örneği olarak ele almıştır. Film gerçekten sevimli bir kadın hırsızın öyküsüyle başlar. Ancak kadın hırsızlığıyla kesinlikle ilgisi olmayan bir nedenle öldürülür ve filmin ilgi odağı kadından, kadının öldürüldüğü oteli işleten genç adama doğru kayar.

Anlatının amacının sapması ve değişmesi senaryonun bir ilkesi de olabilir. Örneğin Christian de Chalonge'un yönetmenliğini yaptığı *L'Alliance*'ın senaryosu gibi (yazan: Jean-Claude Carriere) bazı senaryolarda bu amaç sapmaları birer ilke niteliğindedir. Filmin başında bir çiftin özel yaşantısı ve aldatmacalı bir bilmece söz konusudur. Filmin sonunda ise... dünyanın sonu.

Yazar-yönetmen Raul Ruiz, sürekli olarak bir sapma gösteren, aynı zamanda da anlatının ana amacı çevresinde dönen öyküler anlatmayı ilke edinmiştir (örneğin *Zengin Denizci, Les Destins de Manoel* gibi filmler).

7) Açıklamalı Diyaloglar

"Taklit" ilkesine dayanan bütün dram sanatlarında (dram, tiyatro...) karşılaşılan bu açıklamalı diyalog sorununu Aristoteles, *Poetika*'sında şöyle anlatıyor: Kişiler kendi aralarında konuşmaktan çok seyirciye bir bilgi aktarmak istediklerinde diyalog açıklamalar içerir. Böyle bir diyalog gerçekçi ve akla uygu bir "durum" içinde kullanılmamış, dram yazan istediği için yazılmıştır.

Diyalogların açıklama içermesi sorunu anlatı türleri arasındaki ayrılıkları ortaya koyar. Örneğin romanda kişilerin ne düşündüğü rahatlıkla anlatılabilir: "Y'nin kocası olan X, karısının sevgilisini öldürmeyi tasarlıyordu" gibi açıklamalar yapılabilir. Bir başka örnek de, kahramana "ben Y'nin kocasıyım, karımın sevgilisini öldürmek istiyorum" türünden sözler söyletemeyeceğimiz *mimesis* türleridir; burada her şey dramatize edilmelidir.

Sinemada seyirciye en çok sayıda bilginin verildiği giriş bölümü doğal olarak önemli oranda açıklamalı diyaloglar kapsar.

Mizoguçi, *Yağmurdan Sonraki Soluk Ayın Hikâyesi*'nin senaryosunu yazan Yoda'nın dikkatim bu konuya çekiyordu: "Olayı yorumlayacak her türlü diyalogdan kaçınmanın yolu, kökleri oyundaki karakterlerin derinlerinde bulunan bir hareket düzeni yaratmaktır kanısındayım. (...) 'gölgedeki kayık' sahnesindeki diyaloglar çok sayıda açıklama içeriyor." Daha ileride ise: "'Seni öldüreceğim' sözlerinin yerine tehdit eden hareketler kullanmalıyız." Yine aynı bölümde: "Önemli bir yanlış: 'Bildiğin gibi, kral olduğum için...' Gerilimden yoksun bir tümce: 'Savaş başlıyor gibi..' Böyle bir tümceyi söyleyen kişi savaşın başladığını biliyor demektir." Mizoguçi bu tür konuşmaların yerine, örneğin bir yangın sahnesinin kullanılmasını öneriyor. Son olarak: "Sözcüklerin ve hareketlerin bunları gerçekleştiren kişiye uyması gerekir. Önemli olan heyecandır, yorum değil," diyor. (*Cahiers du Cinema, Mizoguçi Özel Sayısı*, s. 156-157).

8) Yanlış Yerleştirim (False Plant)

"Yanlış yerleştirim" dediğimiz şey, senaryoda kullanılmayan bir ögenin bulunmasıdır. Senaryoda yer alan bir öge (bir kişi, bir sır, bir ayrıntı) ilk bakışta önemli bir rol oynayacakmış gibi gözükmesine karşın hiçbir işe yaramadığında senaryoda bir "yanlış yerleştirim" sözkonusudur.

Bazı filmlerde aldatmaca olarak kullanılan sahneler de "yanlış yerleştirilmeleri" sonucu gerektiği gibi işleyemez ve senaryoda ustaca kurulmuş bir yanıltmadan çok bir kusur olarak göze çarpar. "Yanlış yerleştirim", senaryo yazarının unutkanlığının ya da tembelliğinin bir sonucu da olabilir. Örneğin yazar bir dairenin planının özenli bir betimlemesini yapar. Seyirci böylece dairede meydana gelecek bir olaya kendini hazırlar. Ancak yazar, sonradan dairenin planını dramatik bir öge olarak kullanmaktan vazgeçer ve bu betimlemeler konuyla hiçbir ilgisi olmaksızın öylece senaryoda kalır.

9) Gerçeğe Aykırılık

Gerçek ve gerçeğe uygunluk dram sanatının uzun tartışmalara konu olmuş ilkelerdir. Boileau sorunu şöyle özetler: "Seyirciye hiçbir zaman inanılmazı sunmayın. Doğru, bazen gerçeğe uygun olmayabilir," (*Art Poetique*, III, s. 47-48).

Aristoteles de *Poetika*'sında: "Gerçeğe uygun olanaksızı, gerçeğe uygun olanaklıya yeğlemek gerekir. Çünkü bazı olaylar gerçeğe aykırı bir biçimde gerçekleşebilir," diyor.

Buradan şu sonuca varabiliriz: Bir olayın kendiliğinden öykü konusu olabilmesi için bunun mutlaka gerçek bir olay olması gerekmez, önemli olan gerçeğe uygunluğudur (örneğin rastlantıların üst üste gelmesinde). Şunu da ekleyelim, yaşanmış olaylar kendi başlarına iyi senaryolar yaratmak için yeterli değildir.

Bir öyküdeki kişilerin -yaptığı ya da yapmadığı- davranışlarına ilişkin olarak da bir gerçeğe uygunluk ilkesinden sözedilebilir. Bu açıdan baktığımızda öykü kişilerinin yapmadığı şeyler, yaptıklarına oranla bu kişilerin gerçeğe uygunluklarını belirler; özellikle de kendilerini kurtaracak bir yolu seçmediklerinde, (bak. Kişileri Engelleyen Nedir?)

10) Budalaca Konular

"Budalaca konular", öykünün işleyebilmesi için kişilerin bazı sahnelerde budala gibi davrandığı senaryolardır. Örneğin, genç bir kadın olan kahraman, karanlık bir adamla ıssız bir yerde buluşmayı kabul edecek denli saf ya da gangsterler bir polis memurunun kendilerinden yana olduğunu sanacak denli budala olurlar... Bu iki örneğe dikkatimizi çeken Swain'e göre bu budalaca konuları önlemenin en etkili yolu, senaryo yazarken her seferinde "kahraman bunu niye yaptı" diye sormaktır.

Vale: "Çoğu kez senaryo yazarı, öyküyü oluşturan olayları kişiler arasında bölüştürmek ister, ancak her olayın bir kişinin özelliklerini ortaya koyacağını göz önüne olmaz," diyor. Böyle bir tutum da bazen öykü kişilerinden birinin bir olay karşısında son derce akılsızca ve sağduyudan yoksun bir tepki göstermesine yol açar.

Daha ilk sahneden başlayarak seyirci üzerinde bir etki uyandırmak isteyen birçok yeni filmde bu yanlışlığa düşülür: Baştan iyilerle kötüleri birbirinden ayırmak için, örneğin düşünmeden adam öldüren cellatlarla, budalaca kurban giden adamların eylemlerini andıran düşüncesiz ve boş şiddet sahneleriyle filme başlanır. Walter Hill'in Louisiana batakhanelerinde geçen *Southern Comfort* filminde Ulusal Muhafız Birliği'nin anlatı boyunca halka nasıl eziyet ettiklerini göstermek için senaryo gereği, muhafizlar son derece aşağılık (memleketi yakıp yıkmaları, insanlara işkence etmeleri), bir o kadar da budalaca ve düşüncesiz davranırlar.

Senaryo yazan için en kolay şey, budala kişiler yaratarak kendini becerikli yazar gibi göstermektir. Yazar, en iyisinden en kötüsüne kadar, senaryo kişilerinin tümüne bir nebze olsun sağduyu vermelidir.

11) Zayıf Öyküler

Tom Stempel, Don Taylor'un *Cehenneme Dönüş*'ü, Fred Zinne-man'ın *Julia*'sı gibi filmlerde öykünün zayıf oluşunun, senaryonun önemsiz bir sürü sahneyle "doldurulmasına" neden olduğunu belirtiyor. Örneğin *Julia*'da Hammett'le (Jason Robards) Lilian Helmann'ın (Jane Fonda) arasında geçen "psikolojik" sahneler kesinlikle olayın akışında etkin bir rol oynamamaktadır.

Aynı şeklide, Jean-Claude Missiaen'in *Tir groupé* filminde öykünün hafifliği, Gerard Lanvin'le Veronique Jeannot arasında geçen aşk sahnelerinin *flash back*'lerle sık sık gösterilmesini zorunlu kılmıştır. Bir yandan da bu yinelemeli ve hareketsiz sahneler, filmin başında vurulan kadın oyuncunun rolünü uzatmaya yaramaktadır.

Öyküyü oluşturan konunun zayıf olması, kısa metrajlı filmlere özgü bir kusurdur; bu da bize, yazar-yönetmenlerin bir senaryoda on dakika sürmesi gereken bir olay, bilgi ye diğer senaryo malzemesinin miktarını yeterince önemsemediklerini düşündürüyor; belki de kısa metrajlı filmlerin bazen uzun metrajlı bir film kadar hızlı olabildiğini ve *olması gerektiğini* unutuyorlar.

12) Gevşeklik, Olduğu Yerde Sayma

Seyircide bir gevşeklik izlenimi uyandıran, olduğu yerde sayıyormuş gibi gelen senaryolara gevşek senaryolar diyoruz. Bu senaryolarda ilerleme çizgisi hemen hemen hiç belli değildir; kişiler arasındaki karşıtlıklar bulanıktır; bazı sahneler hemen hemen aynıdır ve heyecan, bilgi, gerilim açısından bir değişim göstermezler. Son olarak da bu sahnelerin bir hareket ve ilerleme eksesinde birbirlerini kesinlikle izlemediklerini görürüz.

Mizoguçi *Yağmurdan Sonraki Soluk Ayın Hikâyesi'yle* ilgili olarak senaryo yazan Yoda'ya şunları söylüyor: "Birinci sekans, savaş alanını; ikinci sekans, çalışan köylüleri gösteriyor (...). Bu iki sekans arasında dramatik bir bağ yok; ikisi zeytinyağla su gibi, birbirinden ayrı, arada hiçbir gerilim yok," *(Cahiers du Cinema, No. 56).*

Son Macera'nın yönetimi ve oyunculuğu daha az başarılı olsaydı, film gevşek olabilirdi. Yine de anlatının net bir biçimde ilerlemediğini, karşıtlıkların bulanık kaldığını ve sahnelerin çok sık yinelendiğini görüyoruz.

Filmde iki kez yaralı bir direnişçiyle baş ucunda bekleyen eşi gösteriliyor (önce Beauderc ve eşi, sonra da Bursac ve Hélène); Hary'yle Marie'nin birlikte gözüktüğü sahneler bir gel-giti andırıyor (önce kız adamın odasına geliyor, sonra adam kızın odasına gidiyor, daha sonra kız ye niden adamın odasına geliyor); Eddy iki kez Renard'ın pençesine düşüyor; Marie iki kez Harry'yle Hetene'i birarada görüyor ve her seferinde mantıksız bir kıskançlığa kapılıyor. Fransız Gerard sürekli olarak Harry'ye yeni haberler ve öneriler getiriyor; Harry iki kez aynı sözlerle öneriyi reddediyor vb.

Bu yinelemeler gerçek bir ilerleme oluşturacak biçimde kullanılsaydı, bir başka bağlamda gerilimi artırabilir ve filme olumlu katkılarda bulunabilirdi. Oysa burada bir gevşeklik izlenimi uyandırıyor. Bununla birlikte, senaryoyu yazan Furthman ve Faulkner'le yönetmen Hawks'ın filmin bu "gerilimsiz" niteliğinin bilincinde olduklarını sanıyoruz. Hoagy Carmichael'in, olayın akışına hiçbir katkıda bulunmadan piyano çaldığı sahneler herhangi bir polisiye filmde bayağı gerilimli sahneler olabilirdi. Bu tür filmlerde tek bir müzikli sahneye izin verilir, müzikli sahne sayısı ikiyi aştı mı sorunlar çıkarır...

Bir senaryonun gevşekliği gerilim olanaklarının filmde gerektiği gibi kullanılmamasından ileri gelir. Marc Chevrie, Patrice Leconte'un *Les Spécialistes* filmiyle ilgili şu örneği veriyor: "Adamlar, çaldıkları arabaya benzin almak zorundadırlar ve benzin deposunun anahtarı yoktur. Aralarından biri benzinciye deponun açık olduğunu söyler; bir yandan da kapağın kilitli olmasından korkuyordur... ve benzinci kapağı açar. Bu sahnede hiçbir gerilime yer verilmemiştir." *(Senaryonun Amacı*, s. 10)

13) Kişilerin Kullanılmasında Yapılan Yanlışlar

Senaryoda kullanılacak kişilerin belirlenmesinde yapılan başlıca yanlışlara bir göz atalım:

a) *Kukla kişiler:* Yazarın düşüncelerini ya da bir mesajı iletmekten baka bir işlevi olmayan, sanki yaşamıyormuş izlenimi veren kukla kişiler.

b) *Tutarsız tepkiler:* Kişiler senaryoda tanımlanan biçimden farklı olarak çok abartılı tepkiler gösterebilirler. Buna "aşırı tepki" diyoruz. Kişilerin abartılı tepkiler göstermesinden nasıl kaçınmak gerekiyorsa, bunların edilgen, silik ve olaylardan hemen etkilenen kişiler olmamasına da dikkat etmek gerekir. Tabii sözkonusu kişi senaryo gereği silik bir kişi olarak tanımlanmamışsa.

c) *Aşırı basitleştirme:* Kişinin şematik olması demektir.

d) Senaryo için tasarlanan *karakterle çakışan* kişiler (düşünce biçimi, yaş grubu, vb açısından). Aristoteles, genç kişilerin gençler gibi, yaşlıların da yaşlılar gibi konuşması gerektiğini belirtmişti.

e) Ani *değişimler:* Senaryoda beklenmedik bir anda kişinin davranış, inanış ve tutumlarında meydana gelen değişim. Bu gibi durumlarda değişimin senaryo yazarından değil, senaryodaki bir güçlükten kaynaklandığı düşünülür.

f) Görünmeyen kişi: Bilinçli ya da bilinçsiz olarak davranış çizgisi anlaşılmayan kişiler.

g) *Budalaca Konu:* Senaryo yazarının işini kolaylaştırmak için kişinin budala gibi hareket etmesi (bak. Budalaca Konu)

h) *Kişilerin birbirine benzemesi:* Kişiler birbirine benzediklerinde karakterleri arasında yeterince bir karşıtlık oluşamaz ve karşılıklı olarak birbirlerini öyküde gerektiğince belirleyemezler. Bunların senaryoda birbirlerinin yerini alabileceklerini düşünürüz ister istemez. Bu tür hatalar, bazen yazarın kişileri hemen oluşturmak istemesinden ve kişiler üzerinde yeterince çalışmamasından ileri gelir. Bu sorun çoğu kez de, beklenmedik olayların, diyalogların ya da senaryonun kuruluşuyla ilgili birçok ayrıntı üzerinde fazla durmaktan kaynaklanır. Yazar, senaryoya yeni katılan bir ögenin (hareket, beklenmedik olay, diyalog) kişinin tanımına uyup uymadığını ve kişilikte ne gibi değişiklikler meydana getireceğini fazla düşünmez (kişiliği belirginleştirecek mi, yoksa bulanıklaştıracak mı?).

14) Kişileri Engelleyen Nedir?

Bazen bir kahramanı içinden sıyrılması çok kolay bir güçlükle ya da sıkıntıyla boğuşurken görürüz. Kahramanın senaryoda bu durumdan kurtulması ya da isteğine kavuşması (örneğin sevgilisine) geçerli bir neden olmaksızın geciktirilir. Seyirci çoğu zaman konunun temel dayanağını oluşturan bir yanlış anlamanın kolayca çözümleneceğini hisseder.

Vale, sorunu şöyle dile getiriyor: "Çok sık karşılaşılan bir senaryo hatası, birbirini iten ögeleri birarada tutan gücün çok zayıf kalmasıdır," (s. 142). Bir başka deyişle, birbirinden nefret eden kişiler birbirlerini hiçe saymaktan kaçınmalı, birbirini sevenler de gereksiz yanlış anlamalar üzerinde fazla durmamalıdırlar.

Bu sorun, gerilim filmlerinde de karşımıza çıkar: Kötü adamlar-ca izlendiğinin farkına varan ya da bir yanlış anlamaya kurban giden kahraman bir türlü polise haber vermez. Hitchcock bu sorunla ilgili düşüncelerini şaka yollu: "Sahneler son derece sıkıcı olurdu," diye açıklıyor, bir yandan da seyircinin gözünde kahramanın polise başvurmasının olanaksız olduğu durumlar yaratmaya özen gösteriyordu.

Bu açıdan *Efendi Sanşo*'nun kusursuz bir film olduğunu söyleyebiliriz. Köle olarak satılan çocukların kurtulmalarının olanaksızlığı (kızgın demirle işaretleme sahnesi) ve çocukların annelerine kavuşmalarının güçlüğü (Taro' nün, Sado Adası'na varmak için çok uzun yollar katetmek gerektiğini çocuklara anlattığı sahne) seyirciye daha filmin başlarında hissettirilir.

Birbiriyle çatışan ya da tam tersine birbirine kavuşmak için engeller aşmak zorunda kalan kişilerin karşılaştıkları güçlukler seyirciye özenle belirtilmeli, hatta gerektiği de *hatırlatılmalıdır.*

15) Olacakları Önceden Duyurma

Filmlerde meydana gelecek sürpriz, korku ya da "gag" seyirciye önceden hissettirilirse tüm etkisini kaybeder. Tıpkı boksta sporcunun karşıdan gelecek yumruğu hissederek savunmaya geçmesi gibi. Herman, olayın seyirciye önceden duyurulmasını "gerilim öykülerini bozan en büyük yanlış" olarak nitelendirerek öyküde meydana gelecek olayların önceden hissettirilmeksizin kullanılmasını öğütlüyor (s.40).

Daha önceden de belirttiğimiz gibi, senaryo sanatı, seyircinin sezgi ve tahminlerine ve bir ölçüde de bu tahminlerin yanıltılması-na dayanır. Bu, şapkadan başka bir tavşanın çıkarılması ya da tavşanın beklenmedik bir anda çıkarılması ilkesidir.

"Olacakları önceden duyurma"nın seyircilerin tahminler yapmasını etkileyen bir kusur olduğunu söyleyebiliriz. Bununla birlikte özellikle güldürü filmlerinde başlı başına bir üslup oluşturmaya da yarar. Örneğin, Laurel-Hardy ikilisi "gag"lerin uzun uzadıya seyirciye bildirilmesiyle yeni bir burlesk tür yaratmışlardı.

Bazı endişe ve korku filmlerinde olayın sürpriz etkisi uyandırması için, senaryoda yanlış ipuçları verilir, bir başka deyişle, seyircinin umduğunun çıkmaması için yanlış haberler verilir. Örneğin seyirci bir şoka hazırlanır (kapalı bir kapı zoom'la görüntülenir ya da gerilimli bir müzik çalar)... sonunda da hiçbir şey olmaz (geçen bir kedi gibi). Seyirci bu kısa gerilimden sonra rahatlayarak güler, bir yandan da bu basit kandırmacayla dalga geçmektedir... İşte o zaman, en boş bulunduğu andan yararlanarak filmde bir şok yaratılabilir. Bu çift zamanda gerçekleşen ve sıkça kullanılan süreç, senaryonun bir aldatmacayla seyirciyi şaşırtabileceğini gösterir.

16) Boşluk

Sinema dilinde boşluktan boşluğa fark vardır. Gerçekten de öyküdeki boşluk başka şey, dramatik gerilimdeki boşluk başka şeydir.

Öyküdeki boşluklar gerçek birer kusur, birer karanlık noktaya da öykünün sürekliliğinde ve mantığında açıklanmayan tutarsızlıklar olarak nitelendirilirler.

Örneğin *Doktor Mabuse'ün Vasiyeti*'nin B versiyonunda, müfettiş Lohmann, komiserliğe sırılsıklam gelen Kent'i görünce "İşte Kent geldi..." diye bağırır. Oysa filmde birbirlerini tanıdıklarına ilişkin seyircinin elinde hiçbir kanıt yoktur. Daha eksiksiz dan A versiyonunda ise Kent ve Lohmann arasında Lily, bu boşluğu doldurmaya yarar.

Herman'ın öykü boşlukları *(story holes)* dediği bu atlamalar, se- naryo yazarının tembelliğinden ileri gelir (s. 87), mantık dışı ve boşluklarla dolu bir olaylar zinciri oluşturur. Bu boşluklarla ilgili olarak, seyircilerin çoğu kez sinema çıkışlarında birbirlerine "Joe'ya tavşanı satan adama ne oldu ki" ya da "X'i öbür adam sanıyordum," türünden konuşmaları örnek olarak gösterilir. Herman, Chand-ler'in yapıtından Hawks'la Faulkner'in senaryosunu yazdığı *The Big Sleep*'in sonunda seyircinin "peki, sonuçta şoförü kim öldürdü?" diye sorduğunu belirterek senaryo yazarının, filmin sonunda kimsenin Johnny'nin tabancasını ilk bölümde kaybettiğini hatırlayamayacağını hesaba katmadan, "filmin sonunda kullanıyor ya tabancayı, ne diye dert edineyim," diye düşündüğünü belirtiyor.

Senaryo boşluğunu (ya da öykü boşluğu) bir türlü değerlendiremeyen seyirci böylece filmde bir boşluk duygusuna kapılmaktadır. Üstelik senaryo boşluktan yazarın eleştirilmesine yol açacak önemli bir kusurdur.

Senaryoda boşlukların olmaması için HERMAN şunları öneriyor:

- Konuyla ilgili bütün ipuçlan birbirine bağlanmalıdır;
- Kişilerin ortadan yok olmalannın nedenleri seyirciye bildirilmelidir (*Pauline Plajda* filminde Marion'un, Sylvain'in ve Henri'nin senaryo gereği belli zamanlarda ortadan kaybolmaları hem olaydan önce hem de sonra seyirciye açıklanır);
- Kişilerin giriş ve çıkışlarının nedenleri belirtilmelidir (örneğin kişiler "geçiyordum uğradım" türünden açıklamalar yerine nedeni belli açıklamalar yapmalıdırlar);
- Rastlantılar arasında çelişki olmamalıdır.

Edouard Molinaro'nun *Pour cent brigues t'as plus rien* filminin senaryosunda önemli bir tutarsızlık vardır. Daniel Auteuil ile Gerard Jugnot'nun canlandırdığı iki düzenbaz ortak, müşteri kılığında soygun yapmak üzere bir banka şubesine gelirler. Bu arada banka müdürü ikisini bankaya girerken görür. Daha sonra Jugnot elinde silahıyla soygunu gerçekleştirirken müdürün Auteuil'ün müşteri gibi davranmasını yutması gerçekten önemli bir senaryo yanlışıdır. Böyle bir sahne "budalaca konu" dan da öte, tümüyle tutarsızlık örneğidir.

Bazı senaryoların bu konuda bir rekora gittiğini de itiraf etmeliyiz. *Mabuse*'ün senaryosu buna benzer boşluklarla doludur. Ancak, öykünün bir anlamda bu boşluklar sayesinde etkili olduğunu da söyleyelim. Hem filmler aracılığıyla hem de söyleşilerinde Hitchcock, öykü boşluklarını doldurmakla dramatik süreklilikte yeni boşluklar yaratmanın aynı kapıya çıktığını söylüyor. Bununla ilgili olarak da *Birds* filminde kuşların saldırıya geçtikleri sırada kahvede kahramanların karşılaştıkları kuş bilgini yaşlı kadını örnek veriyor. "Yaşlı kuş bilgininin oradaki varlığının nedenini açıklamaya kalkışsaydım, açıklama sahnelerinin araya girmesiyle dramatik gerilimde bir boşluk oluşacaktı," diyor.

Bir eksilti ve bilmece sanatı olan senaryoda yazarın becerisi işte burada kendini gösterir. Hemen belirtelim, hem senaryodaki (öyküdeki) boşlukları hem de dramatik boşlukları aynı anda ortadan kaldırmak olanaksızdır.

Üçüncü Bölüm

SENARYO BİÇİMLERİ

X) Senaryo Biçimleri

Öncelikle okuyucuyu yaygın bir yanlış anlamaya karşı uyaralım: Bir senaryonun sunuluş biçimi dediğimiz şey, senaryonun ne içeriğiyle ne de dramatik yapısıyla ilgilidir. Sunuluş biçimi senaryonun az ya da çok ayrıntılar kapsayan yazım aşamalarından başka bir şey değildir. Senaryonun yerine getireceği işlevlere göre değişik türleri vardır. Örneğin senaryo bir kurula, yapımcıya, yönetmene ya da film için onayı istenen bir oyuncuya sunulmak üzere yazılabilir; yönetmen filmi gerçekleştirecek teknik ekip için bir senaryo yazabilir; ya da senaryonun yazan (ya da yazarlarından biri) yönetmenin çekim hazırlıklarına gi rişmesi, hatta filmin bir ön tasarımını görebilmesi için bir senaryo yazabilir.

Fransa'da senaryo, diyaloglar zinciri biçiminde ve öyküyü, kişilerini, türünü ve konusunu birkaç sayfada özetleyen kısa bir sinopsisle birlikte sunulur.

ABD'de değişik sunuluş biçimleri kullanılmaktadır. Senaryo üzerine yazılan birçok kitapta senaryo biçimleri ve kapsayacağı bilgilerin türüyle ilgili kesin öğütler veriliyor. Biz, senaryonun kesin kaç sayfa olacağı ya da her sayfada bırakılacak marjın boyutunu verecek kadar işi ileri götürecek değiliz (zaten Fransa'da bırakılacak marjın kesin bir ölçüşü yoktur), yine de okunaklı, temiz ve yeterli satır boşlukları bırakılarak yazılmış senaryoların doğru dürüst okunma şansı olduğunu belirtelim.

ABD'de senaryoların sunuluş biçimlerinin Avrupa'ya oranla daha çok çeşidi vardır. Bu türlere verilen adların kesin karşılığını bulmak kolay değil ("outline", "step out", "treatment"*). Aşağıda en basitten en karmaşığa doğru senaryonun sunuluş biçimlerini bulacaksınız.*

1) Düşünce, Öykü

Düşünce ve öykü sözcüklerinin her ikisinin de sinema sanatında yasal bir varlığı olduğunu hemen hatırlatalım. Senaryonun temelini oluşturan düşünceye ya da (ana hatlarıyla) öyküye "para yatırılabilir", hak davası açılabilir ve bu düşünce bir kişinin imzasını taşıyabilir. Öykü senaryodan bağımsız bir şeydir. Bir de genellikle *uyarlama* dediğimiz senaryo çalışması vardır. Bu, bir "öykü"yü sinema senaryosu biçiminde geliştirme ve dramatize etme çalışmasıdır.

2) Sinopsis

Yunancadan gelen "sinopsis" sözcüğü kökensel olarak "bir bakışta okunabilen" demektir. Fransa'da bu sözcük, olayın ve kişilerin 1-3 sayfalık bir özeti anlamında kullanılır. Bu özette diyaloglar yer almaz.

Anglo Sakson kültürlerde *sinopsis*, çok daha kısa, birkaç satırlık bir özet demektir; bunlara *brief outline* (kısaltılmış *"outline"*) da denilmektedir.

3) "Outline"

Bu terimin dilimizde bir karşılığı ve kullanımı bulunmamaktadır "Outline" (taslak, özet), tüm öykünün hiçbir şeyi atlamadan sahnelerine göre birkaç sayfada yapılan özetidir. Swain, *outline*'ın 7-12 sayfa, Vale ise 6 sayfa uzunluğunda olması gerektiğini söylüyor.

Step outline (adım adım yapılan özet) bir listeyi andırır; *sahnelerin numara sırasına göre birbirini izlemesidir*. Ayrıca her sahnenin başında, olayın bir tümcelik özeti bulunur. Bazı yazarlar "step outline"ın, küçük kartlardan oluşturulmasını önerir. Buna göre her sahne için yazılacak kartta olayın ve verilerinin (kişi, zaman, mekan) kısa bir özeti yer alacaktır. Çoğu kitapta salık verilen *kart yöntemi* senaryo yazarken, gerektikçe sahnelerin yerini değiştirmeye ya da araya yeni sahneler koymaya ya da çıkarmaya yarar. Ayrıca bu yöntemle olayın mantıksal ve dramatik eklemlenişini denetleyebilir, senaryo boyunca kişilerin hangi sıklıkta göründüğünü ve biraraya geldiğini, vb izleyebiliriz.

Swain bu kartlarla yapılan "step outline" yöntemiyle senaryonun işleyişini denetlerken bir soru çizelgesi *(checklist)* de kullanılmasını öğütlüyor: Temel sahneler hangileri? Her "outline birimi" (ya da sahne) o sahnede gösterileni açıkça anlatıyor mu? vb. Bu kartları daha sonra bir pano üzerine yerleştirerek daha global bir bakış elde edebiliriz; hatta bu sahnelerin türlerine göre kartlara ayrı bir renk verilirse, senaryoda hareket sahneleriyle duygusal sahnelerin sıklık oranlarını ve ritmini daha iyi görebiliriz.

Ancak, Fransız düşünce biçimi böyle dizgesel çalışmalara pek yüz vermiyor.

Sayfalar boyu bölüm bölüm yazılan "outline"ın senaryoyu çok kuru ve tek sesli bir hale soktuğunu, bununla birlikte son derece pratik bir işlevi olduğunu belirtelim.

4) Tretman (Geliştirim Senaryosu)

Fransa'da "outline" gibi kesin bir karşılığı olmayan "treatment", senaryo yazımının daha geliştirilmiş bir evresidir. Tretmanı filmdeki hareketin ayrıntılı bir betimlemesi olarak tanımlayabiliriz. Tretman bazen diyaloglar içerebilir ancak temelde diyalogsuz bir senaryodur. Tretman senaryolarının sessiz sinemayla sesli sinema arasındaki geçiş döneminde, filmdeki diyaloglara yeni yeni ahşan yönetmenlerin, sahnenin hareketini kafalarında oluşturmalarım sağlamak amacıyla bir kolaylık olarak ortaya çıktığım sanıyoruz.

Swain'e göre tretman, 15-46 sayfa uzunluğunda, şimdiki zamanda ve üçüncü kişi ağzından anlatılan bir konu özetidir. Bu çalışma anlatıda rol oynayan önemli kişilerin bir betimlemesini de kapsamalıdır.

Vale ise tretmanın filme konu olan öykünün bir betimlemesi olduğunu ve diyaloglar içerebileceğini söylüyor. Vale'e göre tretman, "outline"ın geliştirilmiş bir biçimidir. (Öğütlenen uzunluk: otuz sayfa.)

Stempel tretmanı *"usanç verici"* diye nitelendiriyor. Stempel'e göre ileri aşamada, filmin yönetimi sırasında gerekli olan teknik betimlemelere ve diyaloglara yer vermeden, düz yazıyla filmdeki hareketin anlatılması olan tretman senaryosu gerçek senaryo hakkında yanlış ve kuru bir izlenim uyandırıyor.

5) Çekim Senaryosu

Fransa'da çekim senaryosu, senaryonun gerçek biçimidir, yani henüz teknik dekupaja yer vermeyen senaryodur.

Bu senaryo teknik dekupaj dışında her bilgiyi kapsar: Hareketin, kişilerin ve mekanın betimlemeleri, diyaloglar... Çekim senaryosu sahnelere bölünür ve her sahnenin başında bazı bilgiler verilir; iç/dış, gündüz/gece, hareket mekanı ve isteğe göre diğer ek bilgiler.

Çekim senaryosu çoğunlukla iki sütun halinde yazılır. Soldaki sütuna "görsel" bilgiler (hareketler, nesneler, görünür varlıklar), sağa ise senaryonun "sesli" bölümü yazılır (diyaloglar, efektler; buraya doğal olarak hareketlerden kaynaklanan gürültüler yazılmaz; yalnızca vurgulanması gereken, dramatik bir işlevi ya da özel bir tonu olan sesler yazdır). Yine de bu çift sütun yöntemini kullanma zorunluluğu olmadığını belirtelim.

Çekim senaryosu dediğimiz senaryonun İngilizcede yaklaşık olarak *master scene script* (temel taslak) diye bir karşılığı bulunmaktadır. Stempel bu *master scene script*'i çekim planları ve çekim açıları hakkında bilgi vermeden, sahnelerin betimlenmesi olarak tanımlıyor. Herman ise bunun çekim ölçeği ve çekim açılarına ilişkin bilgilere yer vermeyen, her sahne için olayı ve diyalogları gösteren bir taslak olduğunu söylüyor. Örneğin her sahne için iç/dış; gündüz/gece ve hareket mekanının belirtilmesi gibi... Bununla birlikte, yine de çekim senaryosu bir olayla sahnenin kurgulanması (dekupaj) hakkında bilgi verebilir. Örneğin "X, heyecandan titriyordu" deniyorsa X'in omuzdan çekileceği açıktır. Bir de "T'nin gördüğü Z" denildiğinde çekimin Y'nin bakış açısından yapılacağı kesindir. Herman "master scene script"in 1952'den başlayarak yerini "*shooting script*"e (teknik dekupaj) bıraktığını belirtiyor.

Çekim senaryosuna filmlerin türüne göre bazı bölümler eklenebilir:

- Kişilerden her birinin yaşam öyküsü;
- Bağlamın (toplumsal, coğrafi, tarihsel), senaryonun anlaşılmasında etkili olacak biçimde geliştirilmesi;
- Konuyla, içerikle ve senaryo için esinlenilen kaynaklarla ilgili tasarımlar,
- Haritalar, grafikler, resimler...

6) Teknik Dekupaj

Teknik dekupaj (İng. *shooting script*) aslında çekim ve mizansen için gerekli türlü bilgilerle donatılmış çekim senaryosundan başka bir şey değildir. Çekim ölçekleri (omuz çekimi, yakın plan çekim, boy çekimi, göğüs çekimi, genel çekim, vb), çekim açıları (yüzden çekim, yandan çekim, vb.), kahramanın hareketleri (panaromik, öne kaydırma, geriye kaydırma, yukarı kaydırma, vb.), optik hareketler (öne ya da geriye "zoom"lama kaydırma, optik kaydırma), görsel bağlantılar (görüntünün kesilmesi, kararması, açılması, sahne geçişleri, vb), kullanılan objektifler (odaklı objektif, özel filtreli objektifler, vb) gibi bilgiler içerir. Burada çekilecek planlar sıraya sokulmuş ve numaralanmıştır. Yönetmenin benimsediği yönteme ve çekim sırasında görev alan teknik elemanlara (fotoğraf yönetmeni, yazman, vb) ve çekim koşullarına göre *shooting script*'le çekim sırasında az ya da çok gereksinim duyulabilir, üzerinde değişiklikler yapılabilir.

Swain'e göre 1020'li ve 1930'lu yıllarda, yönetmenin görevi oyuncuları yönetmek olduğu için, "shooting script"in yazımı senaryo yazarının göreviydi. Böylece senaryo yazan bir bakıma yönetmene ortaklık ediyordu. Buna koşut olarak da çekimlerin doğal dekorlarda gerçekleştirilmeye başlanması ve teknik malzemenin daha kolay taşınır hale gelmesiyle önceden yazılan *shooting script*'in yerini yavaş yavaş *master scene script* almaya başladı. Bugün stüdyo çekimlerine, dolayısıyla da resimli taslaklara belli bir dönüş olmasına karşın, aralarında çok geniş bütçesi olan filmler de olmak üzere çok sayıda film resimli taslaklara başvurulmadan çekiliyor.

7) "Story-board" (Resimli Taslak)

Fransa'da görsel işitsel terimlerin Fransızcalaştırılması çalışmalarıyla ilgili olarak Dil Kurultayı yeni olarak *scenarimage* (sahne resmi) terimini önermiştir. Ancak sinema dilinde terimin İngilizcesi *(story-board)* yaygınlıkla kullanılıyor.

Resimli taslak aslında bir teknik dekupajdır. Bu kurgulama işleminde sahnelerin hem sözcüklerle bir betimlemesi yapılır hem de her sahne çizgi filmlerde olduğu gibi şematik bir biçimde görselleştirilir. Doğal olarak resimli taslağı oluşturmak için hareketleri belirtmek amacıyla bazı kalıplar kurulmuştur. Hareketler, (kişilerin hareketleri, optik kaydırmalar, kameranın hareketleri), çekim açıları vb'yle ilgili geleneksel belirtmeler vardır. Bu belirtmeler yazılı olabildiği gibi (kısaltmalar, terimin baş harfleriyle gösterilmesi, vb) görsel de olabilir (oklar, noktalı çizgiler, vb).

Resimli taslaklar, fantastik ya da kurgubilim filmleri gibi özel türlerin çekiminde kullanılır. Bilindiği gibi bu türlerde belli sayıda çekim açısı ve ayrı ayrı teknisyenler tarafından gerçekleştirilen efekt hileleriyle filmin son görüntüsü elde edilir: İşte bu durumlarda filmin son planı çeşitli maketler, eklemli oyuncaklar, gerçek oyuncular, vb biraraya getirilerek önceden görselleştirilir, bunun evre evre gerçekleştirilmesi sonraki iştir. Resimli taslaklar, bunun dışında, bir de stüdyoda çekilen her filmde, çok kesiti bir dekupaj (kurgulama) elde etmek istendiğinde kullanılır: Reklam spotları, stüdyoda çekilen polisiye filmler (Claude Miller'in *Garde à vue* adlı filmi Lamle'nin gerçekleştirdiği resimli taslaklarla oluşturulmuştur). Bir resimli taslağın neye benzediğini merak ediyorsanız, sinema dergilerinde, özel efektlerle ve sinema teknikleriyle ilgili yapıtlarda çeşitli örnekler bulabilirsiniz.

Genel Kaynakça

a) Başlıca Yapıtlar

1. Eugene VALE, *THE TECHNIQUE OF SCREENPLAY WRITING: An Analysis of the Dramatic Structure of Motion Pictures* (Senaryo Yazma Tekniği; Filmin Dramatik Yapısı Üzerine Bir İnceleme); birinci baskı: 1944, gözden geçirilmiş ikinci baskı: 1972, yeni ikinci baskı: 1980, Grasset ve Dunlap, Souvenir Press Ltd., Londra, New York, 1980, 420 sayfa.

PLAN: Giriş: Yeni ve ilginç bir kitle iletişim aracı. İlk bölüm: BİÇİM (Filmin dili, bilgi kaynaklan, geliştirme ve kompozisyon; sahne; bilgilerin seçilmesi ve bilginin genel dağılımı; yeni biçim), ikinci bölüm: DRAMATİK KURULUŞ (Karakterlerin oluşturulması, hareketlerin geçişi, bozulma ve yeniden onarılma; temel yönelimler ve ikincil yönelimler; seyircide uyandırılacak etki). Üçüncü bölüm: ÖYKÜ (Çıkış noktasından öykünün bitmiş haline kadar; öykü için malzeme nasıl sağlanır; anlaşılırlık, gerçeğe uygunluk, özdeşleşme; öykünün içeriği; taslağın yazılması; bu son bölümde senaryo yazımında engellenebilecek 130 yanlışın bir dizelgesi yer alıyor, genç yönetmenler, gözüpek bir anlayış).

Bu kitap, incelediğimiz diğer yapıtlar arasında, senaryoyu oluşturan öge ve yöntemleri evrensel bir düzeyde biçimselleştirme çabalarından ötürü, en temel nitelikli, en mantıklı ve en ciddi olanıdır. Vale'in yapıtı, senaryoyu temel ögeleri açısından incelemek amacıyla sinema hilelerine ve pratik ögütlere yer vermiyor. Kitabın sonunda yer alan dizelgede de görüldüğü gibi, oldukça az sayıda filmi somut birer örnek olarak ele almış.

Bu soyutlama ve biçimselleştirme düşüncesi kuşkusuz yazarı bazı gereğinden fazla basitleştirme işlemlerine yöneltmiş, öyle ki böylesine genel ve soyut konulu bir kitabın senaryo yazmak isteyen birisine doğrudan yararlı olup olamayacağını kendimize sorduk. Kuşkusuz yapıtın gerçek amacı bu değildi. Kitap son derece ciddi, özlü yaklaşımlarıyla ve okuyucuya gösterdiği saygıyla dikkati çekiyor. Ayrıca yazarın üç bölümlü kalıplaşmış senaryo modellerine ve diğer dizisel modellere karşı kuşkucu tavrı da ilgi çekici. Kitapta neredeyse hiçbir reçete verilmiyor. Vale'in yapıtı, hiç kuşku yok, sinema edebiyatıyla ilgili çok sayıda yapıt arasında ilk sırada.

2. Lewis HERMAN, *A PRACTICAL MANUAL OF SCREENWRITING FOR THEATER AND TELEVISION FILMS* (Sinema ve Televizyon Filmleri İçin Senaryo Elkitabı), A Meridian Book, New American Library, New York, ABD, 1952, 194 sayfa, resimli.

PLAN. Birinci Bölüm: DRAMATURJİ: Alfabe sırasına göre değil de mantıksal sıraya göre dizilmiş dramaturji ögeleriyle senaryo sunuluş biçimlerine ilişkin otuzbir madde, ikinci Bölüm: FİLM ÖGELERİ. Sinematografik kurgulama tekniğiyle ilgili terimlerin ve sahne arası sürelerin (time-lapse) *belirtilmesine ilişkin bilgiler kapsayan yirmi iki madde. Üçüncü bölüm: SENARYO NASIL YAZILIR Değişik konularda kırküç madde: Filme başlama teknikleri, ritm, diyalog yöntemleri, düşüncelerin anlatımı, kişi betimlemeleri, bütçeye, göre senaryo oluşturma, aksesuar kullanımı, ses, müzik kullanımı vb.*

Bu yapıt, kullanımı çok kolay bir sözlük niteliğindedir, son derce pratik bilgilerle konuya ilişkin önemli düşünceler birarada ele alınmıştır. Kitapta yer alan bazı resimler Amerikan Ordu Sinema Bölümü'nden alınmış ve değişik çekim türlerini örneklendirmek amacıyla kulllanılmıştır. Çok sayıda somut sorunu ele aldığı için kitabın ayrıntıları son derece ilginç. Bu arada kitabın yazıldığı ortamı da hatırlatalım: Kitap *shooting script* denilen senaryoların çok yaygın olduğu bir dönemde yazıldığı için kurgulama ve film yönetimiyle ilgili sorunlara geniş yer ayırmıştır. Öte yandan kitabın andığı örnekler genellikle İngiliz sinemasından alınmadır.

3. Dwight V. SWAIN; *FİLM SCRIPT WRITING; A Practical Manual* (Film Senaryosu Elkitabı) Hasting House Publishers, New York, 1976, 374 sayfa.

PLAN. *1) Film ve siz (senaryo yazarında olması gereken nitelikler). Birinci Bölüm, BELGELİK: 2) Sinopsis* ("proposal outline"); *3) Tretman Senaryosu* ("treatment"); *4) Çekim Senaryosu* ("the shooting script"); *6) Yorum* ("writing narration"). *İkinci Bölüm, ÖYKÜLÜ FİLM: 7) Öykü; 8) Kişi; 9) Öykünün Geliştirilmesi; 10) Karşılaştırma Sanatı; 11) Diyalogsuz Geliştirim* ("step outline"). *Üçüncü Bölüm, MESLEK SIRLARI: 14) Uyarlama Sorunları; 15) Senaryo Konferanslarıyla Nasıl Uğraşılır; 16) Bir İşadamı Olarak Senaryo Yazarı; 17) Bilmeniz Gerekenler (Senaryo Yazarının Bilmesi Gereken Sinema Teknikleri); 18) Profesyonel Yönetmenlerin Önerileri (Robert Bloch, Howard Browne, Jack Tylrey imzalarını taşıyan senaryo örnekleri ve çalışma belgeleri); 19) Sonuç. Ek 1: Resimli taslak* ("Story-board") Ek 2: *Perdeye Aktarılacak Bir Senaryo Nasıl Pazarlanır; Ek 3: Kaynakça; Ek 4: Sözlük.*

Bu önemli yapıt, sağlam, kesin çizgileri ve profesyonelliğinin yanı sıra kolay başvurulacak bir kitap olmasıyla da dikkati çekiyor. Kitabın "eleştirel yönü" diğerlerine oranla daha kapsamlı oluşturulmuş. Özgün senaryolar, konulu filmler ve begesellerden çok sayıda alıntılar içeriyor; kitabın özgün yanlarından biri de öykülü filmlerin olduğu kadar belgesellerin de teknik özelliklerini incelemesi.

Yazar senaryo konusuna yalnızca belli diyagram ve modellerle bakmıyor, aynı zamanda konuyla ilgili çok sayıda terimin tanımını veriyor. Yazann en kişisel görüşleri "The Art of Confrontation" (Karşılaştırma Sanatı) bölümünde anlatılıyor. Senaryonun iki eksen üzerinde ilerlediğini belirten yazar, bunlardan birincisinin karşı karşıya gelme (bir "çatışmabirimi"), diğerinin ise geçiş (bir değişim durumu, bir "köprü") olduğunu belirtiyor. Karşı karşıya gelmenin devingen ögelerini, kişilerin amaçlan, çatışmaları ve meydana gelen terslikler biçiminde yorumluyor. 8u son durum kişinin içinde bulunduğu koşullan güçleştiren beklenmedik bir olaydır. Öte yanda "geçişin devingen ögeleri de kişinin tersliğe gösterdiği *tepki*, yaşadığı *ikilem* (genellikle aşkla görev duygusunun çatışması) ve *karar verme* zorunluluğudur.

Değişik konular içeren yapıtın üçüncü bölümü, diğerlerinde olduğu gibi, psikolojik öğütler, diplomatik öneriler ve pratik bilgiler içeriyor. Kitapta tasarım senaryosundan çekim senaryosuna kadar senaryo yazımındaki çeşitli evrelere ilişkin birçok gerçeği yansıtmak amacıyla ele alınan örnekler yazar tarafından çözümlenmiş, yorumlanmış ve bu çözümlemelerin yeri geldikçe altı çizilmiş.

4. Constance NASH ve Virginia OAKEY, *THE SCREEN-WRITER'S HANDBOOK- Writing For the Movies* (Senaryo Yazarının

Elkitabı: Sinema İçin Yazmak) Barnes and Nobles Books, New York, 1978,150 sayfa.

PLAN. *1) Temel Ögeler (senaryo, karakterler, diyaloglar, üslup nasıl tasarlanır). 2) Senaryo Nasıl Yazılır (düzenleniş, üç bölüm, senaryo üslupları, teknik terimler, düzeltmeler, vb). 3) Senaryo Nasıl Sunulur (tretman, "outline", vb) 4) Profesyonellerle Söyleşiler (özellikle Ernest Lehman ve Gene Wilder'la söyleşiler). 5) Ticari Başarı için Öğütler. 6) Senaryolardan ve Treatmanlardan Alıntılar (Robert Toum'un yazdığı* Chinatown, *Ernset Lehman'ın* Neşeli Günler, *Gene Wilder'in yazdığı* Sherlock Holmes'un Kurnaz Kardeşi).

Plandan da anlaşıldığı gibi kitapta iler konuya el atılmış: Temel kavramlar, pratik öğütler, teknik açıklamalar, öneriler, senaryo örnekleri, söyleşiler... Yazarlar yetişmekte olan senaryo yazarlarına üç bölümlük dram yapılarını öğütlüyorlar. Ancak bu konuya yazılarıyla bulundukları katkı 50 şayiayı aşmıyor, kitabın geri kalan bölümleri ilginç yönleri olan söyleşilere ve senaryo alıntılarına ayrılmış. Kitap ABD'li senaryo yazarlarının yaptıkları veçalışmaların pratik ve ekonomik yönü üzerine de bazı bilgiler veriyor. Kitabın 5. bölümünde ABD'li senaryo yazarlarının çoğunlukla kayıtlı oldukları Senaryo Yazarları Sendikasının (Writer's Guild of America) nasıl çalıştığını belgeleyen'çeşitii yazılar yer alıyor.

5. Sidney FIELD, *SCREENPLAY: The Foundations of Screenwriting, A Step-by-Step Guide* (Senaryo: Sinema Senaryosu Yazımının Temelleri; Aşamalı Bir Rehber), Delta Book, Dell Publishing Co, New York, 1979,142 sayfa.

PLAN. Giriş, 1) Senaryo Nedir? 2)Konu; 3) Kişi; 4) Bir Kişinin Oluşturulması; 5) Bir Kişinin Yaratılması; 6) Son, *Sonuç, Başlangıç; 7) Sekans (ayrım); 8) Beklenmedik Olay* ("plot point"); *9) Sahne; 10) Senaryonun Biçimi; 11) Senaryonun Kurulması; 12) Senaryonun Yazılması; 13) Yazımdan Sonra; 14) Kişisel Düşünceler.*

Field'in kitabı yalın, özlü ve pratik olma amacıyla yazılmış. Kitap senaryo konusunda temel ilkeleri yineliyor, özellikle üç bölümü senaryo modelini evrensel nitelikli bir anahtar olarak gösteriyor (yazara göre tüm başarılı senaryolar bu yapıya uymaktadır). Yazarın "dizim" diye adlandırdığı bu model, Constance Nash'le Virginia Oakey'in önerdiği yapı tarzına oldukça benziyor.

Bu ünlü dizin, üç bölümden oluşan bir yapıdır. Bunlar, 30 sayfalık bir giriş bölümü, 60 sayfalık bir karşı karşıya gelme bölümü ve 30 sayfalık bir çözüm bölümüdür. Bu senaryodaki bir sayfa, ekranda (perdede) sabit bir sürenin karşılığıdır (örneğin bir dakika). Birinci ve ikinci bölümlerin sonlarına doğru bir beklenmedik olay *(plot point) ve* durum değişikliği meydana gelmelidir. Son olarak da her bölüm kendi içinde üç evreden oluşmalıdır. Yapıtta buna benzer buyurucu ve basit daha başka diyagramlar da yer alıyor (özellikle kişi tanımlamalarında).

Yazar, model olarak bazı senaryolardan alıntılar yapıyor *Chinatown*'un giriş sahnesi (yön. Roman Polanski, sen. Robert Towne), *Network*'ün en önemli sekansı (yön. Sidney Lumet, sen. Paddy Chayevsky) ve *Yıkılış*'ın trendeki aşk sahnesi *(Silver Streak*, yön. Arthur Hiller). Bu son sahneyi Nash-Oakey çift anlamlı diyaloglann başardı bir örneği olarak ele almışlardır (kahramanlar sevişirken bahçecilikten sözederler).

Yapıtın son bölümünde teknik bilgiler (sinematografik dekupaj (kurgulama) terimleri sözlüğü), pratik ve psikolojik çalışma yöntemleri (tutuklukların önlenmesi gibi).

Sürekli olarak kendi "dizimini öneren Field'in yapıtı oldukça anlaşılır bir kitap. Burada ele alınan tüm filmler Amerikan sinemasından örnekler; bu da yazarın böyle bir kitabı yazarken sinemaseverlere değil, basan peşinde koşan ve geniş bir sinema kültüründen yoksun genç yazarlara seslenmek istemesinden ileri geliyor.

6. Tom STEMPEL, *SCREENWRITING* (Senaryo Yazımı), AS Barnes and Co, San Diego, The Tantivy Press, London, 1982, 160 sayfa, resimli.

> *PLAN: 1) Senaryo kuramının ve tarihçesinin kısa bir anlatı mı; 2) Temel düşünce ve senaryonun yapısı; 3) Bir öykünün ve kişinin geliştirilmesine yardana olan yöntemlerin, belirlenmesi; 4) Beyazperde için yazmak: Bir film* senaryosu *hangi yönleriyle diğer yazı türlerinden ayrılır? 5) Senaryo yazarının sorunları (yazımın psikolojik güçlüklerinin çözümlenmesi); 6) Senaryonun sunuluş biçimleri; 7) Senaryo ve diyaloglar nasıl yazılır, 8) Yeni yazarların hatta ustaların genelde yaptığı yanlışlar; 9) Senaryo nasıl satılır (aracılarla ilişkiler); 10) Örnek olarak anılan filmlerin dizelgesi (birer başarı ya da başarısızlık örneği olarak).*

Biraz serbest, hızlı hatta taraf tutan bir üslupla yazılmış (yazar, önemli kusurlar içerdiğini bildiği halde *Rüzgâr Gibi Geçti gibi* filmleri "dokunulmaz" olarak nitelendiriyor ve eleştiriye girmiyor) olan bu kitapta belli bazı düşünceler, temalar ve öğütler yer alıyor. Aynı türdeki diğer yapıtların aksine yazarın örnek olarak incelediği filmler yalnızca yeni Amerikan sinemasından değil, dünya sinemalarından da seçilmiş. Yazar, en yetkin biçimde yazılmış senaryoların en iyi yönetilen ve satılan senaryolar olacağı düşüncesine katılmıyor. Tavrıyla diğerlerinden ayrılan yapıt, bazı senaryo yazarlarının ilk ağızdan ya da dolaylı olarak tanıklıklarına başvurmasıyla da ilginçlik kazanıyor. Hazır kalıpları kabul etmeyen yazar (örneğin Field'in üçlü dizimi), eleştirel düşüncenin önemli olduğunu söylüyor. Oldukça yararlı bir kitap.

b) Diğer Senaryo Kitapları

- Tudor ELJAD, *"Comment ecrin et vendre son scenario,* Henri Veyrier, 1980. (Yapıtta açıklanmamakla birlikte, belirgin bir biçimde Amerikan elktiplarından, özellikle de Field'den yararlanılmış).
- J. Michael STRACZYNSKI, *The Complete Book of Script Writing,* Cincinnati, Writer's Digest Book 8,1982.

Bunlara Richard CORLISS'in 1927-73 yıllan arasında yer alan senaryo yazarlarını incelediği *Talking Pictures* adlı kitabını da ekleyelim. *(Talking Pictures,* The Overlook Press, New York, 1974).

(1986 yılı başlarında Henri VEYRIER ve DUJARIC (Paris) yayınevlerinin bu tür yeni yayınlar çıkaracağı açıklanmıştır.)

c) Dergilerin Özel Sayıları

"CINEMATOGRAPHE", No. 53, Ocak 1980, "Les Scénaristes".

"PROBLEMES AUDIOVISIUELS", No. 13, Mayıs-Haziran 1983, *"Paradoxe de scenariste"* (Publication INA/La documentation française: dossier réuni par Bénédicte PUPPINCK).

"CAMERA/STYLO", Eylül 1983, "Scénario".

"CAHIERS DU CINEMA", No. 371-372, Mayıs 1985, *"L'Enjeu Scénario"* (Senaryonun Amacı) Cinéma français.

d) Senaryo Yazarlarıyla Söyleşiler

William FROUG, *The Screenwriter Looks at the Screenwriter,* New York, MacMillan, 1972.

Christian SALE, *Leş Scénaristes au trauail,* Hatier-Cinq Continents, coll. Bibliothèque du Cin Ema, 1981.

e) Uyarlama Sorunları Üstüne

George BLUESTONE, *Novels Into Film,* Baltimore, The John Hopkins Press, 1957.

Tudor ELIAD, *Les Secrets de l'adaptation,* Dujaric, 1981.

f) Anlatı Sorunları Üstüne

"COMMUNICATIONS", No. 8, *(L' Analyse structurale du récit) (Collectif)*, Seuil, 1966 (yeniden basım: Collection Points, Seuil).

Gerard GENETTE, *Figures II,* Seuil, 1969.

Jean-Michel ADAM, *Le Récit,* P.U.F. coll. "Que Sais-je?" No. 2149, 1984

Vladimir PROPP, *Morphologie du conte,* Seuil, Coll. Points, 1970.

Raymond BELLOUR, *L'Analyse du film,* L'Albatros, 1980.

Jacques AUMONT, Alain BERGALA, Michel MARIE, Marc *VERNET, Esthétique du film,* Nathan, 1983.

"COMMUNICATIONS", No. 38, *"Enonciation et Narration"* (Collectif), Seuil, 1983.

g) Yayınlanan Senaryolar

Bir senaryonun, *teknik dekupaj*'ın ve *"romanlaştırılmış"* senaryoların yayınlanması ayrı ayrı şeylerdir. Senaryo, filmin çekilmesine yarayan metindir, vizyonajdan sonra yapılan teknik dekupaj, filmin kurgu masasında incelenmesinden sonra bir üçüncü kişi tarafından, hareket ve diyaloglarıyla yapılan bir betimlemesidir; "romanlaştırma" ise filmin gösterime çıktığı sıralarda az ya da çok senaryonun esinlendiği romanın yayınlanmasıdır. Bu son işlem, Amerikan hareket filmlerinin çoğunda düzenli olarak yapılır. Fransa'da "J'ai Lu" yayınları bu "romanlaştırma"ları yayınlamasıyla ünlüdür.

Ünlü yönetmenlerin çekim öncesi birçok senaryosu Fransa'da yayınlanmıştır (Fellini, L'Albatros'ta, Bergman, Gallimard'da yayınlanmıştır). Bu yapıtlar, çoğu kez filmde yer almayan sahneleri ya da diyalogları da kapsar.

Aylık dergi olan *"L'Avant-Scéne Cinéma"* vizyonaj sonrası film dekupajlarını fotoğraflarla, belgelerle, incelemelerle ve senaryoya koşut olarak yazılmış metinlerle tamamlayarak sunan tek dergi olma özelliğini taşır. Bu derginin her bir sayısı değerli birer belge niteliğindedir. (*Efendi Sanşo* ve *Pauline Plajda, "L'Avant-Scéne*'de yayınlanmıştır.) Yeri gelmişken bir başka önemli yapıt olan *Wisconsin/Warner Bros Screenplay Series* adını taşıyan Warner Bros'un filmlerini işleyen mükemmel yapıtı analım. *Doktor Mabuse'ün Vasiyeti*'nin incelemesinde önemli ölçüde buradan yararlandık.

a

agorakitaplığı • sinema

İnanılmaz, harika günler. Devrimci bir sanatın ilk adımları. Sanat hayatına atıldıklarında on altı-on yedi yaşlarında olan, büyücü Meyerhold'un çırakları. 25 yaşında tüm zamanların en görkemli filmi "Potemkin Zırhlısı"nı çeken Eisenstein. En cüretkârca denemeleri ve çılgınca arayışlarıyla Egsantrik Aktör Fabrikası. Hepsinin arkasında da, bütün yaratıcılığı ve görkemiyle, genç sinemacıların tüm yeteneklerinin önünü açan, onlardan bir tek hakkı (aptal ve sorumsuz olma, para basan bir makineye dönüşme ve kötü film çekme hakkını) esirgeyen Devrim...